몸의 지혜

- 신체화된 마음과 교육 -

몸의 지혜

: 신체화된 마음과 교육

에릭 숀스트롬 지음
유용석, 김동환 옮김

전북대학교출판문화원

이 책은 최첨단 인지과학과 교육 철학의 이론 및 원리를 통합하여 신체화된 학습과 교육을 특징짓고자 하는 노력의 결과물이다. 이 책은 인간이 학습하고 생각하는 방식인 인간의 학습과 인지 과정에 관심이 있는 모든 사람들에게 실용적이고 효율적인 지침을 제공한다. 즉, 이론적 논의에 그치지 않고 실제 적용에 중점을 둔다. 이 책의 저자 에릭 숀스트롬은 교육에 대한 순전히 지적이거나 추상적인 방법보다는 신체적 참여와 감각적 경험을 포함하는 학습 스타일을 강조하는 교육에 대한 신체화된 인지 접근법을 제시한다. 그는 신체적 상호작용과 감각적 지각을 통해 발생하는 학습의 효과와 중요성을 강조한다. 그는 우리의 몸과 감각을 참여시키면 학습을 향상시킬 수 있다는 생각을 갖고 있다. 그리고 신체화된 교육학이 어떻게 학습을 혁신할 수 있는지에 대한 역동적이고 획기적인 사례를 제시함으로써 전통적인 교육 접근 방식에 도전하고 교육에 긍정적인 변화를 가져올 수 있다고 제안한다.

이 책은 출간과 동시에 학계의 상당한 호평을 받았다. 그 중 몇 가지만 소개하면 다음과 같다.

"현대에 우리의 웰빙을 가로막는 가장 큰 장벽은 우리가 몸과 마음 사이에 세운 인공 벽이다. 그 벽을 허물어라. 당신의 몸은 탐험을 간절히 갈망하는 궁극의 개척지다. 이 책이 당신을 안내할 것이다."

—리처드 매닝, 《좋게 들리면 좋은 것이다》의 저자

"이 책은 우리가 우주와 연결되고, 자신의 몸에 온전히 거주하며, 현재 순간에 존재할 때 경험하는 사랑, 지혜, 창의성, 생명력의 속성을 심오하게 탐구한다."

—타라 브랙, 《급진적 받아들임》과 《급진적 끌어안음》의 저자

"숀스트롬은 유머러스하고 설득력 있는 통찰력으로 신체화된 인지를 탐구하면서 우리가 어떻게 학습하는지 설명한다. 철학, 신경과학 이론, 그리고 가속화되는 사회적 불안에 대한 긴급한 우려를 통해 숀스트롬은 마음챙김과 신체적 활동이 교육 과정의 모든 표현에 얼마나 중요한지 보여준다. 인종, 성별, 사회적 환경, 학습 격차에 관한 질문은 이해하기 쉬운 이 책 전체에 녹아 있다. 이 책은 교사와 '우리는 어떻게 느끼는가?'를 궁금해하는 모든 사람에게 필독서다."

—토마스 F. 데프란츠, 《춤추는 계시》의 저자

"우리는 보통 신체적·정신적 건강과 관련하여 마음-몸 연결에 대해 생각한다. 이 지적이고 재치 있는 책에서 숀스트롬은 교육에 대한 마음-몸 접근법을 설득력 있게 주장한다. 숀스트롬은 흥미로운 일화, 연구 자료, 그리고 부처님, 수스 박사, 앤서니 부르댕 등 다양한 출처에서 나온 지혜를 사용하여 학생, 의사, 교사로서 평생을 살아온 내가 완전

히 새롭고 신체화된 방식으로 학습 방법을 이해할 수 있다는 확신을 갖게 해 주었다."

—수전 코벤, 하버드 의과대학 교수 겸 의학 작가

"숀스트롬은 학습이 어떻게 그렇게 탈신체화되었느냐는 중요한 질문을 던지고, 신체적 학습의 재등장을 위한 생물학적·철학적 근거를 읽기 쉽게 설명한다. 가독성이 뛰어난 이 책은 우리가 어떻게 실천을 통한 학습에서 멀어졌는지 그리고 어떻게 다시 그런 학습으로 돌아갈 수 있고 또 그래야 하는지를 보여준다."

—메이 앤 브렘, 《창의적 무용과 학습》의 저자

마지막으로, 이 책의 한국어판을 출간해 준 전북대학교출판문화원에 깊이 감사드린다. 우리는 이 책이 인지적 현상으로서의 교육에 관심이 있는 독자들께 공감대를 형성하길 희망한다.

2024년 11월 5일

유용석·김동환

| 차례

| 감사의 글

세심한 배려와 인내심을 갖고 이 책을 지금의 모습으로 완성시켜준 로우먼 & 리틀필드Rowman & Littlefield 출판사의 편집자 사라 주바Sarah Jubar에게 깊은 감사를 드린다. 책 출간의 마지막 단계에서 도움을 준 이 출판사의 칼리 월Carlie Wall, 키라 홀Kira Hall, 앤드류 요더Andrew Yoder, 톰 코너Tom Koerner에게도 감사드린다.

커피 한두 잔의 저렴한 비용으로 원고를 읽고 조언과 격려, 그리고 가장 중요한 교정까지 봐준 여러분들에게 감사드린다. 특히 캐시 세일러Kathy Seiler, 신디 브란덴부르크Cyndi Brandenburg, 마이크 켈리Mike Kelly, 레베카 밀스Rebecca Mills, 허버트 페트리Herbert Petri에게 감사의 마음을 전한다. 바쁜 일정 중에도 귀한 시간을 내어 약 300년 동안 이어져 온 철학에 관해 설명해 준 데이브 밀스Dave Mills에게도 특별히 감사드리고 싶다.

장내 마이크로바이옴에 대해 가르쳐주고 놀라운 통찰력과 피드백을 준 비비안 엔리케즈Vivien Enrique에게도 특별한 감사와 사랑을 전한다. 그리고 문어와 함께 놀 수 있도록 수족관의 무대 뒤에서 나를 안내해 준 딸 비비안에게도 고마운 마음을 전한다. 그리고 사랑한단다.

신체화와 교육을 주제로 대화를 나눠준 팀 브룩스Tim Brookes, 크리스틴 노보트니Kristin Novotny, 패트리샤 드로처Patricia DeRocher, 조쉬 마이어Josh Meyer에게 감사드린다. 아브람Abram의 책을 빌려준 크리스틴 울프Kristin Wolf에게도 감사드린다. 이 책은 나에게 판도를 바꿔준 책이었다. 함께 어울리며 내 작업에 관심을 두게 해주고 몸과 학습에 대해 근본부터 생각하도록 영감을 준 친구인 아담 로젠블랫Adam Rosenblatt에게 감사드린다.

함께 대화를 나누며 신체화와 노화에 관해 설명해 준 매튜 코스텔로Matthew Costello에게 감사드린다.

파멜라 포미카Pamela Formica에게 깊은 감사를 전한다. 그의 인내심과 지혜, 친절은 절대 잊지 못할 것이다.

'몸'이라는 제목의 내 강의를 수강한 모든 학생들에게 감사드린다. 내 학생들은 자신도 모르는 사이에 이 책에 나오는 많은 아이디어를 위한 실험 대상이 되어 주었다.

몸을 통해 너무 즐겁게 살아서 나에게 더 나은 교사, 작가, 아버지가 되고 싶다는 영감을 주고, 또한 가끔은 받은 편지함을 포기하고 호수에 뛰어들도록 영감을 준 아들 핀 숀스트롬Finn Shonstrom에게 사랑과 감사를 전한다. 가끔은 받은 편지함의 메일 확인을 포기하고 호수에 뛰어들고 싶다는 생각도 든다.

이 책을 집필하는 중에 개인적으로 깨달은 것 중 하나는 모든 감각을 공유할 수 있는 사람과 사랑에 빠지고 삶을 공유할 수 있다는 것이 얼마나 큰 행운인가 하는 것이다. 이 책은 물론이고 삶, 가족, 기쁨, 의미, 목표 등 모든 것이 아내 신디가 없었다면 존재할 수 없었을 것이다. 사랑해 신디!

| 저자의 노트

신체화된 인지embodied cognition는 방대한 분야다. 몇 가지만 언급하자면 인지과학, 심리학, 생물학, 진화론, 신경과학, 사회심리학, 철학 등 신체화된 인지라는 분야와 경계를 접하고 있는 다양한 분야에서 전문성을 모두 갖췄다고 주장할 수 있는 사람은 거의 없다. 따라서 교육이라는 렌즈를 통해 신체화된 인지를 탐구하는 이해하기 쉬운 책을 한 개인이 집필하기란 쉽지 않다. 게다가 신체화된 인지에 대한 기존 연구의 대부분은 매우 이론적이고 큰 분야 내의 특정 측면이나 현상에만 초점을 맞추고 있다.

나는 전문적 복잡성을 제대로 담아내는 동시에 신체화된 인지에서 제안하는 개념들을 일반적으로 적용할 수 있고 이해할 수 있도록 만들고자 최선을 다했다. 이 다방면에 걸친 분야를 집중적으로 다루기 위해 가능하다면 실제 사례를 사용하고자 했다. 신체화된 인지 연구는 산더미처럼 쌓여 있다. 나는 이 매혹적인 분야를 발전시킨 연구자들의 공로를 인정하고 연구에 적절히 기여하기 위해 최대한 부지런히 노력했다. 물론 빠진 부분이나 잘못된 설명은 전적으로 나의 책임이다.

(폭넓게 해석되는) 신체화된 인지는 인간의 사고, 느낌, 학습이 우리의 마음과 협력하여 신체적으로 일어난다고 단정한다. 사람들은 "그래서 뭐 어떻다는 것인데?"라는 질문을 자연스럽게 던질 수 있다. 이 책이 교사와 교수뿐만 아니라 우리가 학습하는 방식, 기억이 형성되고 의

사결정에 영향을 미치는 방식, 세상에 대한 감각적 경험과 행동 사이의 관계에 관심이 있는 모든 사람에게 흥미로운 방식으로 이 질문에서 비롯되는 대화를 조금이나마 탐구하는 데 도움이 되기를 바란다. 그리고 이 책은 신체화가 우리가 누구인지 이해하는 데 어떻게 도움이 되는지 조금이나마 밝혀줄 것이다.

샌안토니오 블루스

나는 커다란 보라색 플리스 재킷을 입었다. 마치 보라색 공룡 바니Barney의 기우뚱하고 통통한 새끼처럼 보인다. 갓난아기인 내 아들 핀Finn을 아기띠에 넣어 그의 작은 몸을 내 몸에 밀착시킨다. 지퍼를 올려서 핀은 내 코트의 푹신한 천에 싸여 보호받고 있다. 처음에는 핀이 울먹이며 칭얼거렸지만, 나는 눈을 헤치고 집 주변의 들판과 숲으로 걸어나간다. 핀은 내 가슴을 가로지르는 자궁 같은 아기띠에 싸여 금세 잠이 들었다. 내가 가쁜 숨을 몰아쉬며 행진할 때면 핀의 몸은 부드럽게 흔들거린다. 겨울 까마귀가 머리 위에서 울어댄다.

그 순간은 내 인생에서 가장 행복한 순간이었다. 10년 전의 일이고 대부분의 초보 부모들처럼 잠도 부족하고 샤워도 하지 못한 채 지친 상태지만, 동면 중인 다람쥐처럼 몸을 웅크린 핀과 함께 걸었던 그때의 산책은 마치 오늘 아침에 있었던 일처럼 머릿속에서 선명하다. 핀의 체중 때문에 목 한쪽이 아파 오던 느낌, 개를 산책시키는 수다스러운 이웃이 대화하자며 나를 멈춰 세워서 잘못하면 핀이 잠에서 깰 수도 있었어 둘러 갔던 길, 내 발걸음과 호흡이 핀의 몸의 부드러운 흔들림에 맞춰 리듬을 타던 모습, 마침내 잠에서 깬 핀이 내는 부드럽고 가는 '가'라는 소리, 지퍼를 풀자 차갑고 신선한 공기 속으로 고개를 내밀며 삶의 다음 순간을 준비하는 맑고 푸른 핀의 눈동자 등 모든 것이 기억난다.

그 당시 어떤 일이 일어나고 있든, 나는 걷는 동안 실존적으로 완전하고 지극히 만족스러운 기분을 느꼈다. 사실 당시 우리 가족은 질병과 재정적 불안정으로 큰 어려움을 겪고 엄청난 스트레스를 받고 있었다. 말도 안 되게 큰 재킷을 입고 오랫동안 산책을 하는 동안에야 비로소 나는 주의가 산만해지거나 집중력이 흐트러지지 않고 바로 그 순간에 온전히 인지하고 몰입하는 느낌이 들었고, 내면의 평화와 자아와 혼연일체 되는 느낌이었다.

10년 후의 시점으로 빨리 감기를 해보자.

나는 한두 시간 후에 비행기를 타려고 기다리고 있었다. 샌안토니오San Antonio 공항은 도시 외곽에 있다. 작고 효율적인 이곳은 뉴어크Newark 공항의 복잡한 교통체증이나 디트로이트Detroit 공항의 끝없는 죽음의 광장도 아니고, 댈러스-포트워스Dallas Fort Worth 공항의 거대하고 정신이 아찔할 정도로 불규칙하게 펼쳐진 곳도 아니다. 커피숍은 미국 교통안전국TSA의 몸통 검색대 바로 옆에 적당히 자리 잡고 있다. 파나마로 돌아가는 한 선교사와 신발과 벨트를 다시 매면서 날씨 이야기를 잠시 나눈 뒤(그는 웨스트버지니아에서 보낸 1년이 자신이 경험한 추위 중 "가장 추웠다"라고 했다. 버몬트 주민으로서 나는 수십 년 동안 엉덩이가 떨어져 나갈 정도의 엄청난 추위를 겪었으므로 웨스트버지니아의 추위는 장난이라고 마음속으로 낄낄거리며 우월감을 느낄 수 있었다. 작지만 힘들게 얻은 이른 아침의 이러한 승리는 사실 중요하거나 가치 있는 것은 아니다), 나는 키오스크에서 주문한 커피를 들고 가서 자리에 앉아 비행기를 기다렸다. 오전 6시가 조금 지났을 때였다.

나는 행복할 이유가 충분했다. 지난 며칠 동안 딸 비비안Vivien이 대학원 연구 결과를 발표하는 STEM* 컨퍼런스에서 시간도 같이 보냈다.

다 자라서 빠르게 변화하는 과학적 탐구 영역에 종사하는 딸을 보는 것은 모든 부모가 꿈꾸는 모습이다. 행복하고 잘 적응하고 (자화자찬일지 모르겠지만) 똑똑한 아이가 성취감 넘치는 삶을 사는 모습을 보는 것만으로도 나는 행복하다. 비비안은 짧은꼬리오징어와 인광성 박테리아의 공생 관계에 관한 강연을 했으며, 그 강연에서 예리한 지성과 편안한 매력, 그리고 겸손하게 설득력 있는 논제를 보여주었다. 나는 미국의 영화배우이자 코미디언인 딕 반 다이크Dick Van Dyke; 1925~처럼 노래하고 춤추며 행복하게 공항을 통과했어야 했다.

하지만 나는 그렇게 하지 못했다.

나는 꽤 불쾌한 기분이 들었다. 신체적으로는 괜찮았지만, 감정이 엉망이었다. 불안하고 우울한 기분이 들었고, 내 마음은 걱정과 자기비판이 반복되는 불쾌한 패턴에 사로잡혔다. 이것은 일반적인 신경과민증과 자기혐오의 전형적인 증상이었다. "나는 착하지 않고 똑똑하지도 않으며, 볼품없는 부모이자 별로 도움도 안 되는 교사고 글솜씨도 형편없고, 그런 나를 이해하는 사람은 아무도 없다"라는 생각이 계속 들었다. 이는 돈과 성공에 대한 불안, 얼마 남지 않은 여생에 대한 걱정 등 중년이 평범하게 느끼는 진부한 불안감이었다. 나는 점점 더 부정적인 상태로 급강하고 있었다.

거기에 더해 나는 인류의 교차로**라고 할 수 있는 공항에 있었다. 충분히 누릴 자격이 있는 휴가를 떠나는 가족, 전 세계 먼 곳으로 여행을 떠나는 여행객, 글로벌 상업의 바퀴에 기름을 바르고 세계 경제에 기여하는 사업가가 아니라, 나에게는 지구를 뼛속까지 삼키려는 얼굴도 없고 형체도 없는 덩어리가 칙필레 치킨버거와 던킨도너츠로 배를 채우고 화석 연료를 태우는 죽음의 어뢰를 타고 종말의 일출을 향해 떠나는 것처럼 보였다. 나는 목격한 장면에 대한 내 반응을 반성한다. 나는 자기 혐오감을 느꼈고, 내가 불쾌하거나 불친절하게 인식될 수 있음을 인정한다.

***STEM**
과학Science, 기술Technology, 공학Engineering, 수학Mathematics 분야의 학문을 포괄하는 용어

****교차로**
공항은 다양한 장소와 배경을 가진 사람들이 모이는 곳이다. 즉, 공항은 여행객이 도착하고 출발하고, 연결편을 기다리면서 시간을 보내고, 다양한 문화와 경험을 대변하는 인간 활동의 허브다.

나는 뭐가 문제인지 알 수 없었다. 하루 중 가장 좋아하는 순간인 모닝커피조차 씁쓰레하고 실망스러운 맛이었다. 나는 자리에서 일어나 걷기 시작했다. 신문 가판대에서 조금 어슬렁거렸지만, 모든 신문과 잡지, 책은 내 개인적 부족함과 함께 임박한 운명의 느낌을 더욱 부추겼다. 최종적으로 나는 왁스로 광이 나는 공항 바닥을 가로질러 걷기 시작했다. 빠르게 걸으며 터미널 맨 끝으로 가서 급격하게 방향을 바꾸어 반대 방향으로 다시 걷기 시작했다. 배가 고파서 배에서 꼬르륵 소리가 났지만 팔을 힘차게 흔들면서 샌안토니오 공항을 왔다 갔다 했다. 이틀 밤만 머물렀기 때문에 배낭은 가벼웠다. 이른 아침 햇살이 창문 사이로 비췄다.

처음에는 희미하게 일어났지만, 정신이 산만하고 뭔가 불편하듯이 찌르르한 느낌에도 불구하고 나는 감정의 변화를 감지하기 시작했다. 나는 진정되고 있었다. 기분이 조금 나아졌다. 한 걸음 한 걸음 내딛

을수록 내 정신의 어두운 괴물들이 조금씩 물러나기 시작했다. 나는 부모와 함께 있는 한 아이를 보았다. 우스꽝스러운 야광 운동화를 신고 뛰어다니는 모습이 날 미소 짓게 했다. 나이 든 흑인 남성이 휴대전화에 대고 깊고 울림이 있는 웃음을 터뜨렸는데, 그 소리를 듣고서 나는 행복해졌다. 전날 강변 식당에서 멕시칸 음식을 먹으며 노트북으로 발표 자료를 수정하던 비비안의 집중하는 시선, 어렸을 때 먹던 음식을 똑같이 먹는다고 놀려댔을 때의 미소와 웃음, 강연이 끝난 후 질문에 답하던 그녀의 따뜻한 모습 등 비비안의 얼굴이 다시 떠올랐다.

가슴속 어딘가에서 내가 느꼈던 자부심이 꺼질 듯한 불꽃에서 타오르는 태양으로 커지기 시작했다. 걸을수록 비비안이 4학년 때 큰 운동화와 튜브 양말을 신고 다니던 모습, '큐리아'라는 카멜레온 인형을 학교에 가져가고 친구들과 함께 나무에 올라가 나뭇가지에 걸터앉아 점심을 먹던 모습 등 여러 이미지가 내 머릿속을 스쳐 지나갔다. 주말 아침 아내와 같이 침대에 누워있을 때 딸아이가 커다란 색연필 가방을 바스락거리는 소리, 카탈리나섬의 캠핑지에서 함께 파도에 뛰어들었을 때 차갑고 짠 태평양에서 받은 충격의 이미지가 머릿속을 스쳐 지나갔다.

나는 왔다 갔다 하면서 계속 걸었다. 비행 편을 알리는 확성기 소리도 전혀 들리지 않았다. 해가 완전히 떠서 밝게 빛나고 있었다. 나 역시 그러했다.

우리 모두에게는 몸이 있다. 이 글을 읽고 있는 당신이 누구이든, 당신에게는 몸이 있다. 이는 내가 생각할 수 있는 우리 공동의 존재에 대한 가장 기본적인 사실이다. 우리 몸이 주변 세계와 상호작용하는 방식과 그 상호작용을 인식하는 방식은 우리의 사고방식과 우리의 존재에 핵심이다.

샌안토니오 공항이 계시나 심오한 깨달음을 얻기에 중요하거나 도움이 되는 장소가 아니라는 것은 인정한다. 하지만 공항을 걷다 보니 앉아있을 때는 느낄 수 없었던 방식으로 삶을 깊이 느낄 수 있었다. 내 감정, 나 자신에 대한 믿음, 세상에 대한 감정의 변화는 움직임이라는 단순하고 일상적인 기적을 통해 이루어졌다. 단순히 걷는 것만으로도 기분이 바뀌고 세상을 바라보는 방식도 바뀌었다. 내 기분을 인지적으로 파악하려고 노력할 필요 없이 그냥 저절로 기분이 좋아졌다.

걷기라는 단순한 행위를 통해 내 몸으로 돌아가니 생각과 감정, 행동이 바뀌었다. 신체적 자아에 직접 참여하면서 나 자신과 세상에 대해 느끼는 방식이 바뀌는 연쇄적인 도미노 효과가 일어났다.

사실, 더 정확한 표현은 우리는 곧 우리 몸이다라는 것이다. 우리의 자아 개념은 바로 신체 조직에 배선으로 연결되면서 신체화되어 있다. 공항을 오가는 동안 나는 이 기본적인 현실을 되새기고 있었을 뿐이다. 내가 몸이라는 신체적 깨달음 이전까지는, 즉 '나'에 대한 경험이 구름에 떠 있는 공허한 관념이 아니라 바로 내 신체적 형태의 바로 내 육체적 실체라는 사실을 육체적으로 깨닫기 전까지는 나는 분열을 경험하고 있었다. 나는 머릿속에 너무 많은 생각을 하고 있었고, 나의 자아감이 흐트러져 있었다. 내가 누구인지, 어떻게 느끼는지, 주변 세계와의 상호작용 등 나의 자아감이 마치 저 멀리 내 위에 떠 있는 풍선처럼 느껴졌다. 걷고 숨을 쉬고 육체적 자아로 돌아오니 그 풍선이 아래로 내려와 심지어 그 풍선이 터뜨려지면서 이내 내 몸속으로 스며들었다. 우리는 모두 단순히 몸이 있는 것이 아니라 몸 그 자체다. 우리의 몸은 곧 우리다.

몇 년 전 로스앤젤레스에서 중학교 교사로 근무할 때 나는 셰익스피어Shakespeare의 《햄릿》Hamlet을 가르치자는 기발한 아이디어가 떠올랐다. 학생들에게 카메라 앞에서 연기하게 한 다음 함께 영화 버전을 편집하면 연극에 생동감을 불어넣을 수 있을 것 같았다. 나는 셰익스피어 수업을 들어본 적도 없고, 셰익스피어의 언어적 스타일을 해독하는 데 특별히 능숙하다고 생각하지도 않는다. 하지만 그 연극은 항상 내 곁에 머물러 있고, 햄릿의 수많은 대사는 내 기억 속에 새겨져 있다.

그중 하나는 "시간이 탈구되듯이 맞지 않아The time is out of joint"다. 햄릿은 결국 아버지의 망령과 대화를 나누며 극심한 우울증에 시달리는 등 자신의 정신이 고통받고 있음을 언급하고 있다. 샌안토니오 공항에서 내 몸의 단순한 신체적 움직임을 통해 현재의 순간으로 다시 들어오기 전에는 내 시간도 탈구되듯이 맞지 않고 어긋나 있었다. 과거를 후회하고 미래를 걱정하고 있었다. 이미 지나간 과거의 논쟁을 다시 되새기면서 후회하고 있고, 아직 오지도 않은 미래의 논쟁을 걱정했었다. 모든 것이 얼마나 끔찍했는지 스스로에게 이야기하면서 불안의 정교한 구조를 만들어내었다. 나는 현재에 있지 않았고, 파편화되어(햄릿의 아버지처럼) 망령으로 존재하며 나 자신의 과거와 미래를 괴롭히고 있었다. 내 몸에 쇠사슬만 두르고 있으면 나는 나만의 디킨스식 망령이 될 수 있었을 것이다. 나는 내 몸과 접촉하지 않았기 때문에 공감의 육체성과도 접촉하지 못했다. 즉, 주변 사람들에게서 공통된 인간성을 인식하지 못하고 사소한 걱정과 부정적인 생각에 사로잡혀 버렸다.

하지만 나는 움직임이라는 행위에서 위로와 안도감을 찾았다. 내가 느꼈던 걱정과 압박감이 서서히 사라졌다. 그런 걱정과 압박감은 진짜가 아니었다. 내가 지어낸 것들이었다. 그렇다, 세상은 여전히 고통스러웠다. 그렇다, 삶은 완벽하지 않았다. 하지만 나는 지금 이 순간에서 나 자신을 되찾았다. 배를 바로잡고 내 운명의 선장으로서 다시 항해를 시작하는 데 필요한 것은 이것뿐이었다. 비록 그 운명이 오봉팽Au Bon Pain의 에그샌드위치를 즐기는 것과 같이 소박한 것일지라도, 이런 일상의 소소한 즐거움에서 만족을 찾을 수 있다.

우리의 자아가 몸 안에서 존재하는 방식을 가리키는 이름이 있다. 이는 신체화된 인지embodied cognition라고 부른다. 마음챙김 명상의 효과, 의사결정의 신체화된 본질, 직관의 작동 방식, 자유의지에 관한 생각 등 다양한 연구 분야가 여기에 속한다. 신체화된 인지에 대한 폭넓은 이해가 도움이 될 수 있는 교육 분야는 꽤 많다.

학교에는 몸의 중요성에 관한 실용적인 조언이 추가로 담긴 책으로 가득한 도서관이 있다. 브래드 존슨Brad Johnson의 《발로 배우는 학습: 초중고 교실에 신체 활동 통합하기》Learning on Your Feet: Incorporating Physical Activity into the K-8 Classroom(2021), 트레이시 렌겔과 마이크 쿠찰라Traci Lengel & Mike Kuczala의 《운동감각적 교실》The Kinesthetic Classroom(2010), 스테이시 쇼크래프트Stacey Shoecraft의 《움직임을 통한 교육》Teaching through Movement(2015) 등이 있다. 그리고 물론 교육 철학자 존 듀이John Dewey, 1859~1952의 작품도 있다. 하지만 지금의 이 책은 아주 기본적인 현실(우리는 우리의 몸이다)이 학습에 어떤 영향을 미치는지 탐구하려는 시도로서, 몸이 학습을 통합하는 방식에 대한 이해의 많은 부분을 뒷받침하는 신체적 메커니즘을 살펴볼 것이다.

그게 무슨 상관이냐?라고 반문할 수도 있다. 그렇다, 우리 모두에게는 몸이 있다. 이것이 학교나 교육 또는 우리가 정보를 기억하는 방법과 무슨 상관이 있을까? 이 모든 질문에 최선을 다해 답을 하고자 한다. 하지만 그보다 더 깊은 의미도 있다. 신체화된 인지는 우리가 어떻게 가장 심오한 의미에서 '자아'라는 개념을 가졌는지 이해하는 데 도움이 된다. 당신은 당신이 존재하고, 느낌과 사고, 감정이 있다는 것을 알고 있지만, 바로 이 문장에서 '당신'은 누구일까? 이 책은 독자에게 '당신'은 당신의 몸이며, 당신의 개성이 근육과 뼈에 묶여 있다는 것을 한 번 설득해 보고자 한다.

1

지식의 체계

인간이 학습을 정확히 어떻게 하는지 생각해 본 적 있는가?

고대 그리스 이래로 서양 역사에서 많은 철학의 근간을 이루는 한 가지 중심 사상은 마음과 몸이 분리되어 있다는 것이다. 즉, 이성과 합리적 사고는 추상적 보편성으로 존재한다는 것이다. 이 잘못된 이원론적 관점은 르네 데카르트René Descartes; 1596~1650와 관련이 있고, 그것도 밀접한 관련이 있다. 계몽주의의 많은 사상을 촉진한 것은 바로 데카르트의 마음과 몸의 이원론이었다. 이러한 탈신체화된 마음disembodied mind*에 대한 데카르트적 세계관이 크게 뒤집힌 것은 불과 지난 한 세기 정도밖에 되지 않았다. 특히 지난 수십 년간 인지과학의 실증적 연구결과를 통해 마음이 몸과 함께 작동한다는 것을 보여주는 훨씬 더 복잡하고 흥미로운 그림이 등장했다.

인간의 의식과 행동 그리고 우리의 마음과 몸을 통합하는 원리를 바라보는 이 새로운 시각을 **신체화된 인지**embodied cognition라고 한다.

간단히 말해, 신체화된 인지는 추상적 개념과 이성, 합리적 분석을 포함해 사고가 탈신체화된 보편소가 아니라 우리의 살과 뼈에 깊이 새겨져 있다고 단정하는 많은 연구 분야의 집합체다. 신체화된 인지 연구는 느낌과 감정이 합리적 사고 과정의 장애물이 아니라 그 일부

고, 합리적 사고 과정과 밀접하게 관련되어 있다는 생각을 뒷받침한다.[01]

어떻게 보면 이는 자명한 것처럼 느껴질 수도 있다. 예를 들어, 사람들은 종종 '내장적 본능에 따라going with their gut' 결정을 내린다고 한다. 이 신체화된 은유는 복잡한 선택을 할 때 몸의 역할을 우회적으로 표현하는 방식이다. 그리고 실제로 모든 결정은 '내장적gut' 결정이고 직감에 따른 결정이다. 즉, 모든 결정은 몸과 마음이 협력하여 내리고 몸과 마음으로부터 동시에 영향을 받는다. 특히 교육에서 이러한 성격을 가진 의사결정은 일상적인 학습 행위가 된다. 신체화된 인지의 파급효과를 살펴보게 되면, 이 새로운 과학이 교육 시스템을 설계하는 방식 그리고 교육과 학습을 개념화하고 실행하는 방식에 심오한 영향을 미친다는 것을 알 수 있다.

우리의 신체화된 경험과 잘못된 마음/몸 이원론적 세계관 사이의 관계에 관해 생각하는 실용적인 접근법을 개략적으로 설명하는 것에는 다양한 유용성이 있다. 교육을 예로 들어보자. 학교가 매일 하는 일, 교사가 학생과 상호작용하고 교사들끼리 상호작용하는 방식, 교사가 교육하는 건물과 공간을 예로 들어보자. 인지과학의 최근 연구결과를 통해 교육의 이 모든 구성성분을 다루고, 신체화된 인지와의 관계 측면에서 평가할 수 있다.[02]

그러나 교육이 왜 지금처럼 구조화되어 있는지, 교사가 왜 지금처럼 가르치는지, 지식의 개념은 무엇이고 지식이 학습 능력에 어떤 영향을 미치는지에 대한 뒤얽힌 이야기를 풀려면, 일상적 상호작용의 뼈대를 만드는 역사적·개념적 토대를 살펴보는 것이 도움이 된다. 그리고 교사와 학생이 실제로 학습 행위에서 하는 일과 교육의 이념적 역사 사이의 교차점 내에서 마음/몸 분열의 강력한 저의를 찾을 수 있다. 그리고 나서야 신체화된 인지에 뿌리를 둔 교육 접근법의 잠재력을 탐색할 수 있다.

지금 시점에서 신체화가 의미하는 바를 명확히 하는 것은 도움이 된다. 학습과 교육 측면에서 신체화된 교실이나 신체화된 수업이라는 용어를 사용하는 것은 몸의 신체적 감각을 의미 있는 학습 방법으로 고려하고 사용한다는 것을 의미한다. 다시 말해, 주관적 경험의 감각운동 지각은 인간이 환경을 지각하고 해석하고 상호작용하는 수단으로 받아들여진다.

사고는 뇌뿐만 아니라 몸에서도 발생하고, '마음'은 실제로 몸과 뇌, 환경 사이의 상호작용을 묘사하기 위해 사용하는 단어일 뿐이라고 보는 신체화된 인지는 비교적 간결한 개념이지만, 교육과 학습 방식에 관한 풍부한 탐구 영역을 가진 놀랍도록 다양한 연구 분야기도 하다. 신체화된 인지가 학교에 영향을 미칠 수 있는 몇 가지 예비적인 예를 제시하기 위해, 교사가 학교와 교육, 학습에 관해 생각하는 방식에 잠재적으로 직접적이고 실질적인 영향을 미칠 수 있는 몇 가지 연구를 검토하는 것이 도움이 된다.

***탈신체화된 마음**
탈신체화된 마음은 마음, 즉 의식이 몸과 독립적으로 존재한다는 개념을 말한다

당신은 어디에 있는가: 고유수용감각

대부분의 사람들은 자기 몸이 어디에 있는지 생각할 필요가 없다.

사람들은 그냥 안다. 예를 들어, 누군가가 책상에 앉아서 책을 읽고 있을 때 다리를 당겨 책상 밑으로 집어넣거나 벌리고, 그리고 책을 앞이나 특정 높이에서 손으로 꼭 잡고 있거나 손을 쓰지 않고 책을 읽을 수 있도록 정중앙에 올려놓고 있다면, 그는 자기 신체 부위가 어디에 있는지 안다. 자기 신체 부위가 어디에 있는지 알려고 구태여 보고 있는 책에서 눈을 뗄 필요가 없다. 인간에게는 다양한 신체 부위의 위치와 공간에서 몸의 위치를 알려주는 **고유수용감각**proprioception*이 있다. 책을 읽고 있는 사람은 눈을 감아도 여전히 이를 안다.

인간은 공간에서 자신이 어디에 있는지 그리고 자기 팔다리가 어디에 있는지 안다. 사람들은 눈을 감고 뺨을 긁다가 실수로 겨드랑이를 긁을지도 모른다고 걱정할 필요 없이 뺨을 긁을 수 있다. 이는 공허할 정도로 간단해 보인다. 물론 인간은 자기 팔다리가 어디에 있는지 안다. 그러나 사람들이 고유수용감각을 상실하는 경우도 드물게 있다. 다시 말해, 공간에서 자신의 방향과 신체 부위의 위치를 파악하는 능력을 잃는 사례도 드물게 발생한다. 하지만 대부분의 사람들에게 고유수용감각은 '제2의 천성'으로서 타고난 것이고 자동적으로 부여받은 것이라서 사람들은 이를 인식하지 못한다. 즉, 사람들은 의식적으로 생각할 필요 없이 자연스럽고 힘들이지 않게 고유수용감각을 소유하고 있다.

거의 모든 사람들은 공간에서 자기 몸을 지각하는 능력을 갖추고 있지만, 그것이 어떻게 가능할까? 이러한 능력은 의식적이지 않다. 즉, 우리가 생각하고 있는 능력이 아니다. 그것은 추상적이거나 합리적이거나 이성적인 사고가 아니다. 사람들은 그냥 안다. 이는 신체화된 인지의 한 가지 측면이다. 이 능력은 아주 놀랍고, 의사결정과 같은 높은 수준의 사고 또는 실행 기능executive function**과 분리되는 것이 아니라 실제로 그러한 인지 과정의 일부다.

고유수용감각이 얼마나 중요한지를 깨달을 수 있는 유일한 경험은 사지가 말을 안 들을 때뿐이다. 이는 영화관에서 자다가 깨어날 때 발이 얼얼하고, 팔이 무감각해지면서 감각을 완전히 잃는 순간이다. 이때는 피가 다시 흐르면서 전기를 공급받을 때까지 절뚝거리고 팔에 감각이 없는 것을 경험한다. 팔다리의 감각을 느낄 수 없는 이런 기괴한 순간은 고유수용감각을 잃는 것이 어떤 것인지를 잘 보여주며, 이 감각이 얼마나 중요한지를 강하게 암시한다.

***고유수용감각**

흔히 식스센스sixth sense라고 불리는 고유수용감각은 시각에 의존하지 않고도 신체 부위의 위치, 움직임, 방향을 인식할 수 있는 감각이다. 고유수용감각은 우리 몸이 공간에서 어디에 있고 어떻게 움직이고 있는지를 인식하는 감각으로, 움직임을 제어하고 조정하는 능력에 중요한 역할을 한다.

****실행 기능**

실행 기능은 우리에게 계획하고 조직하며 행동을 규제하고 목표를 달성할 수 있도록 하는 일련의 인지 과정을 말한다. 실행 기능은 다른 인지 과정을 조정하고 통제하는 고차원의 정신적 기능을 포함한다.

당신은 어떻게 느끼고 있는가: 내수용감각

고유수용감각은 인간이 환경에서 몸의 위치를 이해하게 해 주지만, 내수용감각interoception*은 몸 내부에서 무슨 일이 일어나고 있는지에 대한 감각이다. 아픈 사람에게 "기분이 어때요?How are you feeling?"라고 묻는 것은 그에게 부분적으로 내수용감각 능력을 표현할 수 있는 능력을 이용하도록 촉구하는 것이다.

이러한 내수용감각을 평가하고 조사하는 방법에 대한 좋은 예는 마음챙김mindfulness 명상에서 '바디 스캔body scan'으로 알려진 명상법이다. 바디 스캔은 사람들에게 자신의 다양한 신체 부위를 '점검'하고, 어떻게 느끼는지 보도록 촉구한다. 뒤틀렸는지, 욱신욱신 쑤시는지, 탈골되었는지, 무거운지, 균형이 안 잡혔는지, 불쾌한지, 아픈지 등을 점검하는 것이다. 내수용감각은 신경계와 소화계, 전정계, 촉각계와 같은 여러 감각계 간의 복잡한 의사소통을 통해 내부 과정이 얼마나 균형을 잘 이루고 있는지 평가하는 몸의 능력이다.

체온과 심박수는 내수용감각의 좋은 예다. 몸은 모든 운영 계통들이 원활하게 실행되는 항상성homeostasis 상태를 끊임없이 추구한다. 내수용감각(그리고 고유수용감각)을 참여시키는 많은 움직임 중심의 전통 중에서 태극권과 요가는 훌륭한 예다. 그 밖에, 표면적으로는 매우 간단해 보이는 것이 있다. 물론 사람들은 내장이 뭔가 작동이 제대로 되지 않는 순간을 안다. 그때는 몸이 아주 엉망이라고 느낀다. 하지만 사람들은 어떻게 이를 '아는가'? 그것은 지적 지식이나 합리적 이해가 아니다. 사람들은 신체화된 방법으로 이를 '안다'. 서로 맞물려 있는 인간의 계통들은 함께 이를 안다. 뇌는 많은 교환대 중 하나이자, 많은 교환대 사이에서 의사소통의 중심지다.

사람들은 앞서 언급한 움직임 중심의 전통에서 수련을 통해 내수용감각 능력을 개발하면, (다른 많은 요인 중에서) 수면 시간, 혈당, 최근 다른 사람들과의 상호작용, 시간, 계절, 실내 또는 실외 등이 내수용감각 검사의 결과에 깊은 영향을 미친다는 것을 금방 깨닫게 된다.

*내수용감각
내수용감각은 우리 몸의 내부 상태를 감지하고 이해할 수 있게 해주는 감각이다. 내수용감각은 심박수, 소화, 호흡, 체온, 배고픔과 갈증과 같은 신체 기관, 조직 및 계통의 생리적 상태에 대한 정보를 제공한다. 내수용감각은 신체 항상성을 유지하고 신체의 요구에 반응하는 능력에 중요한 역할을 한다.

댄스 댄스 레볼루션: 육체수용감각

육체수용감각 corporoception은 특정 종류의 고유수용감각을 묘사하는 데 도움이 되는 용어다. 이 용어는 한 몸과 다른 몸의 관계에 대한 신체화된 이해를 말한다. 육체수용감각이 이 책에서 처음 소개하는 용어지만, 그래도 실증적으로 검증 가능한 용어다. 육체수용감각은 한 몸의 형상을 다른 몸의 방위에 상대적으로 지각하는 능력이다. 여기에는 근접학proxemics*이라는 흥미로운 연구가 작용한다.

한 몸이 다른 몸과 얼마나 가깝고 어떻게 배열되어 있는지는 문화적 규범과 전통뿐만 아니라 육체수용감각에도 어느 정도 달려 있다. 육체수용감각이란 다른 몸에 대한 사람의 타고난 감각이다. 가장 간단한 예를 들자면, 무용수들은 서로 매우 '조화'를 이루어 그들 동작은 인간의 생각을 초월하는 정도까지 조화를 이루는 것처럼 보인다.

이러한 신체적 인식은 조지 발란신George Balanchine; 1904~1983과 수잔 패럴Suzanne Farrell; 1945~의 관계에서 잘 드러난다. 발란신은 뉴욕시립발레단New York City Ballet의 창립자이자 감독이었고, 그의 작품과 비전은 20세기 중반에 미국 발레를 지배했다. 수잔 패럴(본명 수지 플리커Suzi Flicker)은 수년간 발란신의 수석 무용수였다. 두 사람이 함께 만들어낸 작품은 장르를

불문하고 믿을 수 없을 정도로 엄청난 예술적 듀오로 무용 역사에 기록되었다. 작가 조슈아 울프 셍크Joshua Wolf Shenk; 1971~는 창의성에 관한 책 《둘의 힘》Powers of Two에서 이 두 사람이 일종의 '융합'[03]을 이루었다고 말한다. 이러한 운동감각적 이해는 매우 깊어서 발란신은 패럴에게 가장 대담하고 거친 도전을 제안하기도 했다. 그녀는 종종 그러한 도전을 충족할 뿐만 아니라 뛰어넘기도 했다. 한 예로, 발란신은 패럴에게 비정상적으로 넓은 제4포지션(양발을 몸의 방향과 직각으로 놓고, 발끝을 밖으로 향하고 왼발을 앞으로 내놓은 자세)에서 스핀을 시도해 보라고 했다(이는 발레를 하지 않는 무용수에게는 다리를 꼬고 넓게 벌린 상태에서 점프와 스핀을 시도하는 것과 같아서 균형이 불안정해지는 동작이다). 그녀는 이 동작을 해내고 나중에 이를 '믿음의 턴'이라고 불렀다.

발란신과 패럴에게 어떤 일이 일어나고 있는가? 셍크는 창의적인 커플의 유대감이 유사한 발달 경로를 따른다고 말한다. 즉, "존재는 자신감으로 이어지고, 자신감은 신뢰로 정착하며, 신뢰는 믿음으로 상승한다."[04] 그러한 수준의 육체수용감각을 갖기 위한 첫째 단계는 '존재presence'다. 즉, 방 안에 있는 몸이라는 물리적이고 실제적인 존재다. 사실, 그것이 바로 무용을 보는 것을 짜릿하게 만드는 것이다. 무용은 라이브며, 서로에게 미세하게 조율된 몸들이 존재하는 것에는 숨이 멎을 정도로 놀랄만한 무언가가 있다. 즉, 서로에게 미세하게 맞춰진 무용수들이 물리적으로 존재한다는 것은 그들의 움직임을 목격하는 숨 막히는 경험에 이르게 한다. 이는 요요마Yo-Yo Ma; 1955~나 지미 헨드릭스Jimi Hendrix; 1942~197와 같은 훌륭한 음악가의 공연을 관람하거나 마틴 루터 킹 주니어 박사Dr. Martin Luther King Jr.; 1929~1968와 같은 훌륭한 연설가의 연설을 듣는 경험과 유사하다.

발레가 한 예긴 하지만, 공동체 춤, 즉 즉흥적이고 종잡을 수 없는 춤은 몸이 서로의 의도와 방식, 느낌을 읽는 방법과 춤에서 깊은 직관이 할 수 있는 역할을 훨씬 더 잘 보여준다. 특히 아프리카계 미국인의 춤 전통은 즉흥적인 공동체 춤을 추는 동안 이 놀라운 운동감각적 주고받기를 보여준다. 유튜브에 많은 유익한 예가 있다. 거기에서 시청자들은 오래된 《소울 트레인》Soul Train 무용 대형을 볼 수 있다.[05] 여기에는 수많은 무용수들이 박자와 리듬을 맞출 뿐만 아니라 줄을 따라 이동하면서 즉흥적으로 무용 루틴을 만들면서 단체로 춤을 추는 장면이 나온다. 왔다 갔다 하는 그러한 장면의 즉흥적 특성은 아프리카계 미국인 무용 커뮤니티 전체에서 다양한 형태로 발견된다. 흑인 기독교 목사들이 전통적으로 행하는 문답식 설교와 유사하게, 이러한 주고받기는 복잡한 육체수용감각적 이해를 나타낸다. 이는 무용수들의 직관과 다른 몸의 '읽기'에 의존하는 매우 공감적인 관계다. (《소울 트레인》이 뭔지 잘 모르는 밀레니얼 세대를 위한) 더 최근 예를 보자면, 래퍼 사일렌토Silentó; 1998~의 노래인 〈와치 미〉Watch Me의 비디오는 같은 스텝의 반복이 끊임없이 변화하는 몸 간의 대화 속에서 조정되고 즉흥적으로 만들어지며 앞뒤로 던져지는 공동체 춤의 완벽한 예다. 즉, 무용수들은 일련의 기본 스텝을 기반으로 창의적으로 조정하고, 지속적이고 역동적인 대화를 통해 이러한 움직임을 공유하며 무용 경험의 자발성과 협력적 특성을 강조한다. 〈눈에 보이는 블랙 비트〉The Black Beat Made Visible라는 제목의 신체화에 관한 에세이에서 토마스 데프란츠Thomas DeFrantz는 과장된 어조로 묻는다. "전에 만난 적도 없고 협력할 이유도 없는 무용수들은 어떻게 비슷한 춤을 그렇게 철저히 알고 있는가?"[06]

흑인 공동체 내에서 운동감각적 구어체 표현, 즉 격식을 차리지 않은 움직임의 유기적이고 분산적인 교환은 아마 이러한 육체수용감각 능력의 가장 풍부한 예다. 이는 무용수들이 실제로 만난 적이 없어도 서로를 '알' 수 있도록 하는 신체화된 인지 요소다. 전통적인 위계적 지식 전달 방식보다는 몸에 대한 육체수용감각적 이해가 여기저기서 튀어나오고, 대나무 숲이 개별 나무가 아니라 개별 죽순을 생기게 하는 방대한 지하의 복잡하게 뒤엉킨 뿌리 체계인 것과 같은 방식으로 깊은 뿌리가 동작과 춤을 전파한다. 그리고 확실히 인터넷으로 인해 새로운 춤이 빠르게 전파되지만, 그것은 여전히 지식의 신체화된 전달이다. 즉, 아이디어와 표현의 물리적인 교환이다.

육체적으로 서로의 몸과 맞붙고 뒹구는 것이 아니라 비디오 게임을 하면서 성장하는 우리 아이들 세대에게 신체화된 인지의 이러한 측면이 어떤 영향을 미칠지 가정하면 이는 특히 고려할 가치가 있는 측면이다. 대인관계의 주요 수단이 다양한 감각을 통한 메시지와 정보의 신체화된 물리적 교환이 아니라 디지털 화면의 평평한 세계면, 어떤 수준의 의식과 그 문제에 관해 어떤 수준의 운동감각적 직관이 소실될까?

하지만 인간이 사회적 동물이라는 것을 고려하면 이러한 생각을 이해하는 것은 훨씬 더 중요하다. 몸은 다른 사람과 접촉할 때 여러 분자적·화학적·감정적·물리적·신경학적 수준에서 반응한다. 부모가 소파에서 자녀와 바짝 붙어 책을 읽거나, 추운 밤에 부부가 이불 속에서 발을 맞댈 때, 몸은 신체적 접촉에 반응하여 그러한 사회적 유대를 장려하는 호르몬인 옥시토신oxytocin**을 생성한다. 이처럼 신체화의 감각은 다른 몸에 의존한다.

장기간 독방에 갇혀 있는 사람은 다양한 건강 문제를 겪는다. 처형

당한 루마니아 대통령 니콜라에 차우셰스쿠Nicolae Ceaușescu; 1918~1989의 독재 시절 루마니아의 보육원에서 나온 끔찍한 이야기가 증명하듯이, 안아주지 않고 신체적으로 접촉하지 않는 유아는 다양한 발달 문제를 겪는다.[07] 1980년대에 일손이 부족한 보육원에서 일체 신체 접촉을 거부당한 아이는 인지 지연과 행동 문제, 건강 문제를 겪었다. 차우셰스쿠의 보육원과 관련된 많은 슬픈 이야기는 그 아이들이 경험한 신체 접촉의 부재와 직접적인 관련이 있을 것이다.

다른 몸에 대한 감각인 육체수용감각은 단지 근처의 다른 몸을 감지하는 감각만은 아니다. 그것은 바로 그 근접성에 반응하는 다양한 계통의 내부 과정이다. 말하자면 신경화학적 트랙터빔tractor beam***이다. 인간은 사람들 곁에 있어야 하고 신체적 접촉이 있어야 한다. 밀접한 접촉의 힘을 의심하고 두 몸이 서로에게 작용할 수 있는 방법에 의문을 제기하는 사람은 유튜브에서 영장류 털 손질 비디오를 보거나 영장류의 친밀하고 애정 어린 접촉의 필요성을 구체적으로 다루고 있는 프란스 드 발Frans de Waal; 1948~의 최근 책 《엄마의 마지막 포옹》Mama's Last Hug[08]을 읽으면 도움이 될 것이다. 영장류가 털 손질을 받고서 완전히 행복한 휴식을 취하는 모습을 보면 항상 놀라움을 금치 못하는데, 육체수용감각적 욕구에 관한 한 인간도 그러한 원숭이와 크게 다르지 않다.

***근접학**

인간이 타인과의 사이에 필요로 하는 공간 및 이 공간과 환경이나 문화와의 관계를 연구하는 학문으로서, 사람들이 사회적 상호작용에서 공간을 어떻게 사용하고 지각하는지에 관한 연구를 말한다. 이 연구는 사람들이 신체적 거리와 자세, 그 밖의 다른 비언어적 신호를 사용함으로써 어떻게 의사소통하고 상호작용하는지를 조사하는 비언어적 의사소통의 하위 분야다.

**옥시토신

옥시토신은 다양한 생리적 과정, 특히 사회적 유대감, 출산 및 생식 행동에 중요한 역할을 하는 호르몬이자 신경전달물질이다. 흔히 '사랑의 호르몬' 또는 '포옹 호르몬'이라고도 불리는 옥시토신은 주로 뇌의 시상하부에서 생성되며 뇌하수체 후엽에서 혈류로 방출된다.

***트랙터빔

견인 광선으로서, 대상을 끌어당기는 강력한 광선을 말한다.

신체화된 자아

교사가 교육과정과 교수법을 통해 몸과 마음을 모두 발달시켜야 한다는 것은 아니다. 즉, 몸과 마음의 발달을 별개의 과업으로 간주해서는 안 된다는 것이다. 교사는 몸과 마음을 동시에 발달시켜야 하는데, 이는 몸과 마음이 하나의 시스템에서 서로 얽혀 있는 동일한 부분이기 때문이다. 여기에는 특별히 경천동지할 것은 없다. 두 곳만 이야기하자면, 월도프Waldorf 학교와 몬테소리Montessori 학교는 수십 년 동안 '체험 학습hands-on learning'을 중요시했으며, 교육 철학의 거물인 존 듀이John Dewey; 1859~1952는 이러한 체험 학습의 열렬한 지지자였다.[09] 몸을 통해 배운다는 개념을 뒷받침하는 실증적 증거에 대한 현대적 이해만 달라졌을 뿐이다.

영국 리즈 메트로폴리탄대학Leeds Metropolitan University의 앤드류 윌슨Andrew Wilson과 사브리나 골룬카Sabrina Golunka의 연구는 이렇게 표현한다. "우리의 행동은 지각계를 통해 연결되면서, 뇌와 몸, 환경에 분산되어 있는 작업별 자원의 실시간 상호작용으로부터 나온다."[10] 이는 '의사결정'과 같은 것이 순수하게 마음과 관련된 개념이라고 생각되긴 하지만, 실제로 복잡한 지적·도덕적 문제를 판단하는 것은 신체화되며, 상호 연결된 몸의 계통이 '복잡한 내부 정신적 표상'에 대한 필요성을 대체한다는 것을 시사한다.[11]

인간은 어떻게 자아감sense of Self을 갖게 되는가? 즉, 어떻게 세계 속에서 자신의 개성individuality에 대한 인식을 갖게 되는가? 이 질문은 많은 학생들이 답을 포기하고서 기분 전환을 위해 헤일로 인피니트Halo Infinite 게임이나 하러 가게 만드는 복잡한 철학적 질문이다. 데카르트는 생각할 수 있기 때문에 존재한다고 제안하면서 이 질문에 답했다. 그 밖의 다른 수필가와 심리학자, 과학자는 '자아성selfhood'과 '마음mind'이라는 이해하기 어려운 개념을 정의하고 그 뿌리를 발견하려고 애썼다. 그러나 신체화된 인지 관점에서 자아의 개념을 탐구하면, 그림에 초점이 맞춰져 그 개념을 명확하고 일관성 있게 이해할 수 있게 된다. 프랑스 콩피에뉴 공과대학Université de Technologie de Compiegne의 올리비에 가펜느Olivier Gapenne는 환경에서 몸의 방위에 대한 직관적 감각인 고유수용감각이 우리가 '자아'를 어떻게 생각하는지 이해하는 데 핵심적인 역할을 한다라고 말한다.

> 자아와 세계를 구분하는 데 수반되는 과정이나 기제를 설명하고자 한다면, 행위 주체는 자신에게 영향을 미치는 감각 신호의 두 가지 변화의 원천을 구별할 필요가 있다. 자신의 활동과 관련된 감각 신호와 환경에서 발생하는 감각 신호가 그 두 가지다.[12]

이 인용문은 개인이 자기 자신으로 식별하는 바로 그 방식인 자아의 개념과 우리가 어쨌든 개인적 의미를 부여하는 이유가 공간에서 몸의 위치와 몸이 공간에서 그 위치를 안다는 사실에 기인한다는 것을 시사한다.

이에 관해 생각하는 또 다른 방법은 인지가 존재하지 않는 상상의 공간에서 일어나는 무언가가 아니라고 간주하는 것이다. "She's in her head"는 깊은 생각이나 공상을 경험하는 사람을 묘사할 때 사용하는 표현이지만 극도로 부정확한 표현이다. 사고는 신체화된 경험으로부터 영향을 받을 뿐만 아니라 경험에 의해 정의될 수도 있다.

신체화된 교육

신체화된 인지는 어떻게 생겨났을까? 최근의 진화적 발달인가 아니면 선천적으로 타고난 것인가? 애런 스터츠Aaron Stutz는 신체화된 인지의 발달과 추상적으로 사고하는 인간의 능력이 동일한 진화적 상황을 통해 연결되었다고 생각한다.

> 상징적 정신 표상과 상징적 의사소통, 사회적 협력에 대한 인간의 능력은 고립적으로 발달한 것이 아니라 약 500~700만 년 동안 신체화된 인지 및 환경적 상호작용과의 역동적인 공진화를 통해 나타났다.[13]

인지과학 내에서 이루어진 이러한 새로운 발전은 교육에 심오한 영향을 미칠 수 있다. 지난 수백 년 동안 학습이라는 개념은 데카르트의 마음/몸 이원성에 묶여 있었다. 학습은 마음의 활동으로 여겨졌다.

즉, 이성에 대한 추상적 이해와 순수한 합리적 과정을 강화하는 것으로 여겨졌다. 하지만 신체화된 인지를 통해 이러한 학습의 개념은 의미심장하고 종종 예상치 못한 변화를 겪는다. 인지과학은 순수한 이성과 얽히고설킨 육체적 측면 간의 잘못된 이분법 대신, 교사들에게 몸에도 불구하고가 아니라 몸을 통해 교육이 작동하는 방법을 다시 생각하도록 한다.

신체화된 인지가 교육과 학습이라는 전통적인 개념과 상호작용하는 방식은 움직임과 느낌, 사고, 의미, 이성과 같은 소수의 범주로 대략 나뉠 수 있다. 다음에서는 이러한 측면이 전통적인 교육 관행뿐만 아니라 신체화된 인지에 기초한 학습 모두에서 어떤 역할을 하는지 살펴보기 위해 각 개념을 간략하게 소개할 것이다.

나는 그것을 움직이고 싶다

영국의 인지과학자인 가이 클랙스턴Guy Claxton; 1947~은 교육에 대해 폭넓게 글을 썼다. 클랙스턴은 2015년에 출간한 저서 《육체 속의 지능》Intelligence in the Flesh에서 "우리는 근본적으로 행동을 하도록 만들어졌다"라는 말에서 신체화된 인지가 교육에 영향을 미치는 방식을 뽑아낸다.[14] 학생들을 실내에 앉아 있게 하면서 움직임을 억제하는 전통적인 학교는 인지와 학습이 작동하는 방식과 정반대라고 추측된다.

신체적으로 복잡하고 정교한 능력과 지적으로 복잡한 작업을 바라보는 방식에서 문화적 격차는 매우 크다. '운동만 잘하는 돌대가리dumb jock'라는 생각은 엔터테인먼트와 교육에 널리 퍼져 있다. 하지만 현실은 훨씬 더 미묘하다. 스케이트보드를 타면서 10층 계단을 내려오는 스위치 킥을 잘하는 아이가 AP 미적분학을 열심히 공부하는 학생보다 지능이 떨어지는 것은 아니다. 단지 역사를 통틀어 인간은 인지의 비물리적 표현을 선호하는 사회를 설계해 왔다. 클랙스턴은 이를 '지능의 헤게모니hegemony of intellect'라고 부른다.[15]

움직임은 학습과 인지에 매우 중심이므로 그 둘은 사실 같은 것이다. 이는 학습이 움직임을 통해 발생하는 기회를 얻는 것이 아니라, 학습이 곧 움직임이라는 개념이다. 맥신 쉬츠-존슨Maxine Sheets-Johnson이 말했듯이, "우리는 말 그대로 움직임 속에서 우리 자신을 발견한다."[16] 사실 인간은 움직임을 통해 자신과 더 나아가 우리의 상징적 '자아'를 알 수 있을 뿐만 아니라, 몸을 움직이는 것은 복잡한 생각을 이해하는 것과 불가분의 관계에 있다. 철학자 마크 존슨Mark Johnson; 1949~은 이렇게 말한다. "우리가 추상적 개념이라고 부르는 것은 몸에 기반한 감각운동 근원영역에서 추상적인 목표영역으로의 체계적인 사상mapping에 의해 정의된다."[17] 좀 더 쉽게 말하면, 복잡한 생각은 움직임을 통해 더 완벽하게 이해될 수 있다.

이성적인 사람들은 동의하지 않을 수 있다

논리와 이성은 서양 철학의 많은 부분을 지탱하는 두 개의 기둥이다. 고대 그리스와 로마인의 세계에서 계몽주의 시대에 이르기까지 이성은 종종 사람을 인간으로 만드는 가장 훌륭한 인류 최고의 업적이라고 여겨진다. 이성은 주로 추상적인 것으로 간주되었다. 이는 이성이 존재의 축이 돌아가는 시계 장치와 같은 논리를 지배하는 보편 법칙의 집합으로 간주된다는 것을 의미한다. 이성은 유대-기독교 세계에서 신을 바라보는 방식으로 간주된다. 즉, 우주의 구조적 조직 원리로 간주된다.

인지과학이 추상적 철학의 공허한 공간에서 이성을 꺼내어 인간의 울퉁불퉁하고 텁수룩하고 불완전한 형태로 신체화할 수 있다는 것이 밝혀졌다. 즉, 논리적으로 사고하고 결정을 내리는 능력인 이성이 추상적 개념이 아니라 인간의 실제 물리적 몸에 내재되어 있고, 실체화되지 않은 개념이 아니라 인간의 본성과 경험의 일부라는 것이다. 앞서 언급한 마크 존슨은 철학자 조지 레이코프George Lakoff; 1941~와 함께《육체 속의 철학》Philosophy in the Flesh(1999)을 집필하여, 이성이 머리카락 밑동부터 발끝까지 몸에 묶여 있다는 설득력 있는 증거를 제시했다. 이들은 이성이 "우리 인간 몸의 특수성뿐만 아니라 세상에서 우리의 일상 활동의 특이성에 의해서도 결정적으로 형성된다"라고 주장한다.[18]

이성은 수학적 평면이나 천체 평면과 같은 초자연적 영역에 존재하는 개념이 아니다. 이성은 바로 우리 뼛속에 있다. 개인은 몸에도 불구하고가 아니라(몸은 이성에 대한 장애물이나 방해물이 아니다) 몸을 통해 그리고 몸으로 추론한다. 이는 특히 교사에게 중요한 전환이다. 가장 기본적인 의미에서, 교사가 학습 과정에서 학생을 그들 몸에 육체적으로 참여시키지 않는다면, 학생에게 지적으로 도전시키고 안락함을 넘어서 탐구하도록 추진하면서 기술과 능력을 발진시키도록 긴장시키고 튼튼하게 하지 않는다면 그리고 학생을 주변 세계에 참여시키지 않는다면, 신체화된 추론 능력을 충분히 사용하고 탐구할 기회를 학생에게서 빼앗는 것이 된다. 이런 교사는 학생의 학습을 제한하고 있는 것이다.

신체화된 교실

신체화된 인지라는 개념에 대해 추상적으로 논의하거나 추측하는 대신 이 개념이 초등학생의 일상 활동과 학습 경험에 통합된다면 어떤 모습일지를 살펴보기 위해 '뛰어드는' 것이 도움이 된다. 하지만 그러기 위해서는 먼저 신체화가 인간의 사고방식에 영향을 주는 방식을 이해할 필요가 있다.

존슨과 레이코프는 모든 이성과 추상적 사고가 은유적이고, 대부분의 은유가 신체화된다고 주장한다. 이는 은유가 신체적 형태 그리고 주변 세계와 신체적 형태의 관계에 기초한다는 것을 의미한다.[19]

이 절 첫 문장에서 사용한 표현을 잠시 생각해 보자. 첫 문장은 독자가 신체화된 인지에 관한 생각으로 '뛰어들jump into' 수 있다고 말했다. 사람들이 어떻게 배우는지에 대한 이해와 개념은 신체화된 은유로 가장 잘 설명된다. 어쨌든, 뛰는 것은 몸이고, 사물과 장소, 생각에 '들어가는' 것은 실재하는 신체적 자아다. 이것 또한 움직임에 관한 것이다. 이 표현이 독자가 생각 '위에 눕거나' '앉기'보다는 생각에 '뛰어든다'라고 말하는 것은 우연이 아니다. 학습은 신체적 은유와 탐험적 은유로 정의된다. 학습에서 진척은 무언가를 향한 움직임으로 인식된다(진척도 신체화된 은유로 볼 수 있다). 학습이 신체적 은유로 정의된다는 것은 학습 과정이 신체적 경험의 관점에서 설명되거나 이해된다는 것을 말한다. 예를 들어, "학습은 근력을 키우는 것과 같다"라는 말은 학습 과정을 신체적 성장 및 발달과 연관시킨 것이다. 탐험적 은유는 학습을 탐험이나 발견 행위와 연결한다. 이는 탐험가가 미지의 땅으로 모험을 떠나는 것처럼 학습은 개인이 새로운 지식의 영역으로 모험을 떠나는 것과 같다는 것이다.

학생들이 수학을 공부하고 있는 교실로 돌아가 보자. 로마인은 모든 숫자를 10의 블록으로 쪼개어서 수학 계산에서 가능한 한 가장 문자적이고 직접적인 방법을 선택해서 사용했다. 이는 오늘날의 교실에서도 여전히 존재하는 방법이다. 예를 들어, 자동차의 속도계는 시속 10km/h, 20km/h, 30km/h, 40km/h 등을 가리킨다. 그 이유는 간단하다. 인간은 기본적으로 손가락이 열 개기 때문이다.

고등학교에서 학생들이 대수학 같은 고등 수학을 공부할 때도 신체화가 전체 학습 과정에 미묘하게 통합되어 있다*. X축과 Y축의 데카르트 격자는 방향 방정식이다. Z축을 추가하면 학생들은 이제 3차원 공간, 즉 고유수용감각에 관해 이야기하고 공부하게 된다. X축과 Y축은 데카르트 좌표계를 구성하는 두 개의 수직선으로서, X축은 수평 방향을 나타내고 Y축은 수식 방향을 나타낸다. 데카르트 격자에 Z축이라고 하는 셋째 축을 추가한다고 생각해 보자. 3차원 기하학에서 Z축은 일반적으로 깊이 또는 X축과 Y축에 직교하는 3차원을 나타낸다. 이렇게 Z축을 추가함으로써 학생들이 2차원 평면에서 작업하던 방식에서 3차원 환경으로 전환하게 된다. 이제 학생들은 길이와 너비뿐만 아니라 깊이가 있는 공간의 물체와 점을 다루게 된다. 그리고 비록 이 수준의 계산이 고등 수학의 영역 안에 있다고 해도, 이해로 가는 길은 여전히 몸이다. 즉, 고등 수학 및 계산 개념을 다루고 있음에도 불구하고 이러한 개념을 이해하는 가장 효과적인 방법은 몸을 통해서다.

신체화된 교실에 있는 교사는 하루를 태극권**으로 시작한다. 학생들은 일어서고, 교사는 학생들에게 몸을 유연하게 움직이게 한다. 학생들을 움직이게 하여 고유수용감각과 내수용감각을 집중하고 연마하며, 전정계Vestibular system***를 미세 조정한다. 교실은 교사의 목소리로 가득 차고, 학생들은 처음에는 낄낄거리며 웃기도 하고, 우아하고 균형 잡힌 동작을 하라는 요구에 저항하며 몸부림치기도 한다. 하지만 이러한 방식으로 학생들은 새로운 학습 구조에 반응한다.

아시아 문화권은 계몽주의 사상이 지배하는 서구 세계가 이해하지 못하는 내재적인 방식으로 신체화된 인지의 불가분한 본질을 이해하는 것 같다. 합기도****, 태극권, 선 명상, 쿵후, 요가 등 이 모든 전통에는 움직임이나 호흡을 통해 몸 안에 있다는 것과 몸 안에서 실제 신체적 지점이나 위치를 찾는다는 비슷한 중심 교리가 있다. 그 교리란 '중심성'이 존재하는 사람의 기氣를 말한다. 항상 외부 자극에 충동적으로 반응하기보다는, 내면에서 평온하고 견고하며 강한 곳을 찾아 행동하는 것이 살아있는 핀볼처럼 보여 끊임없이 튕기는 학생들에게 어떤 이점이 있을지 궁금할 수 있다. 즉, 학생들은 이러한 전통을 통해 평온함과 중심을 잡는 감각을 키움으로써 외부의 힘에 휘둘리지 않고 보다 명확하고 강인하며 의도적으로 인생의 도전에 대응할 수 있는 안정적인 내적 토대를 찾을 수 있다.

학생들은 태극권이나 요가, 또는 교사가 소개한 움직임 중심의 신체화된 경험에 마침내 익숙해지는 데 평생, 어쩌면 며칠, 어쩌면 몇 주가 걸린다. 하지만 마침내 익숙해지고, 자신의 몸 안에 있는 것에 초점을 맞추고 자신의 신체화 감각을 연마하는 것은 일상이 된다. 그러한 운동이나 활동의 일반적인 근거는 단순히 건강이다. 즉, 움직임은 혈액순환에 좋다. 움직이면 '육체적 결함'이 밖으로 나온다. 하지만 움직임은 실제로 훨씬 더 깊은 신경물리학적 수준에서 작용한다.

기능적 사고는 대체로 은유적이고, 은유는 대부분 신체화되기 때문에, 추상적 개념을 진정으로 이해하는 유일한 방법은 몸 안에 있는 것이다. 자신의 신체적 자아에 완전히 깃드는 것이다. 즉, 사물이 작동하는 방식을 생각하고 이해하는 방식인 기능적 사고는 신체화된 경험에 깊이 뿌리를 둔 은유에 의존한다. 추상적 개념을 가장 진정성 있고 포괄적으로 이해하려면 감각적 경험과 신체적 감각을 포용해야 한다.

태극권은 학습에 대한 신체화된 인지 접근법을 추구하는 이유로서 충분히 사실이고 설득력이 있다. 하지만 태극권은 건강상의 이점이 있고 건강한 사람은 더 잘 배울 수 있을 뿐만 아니라, 고유수용감각과 내수용감각이라는 기본 개념도 통합한다. 고유수용감각과 내수용감각이라는 두 개념은 다시 추상적 사고에 대한 더 깊고 '진정한' 이해를 가능하게 한다.

학생들은 태극권을 마치고, 무술에서 생기를 받아 언어 수업으로 넘어간다. 이제 학생들은 감각운동 경험과 내재적으로 조화를 이룬다. 감각운동 경험은 단순히 신체적 감각과 세계에서 몸의 움직임 사이의 체험적 관계다. 이어지는 수업에서 학생들의 성취도는 더 높아진다. 이는 학생들이 몸에 맞추어졌기 때문이다. 학생들은 이런 방식으로 인지적으로 처리한다. 몸과 뇌는 둘 다 학습에 관여한다. 사실 교사가 복잡한 문장이나 구두점 또는 서사를 만드는 방법을 소개할 때, 언어 처리에서 학생들이 하는 일은 감각운동 관점에서 이루어진다.

이 시나리오에서 형용사가 오늘의 수업내용이다. 학생들이 squishy(질척질척한)라는 단어를 듣거나 철자를 써본 적이 없다면, 이 단어를 배우는 동안 질척질척한 무언가를 손으로 쥐는 신체적 경험을 통해 학생들의 어휘집에 이 단어가 유지될 가능성뿐만 아니라 글을 쓸 때 이 단어를 사용할 가능성도 커지는 것으로 나타났다.[20] 효과적인 것으로 입증된 또 다른 시나리오에서, 이야기를 배우고 그것을 행동으로 옮기는 아이는 단순히 이야기를 읽고 또 읽는 아이보다 더 많은 정보를 기억하고 이해한다.[21] 단순한 동화이든, 유엔 협상이든, 추상적인 개념이나 원리를 신체화하면 학생들은 자신의 학습을 신체화할 수 있다. 이러한 신체화는 학습을 다시 촉진한다.

신체화된 인지는 여러 가지 방식으로 나타날 수 있다. 예를 들어, 정서적 개념을 처리하는 동안 혀를 내미는 아이가 정서적 개념을 더 빨리 처리한다는 것이 연구에서 밝혀졌다. 우리 인간이 혀까지 포함해 몸과 상호작용하는 방식은 매우 중요하다. 즉, 혀를 내미는 것과 같이 사소해 보이는 행동도 인지적 영향을 미칠 수 있다. 대체로 이러한 교훈은 학교에서 무시되었으며, 의학계조차도 때때로 이러한 현상이 질병으로 생각될 정도로 신체화된 경험과 움직임의 중요성은 무시되었다. 많은 학생들은 무의식적으로 보이듯이 발이나 다리, 몸을 안절부절못하면서 꼼지락거리는 행동을 한다. 아마 이는 학생들이 몸을 통해 학습을 걸러내려고 하는 것일 수도 있다. 즉, 자신의 몸을 통해 지식을 리드미컬하게 튕겨내려고 하는 것이다.

아이들은 외부의 개입이나 지도 없이 독립적으로 행동하도록 허용되거나 스스로 탐구하고 학습할 수 있는 자유가 주어지면, 일반적으로 자연스럽게 신체화된다. 즉, 아이들은 자신의 물리적 현실의 지시에 따라 조율되고 행동한다. 야외에서 구조화되지 않은 많은 시간을 보내는 것은 학생들이 신체화된 활동에 참여할 수 있는 적절한 환경을 제공하는 가장 효율적이고 편리하며 실용적인 방법일 수 있다. 구조화되고 제도적인 공간은 일반적으로 신체적 인지를 완전히 활용하는 움직임의 기회를 제공하는 데 있어서 심각한 한계가 있다. 하지만 숲과 들판, 공터에서 노는 아이들은 주변 세상과 직접적으로 끊임없이 소통한다. 개울에서 조약돌로 댐을 쌓는 어린이가 내리는 결정을 생각해 보자. 이 바위를 이쪽으로 들어 올리고, 이 부분에 돌을 더 많이 쌓고, 덜 미끄러운 곳에 발을 딛는 등의 결정은 뚜렷이 인지적 결정을 통제하는 것과 동일한 구조적 과정이다. 역사 과제를 처리하기 위해 어떤 책을 사용할지, 어떤 인용문을 사용할지, 에세이에서 어떤 단어를 올바르게 선택할지 등의 모든 결정은 몸에 내장된, 환경과 육체적으로 절충하는 데 사용되는 것과 동일한 경로에서 작동한다. 그러므로 학생들에게 야외에서 탐험하고 모험하고 놀 수 있는 많은 시간을 주는 것은 의사결정 능력을 개발하는 데 매우 중요하다.

현대 교육 정책의 관점에서 보면 학생들을 야외로 데리고 나가는 것은 종종 '시간 낭비'처럼 보인다. 학교는 때때로 생산과 산업 그리고 일반적인 바쁨에 신경을 쓰는 19세기의 숙취에 시달리는 것처럼 보인다. 그러나 한가한 놀이 시간처럼 보이는 것을 다른 시각으로 바라보면 요새를 짓거나 나무에 오르거나 파도 속에서 노는 초등학교 3학년이나 고등학교 1학년 학생들이 행동을 지배하는 인간의 고유한 신체적 계통과 직접적으로 연결되고 직접적인 영향을 미치는 방식으로 환경에 신체적으로 참여하고 있다는 것이 분명해진다.

목적 없이 놀고 장난치는 것처럼 보이는 것이 사실은 아이가 참여할 수 있는 가장 중요한 활동일 수 있다.

***신체화와 수학 학습의 통합**

이 말은 수학적 개념을 유형의 물리적 경험이나 실제 사례와 연결하면 주제에 대한 학생들의 이해와 참여도를 높일 수 있다는 것을 강조한다.

**태극권

태극권은 고대 중국의 무술이자 심신 수련법으로, 수많은 건강상의 이점으로 전 세계적으로 인기를 얻고 있다. 태극권은 느리고 유려한 동작과 조화와 균형, 내면의 평온을 강조하는 것으로 유명하다.

***전정계

전정계는 균형, 공간 방향 및 운동 조정에 중요한 역할을 하는 몸의 감각계다. 전정계는 중력과 관련된 몸의 위치, 움직임, 공간 방향에 대한 정보를 뇌에 제공하는 역할을 담당한다.

****합기도

피하기, 후리기, 누르기 등의 기술을 이용해서 무기를 가지고 있거나 그렇지 않은 상대방을 맨손으로 무력화시키는 일본에서 기원한 호신 스포츠다.

2

당시 뛰어난 사상의 간략한 역사

데카르트의 이원론에 따르면, 사실과 정보를 소유하고 개념을 이해하며 주장을 명료하게 표현하는 등 지식을 갖는다는 것은 이성과 합리성을 통해 이루어진다. 그러나 이 주장을 조금만 따라가도 금방 문제에 부딪힌다. 왜냐하면 추상적이고 순수한 이론적인 지식은 실제 세계나 실용적 상황에 적용되지 않거나 그것과 상당히 벗어나 괴리감을 느끼게 하는 일이 종종 있기 때문이다. 이성과 합리성에만 근거한 지식은 완전하지 않다.

그린란드 북서 위도의 이누이트Inuit 부족민 한 명과 나눈 대화를 녹음한 초기 유럽 '탐험가'를 예로 들어보자. 이 이누이트 부족민은 지금까지 살면서 나무를 본 적이 없다. 얼어붙은 북극 땅에서는 나무가 자라지 않기 때문이다. 탐험가는 나무가 무엇이고 어떻게 생겼는지를 나무를 본 적이 없는 부족민에게 설명하는 것이 무의미하다고 말했다. 나무를 경험하지 않은 사람에게 어떻게 '나무'의 개념을 전달할 수 있을까? 이누이트족은 가지가 무성하고 땅속까지 깊이 닿을 뿐만 아니라 하늘로도 치솟으며, 매년 무성한 잎들이 떨어지고 결국 앙상하게 되어 이듬해에 다시 새싹이 자라는, 높이가 100피트인 거대한 유기체의 기이함을 믿을 수 없었다. (물론, 이 이야기는 출처가 불분명하다. 그 이누이트족이 잘 속아 넘어가는 식민지 개척자를 속이고 있었고, 나중에 자기 속임수를 놓고 가족들과 함께 이글루에서 박장대소했을 것으로 생각된다). 하지만 이 이야기는 신체적 지식과 순수한 인지적 이해인 추상적 지식에 대한 요점을 설명하는 데 도움이 된다.

투박할지 모르지만 요점을 쉽게 이해할 수 있는 또 다른 예가 있다. 소를 본 적이 없는 사람이 있다고 가정해 보자. 누군가가 0.5톤에 달하는 이 커다란 동물을 설명하려고 한다. 이 동물의 배 아랫부분에는 살이 꽉 찬 우유 주머니가 있고, 머리에는 뿔이 나 있으며, 엉덩이 쪽에는 휘날리는 꼬리가 달려 있다. 발굽은 갈라져 있고 되새김질을 한다. 소를 본적이 없는 사람에게 소를 설명하는 데 사용할 수 있는 다양한 특징이 있다. 아마도 그런 사람이 말을 본 적이 있다면 더 잘 이해했을 것이다. 야크(티베트와 중앙 아시아산의 털이 긴 소)나 물소를 보았다면 훨씬 더 잘 이해했을 것이다. 하지만 지식이나 정보 측면에서 제공할 수 있는 어떤 것도 소를 직접 보고 만지고 냄새 맡고 듣는 감각적 경험에 비할 수는 없다. 첼로처럼 낮은 저음으로 나는 신음소리, 소의 소변에서 나는 매캐한 악취와 분뇨의 이탄 냄새, 만졌을 때의 따뜻함과 큰 덩치, 부드럽게 깜빡이는 큰 눈이 그러한 감각적 경험이다. 소를 가까이서 보고 머리와 목을 손으로 만져보거나 거대한 사포 같은 혀를 느껴본다면 소가 추상적으로 생각할 수 있는 개념이 아니라고 생각하게 된다. 우리는 소를 직접 경험해야 한다.

조류학자 리처드 프럼Richard Prum; 1961~은 풍부하고 매혹적인 자신의 2017년도 책 《아름다움의 진화》The Evolution of Beauty에서 순수한 정신적 수준에서 아는 것과 감각으로, 즉 몸으로 무언가를 경험하는 것 사이의 이분법을 요약한다.[01] 평생 조류 관찰에 열중해 온 프럼에게 있어서 휘파람새를 안다는 것, 즉 휘파람새의 크기와 색깔, 분류, 서식지를 안다는 것과 날갯짓하는 모습을 보는 것은 완전히 다른 문제다. 사실, 일반적인 조류 관찰자는 동물의 목록을 만들어 분류하기보다는 실제 동물을 보는 것에 집착한다. 새에 대한 애정의 핵심은 쌍안경과 현장 가이드를 손에 들고 깃털이 달린 표본을 직접 보러 나가는 경험이다. 찰스 다윈Charles Darwin; 1809~1882 역시 조류에 조예가 깊었다. 그의 동시대인이자 자연선택 이론의 발견을 놓고 같이 경쟁한 알프레드 러셀 월리스Alfred Russel Wallace; 1823~1913도 마찬가지였다.

리처드 프럼은 어떤 언어에는 '알기' 대 '경험을 통한 알기'를 가리키는 별도의 동사가 있다고 지적한다.[02] 스페인어에서 saber는 사실을 아는 것이고, conocer는 직접적인 경험을 통해 아는 것이다. 프럼에 따르면, "conocer는 자신의 개인적 경험을 통해 자연계에 관한 지식을 축적하는 것에 관한 것이다." 그가 덧붙이기로, "경험이 없는 지식은 온전한 지식이 아니다."[03]

마음/몸 이원론

마음과 몸의 분리에 대한 르네 데카르트René Descartes; 1596~1650의 이론은 서구 기관이 인지에 접근하는 방식을 논의하고 설명하는 데 있어서 상당한 영향력이 있고 많은 관심을 받지만, 데카르트가 정확히 무슨 말을 하려고 했는지 파헤쳐 볼 필요가 있다. 데카르트가 의식consciousness을 신체적 형태로부터 분리한 동기는 무엇이었을까? 그의 동기는 이 책의 목적상 특히 중요하다. 왜냐하면 데카르트의 사상과 그의 사상에 영향을 미쳤거나 이론의 토대를 마련한 사상이 오늘날 교육자들이 학습과 교육에 관해 이야기하는 방식에 상당한 영향을 미치기 때문이다.

르네 데카르트는 17세기 초 네덜란드 공화국에서 성인기 대부분을 보낸 프랑스 철학자다. 그는 1644년부터 자신의 책《철학의 원리》Principles of Philosophy에 나오는 "나는 생각한다, 그러므로 나는 존재한다"라는 명언으로 유명하다.[04] 그는 여러 가지 이유로 마음과 몸을 분리하는 데 전념했는데, 어떤 이유는 다른 이유보다 이해하기가 더 쉽다.

데카르트는 마음이 몸과 완전히 다르다고 믿었다. 데카르트는 근본 성질에 관하여 마음과 몸을 분리함으로써 이 둘이 분리된 채로 존재할 수 있다고 주장한다. 다시 말해, 만약 이 둘의 핵심 요소가 완전히 다르다면, 이 둘은 독립해서 존재할 수 있어야 한다. 왜냐하면 마음과 몸은 어떤 식으로든 서로에게 의존하지 않기 때문이다. 이제 머릿속에 혼돈이 일기 시작할 것이다. 그러나 가장 기본적인 설계상 데카르트는 물질들 사이에 차이가 있다고 믿었다. 그가 말하는 **물질**substance이란 다른 모든 것과 분리되고 환원할 수 없는 일종의 근본적인 대상을 말한다. 그런 다음, 기본적으로 그 대상이 세상에서 무엇을 하든지 간에 그 대상의 양태가 있다. 예를 들어, 돌은 그 자체로 물질이고, 다른 것 없이 홀로 존재할 수 있으며, 무게가 그 양태다. 그는 이 논리를 마음과 몸에 적용하여, 마음과 몸 모두 물질이므로 서로 떨어져 격리되어 존재할 수 있다고 주장한다.

교회 내의 많은 사람들은 데카르트를 의심의 눈초리로 바라보았다. 데카르트는 갈릴레오Calileo; 1564~1642와 친구였다. 그는 갈릴레오가 지구가 태양 주위를 도는 것이지 그 역이 아니라고 가정했을 때 그에게 닥친 일을 직접 목격하고 경험했다. 그래서 데카르트는 우주의 작동 방식을 추정하는 자신의 철학적 틀에 신을 포함시키는 데 신중을 기했다. 이처럼 데카르트는 종교적 신념에 직접적으로 도전하는 것을 경계하고 자신의 철학적 사상을 종교적 교리와 조화시키려고 노력했던 것이다. 하지만 "나는 생각한다, 그러므로 나는 존재한다"라는 데카르트의 유명한 말의 원동력은 의심doubt이었다. 데카르트에 따르면, 우리가 확신할 수 있는 유일한 것은 우리가 생각하고 있다는 것뿐이다. 우리 주변의 세계와 우리 자신의 몸, 우리가 고안한 우주의 자의적인 법칙 등 다른 모든 것은 환상에 지나지 않는다. 즉, 사악한 천재의 교활한 속임수일 뿐이다. 본질적으로, 데카르트는 우리가 영화 《매트릭스》에서 키아누 리브스Keanu Reeves의 캐릭터처럼 매트릭스 안에 있을지도 모른다고 믿었다. 현실은 보이는 것과 다를 수 있으며 우리의 인식에 근본적인 결함이 있을 수 있다는 것이다. 그래서 우리가 눈으로 보는 모든 것의 영구성과 현실은 의심될 수 있다. 물론 생각과 데카르트의 유명한 말은 여기서 예외다. 종교적 검증은 우리가 거의 모든 것의 실재를 의심할 수 있다는 사실을 받아들인 뒤에 이루어졌다. 즉, 데카르트가 자신의 철학적 사상을 종교적 신념과 화해시킨 것은 현실의 근본적인 불확실성을 받아들인 후에 이루어졌다는 것이다. 이는 의심과 회의에 대한 데카르트의 탐구가 궁극적으로 그의 철학적 틀에 종교적 고려를 통합하게 되었음을 암시한다.

하지만 데카르트는 신앙심이 깊었고, 이 마음/몸 분리의 한 가지 이점은 불멸의 영혼이 신에게 속한다는 개념을 지지한다는 것이었다. 데카르트에게, 마음과 영혼은 같은 것이었다. 그러므로 만약 마음/영혼이 몸으로부터 어떻게든 분리된다는 것을 증명할 수 있다면, 이는 기독교 전통 내에서 사후 삶에 관한 생각을 뒷받침할 것이다. 게다가,

데카르트는 당시 성장하던 계몽주의Enlightenment(17세기 후반에 시작되어 18세기 프랑스에서 전성기를 이룬 사조) 사상의 일부이기도 했다. 즉, 데카르트는 이성과 과학을 강조하고 전통적인 권위에 의문을 제기하는 유럽 역사의 한 시기인 계몽주의 시대의 지적·철학적 발전에 관여했거나 그 영향을 받았다. 그는 본래 수학자였다. 학생들은 대수학을 배우면서 데카르트 격자Cartesian grid에 선을 그래프로 그리는 방법을 배우는 초기 교육 과정에서 데카르트의 공헌을 접할 가능성이 크다. 그래서 학생들은 데카르트에게 감사할 수 있다. 하지만 학생들이 X축과 Y축을 좋아하든 그렇지 않든, 사실 데카르트는 풀어야 할 꽤 까다로운 문제를 가지고 있었다. 그는 영원한 영혼에 관한 생각과 세상의 기계론적 물리학을 모두 검증해야 했다. 교회와 과학을 동시에 지지하는 것은 결코 쉬운 일이 아니었다. 데카르트가 마음과 몸을 분리한 것은 교회와 과학을 동시에 지지하려는 시도였던 것이다.

계몽주의는 데카르트로부터 100년 후에 꽃을 피웠다. 하지만 계몽주의의 많은 씨앗은 데카르트의 시대에 뿌린 것이었다. 또한 학교의 구조와 서구의 교육자들이 교육과 지식에 대해 생각하는 방법, 그리고 학문과 진보, 지적 발달에 대한 정의는 계몽주의 시기에 그 기원을 둔 사상에 깊이 뿌리박고 있다. 이성과 과학적 방법, 합리성, 지적 성취는 모두 어떤 면에서 계몽주의 시기에 이루어진 발전에서 비롯되었다. 학교와 교육자 및 교사가 의식과 마음에 관해 생각하는 방식 등의 그러한 구조는 데카르트의 초기 연구에 기반을 두었다. 오늘날까지도 학생들은 움직이지 않고 책상에 앉아서 학습한다.

감각적 몸

인간이 단지 몸을 가지고 있는 것이 아니라 인간이 몸이라면, 인간의 정체성을 규정하는 것은 우리 주변 세계와 몸의 관계다. 공기와 지구, 비非인간 동물, 냄새, 소리, 빛 모두는 세상의 경험과 자아감을 형성하는 데 중요한 역할을 한다. 데이비드 아브람David Abram; 1957~의 책《감각의 주문》The Spell of the Sensuous은 이러한 생각에 관한 아름다운 명상록이다. 아브람은 "우리의 직접적인 경험은 필연적으로 주관적이며, 사물의 한가운데에서 우리의 위치나 장소, 우리의 특정한 욕망과 취향, 관심사에 따라 달라질 수밖에 없다"라고 썼다.[05] 계몽주의 시대의 과학과 그 시대에 생겨난 모든 이론에 난제를 만들어낸 것은 바로 이러한 주관성이다.

객관성에 대한 열망은 과학적 방법과 밀접한 관련이 있다. 하지만 만약 세상에 대한 경험이 '자아감'과의 일차적 접점이라면, 즉 주변 세상에 대한 우리의 경험이 우리 자신을 정의하고 이해하는 주요 수단이라면, 주변 세상에 대한 모든 추론은 인간의 주관적 본성에 의해 왜곡될 수밖에 없다. 이는 데카르트와 그 밖의 사람들이 피하려고 애썼던 일종의 말꼬리 잡기였다.

임마누엘 칸트Immanuel Kant, 1724~1804는 데카르트의 연구에서 일부를 갖고 와서, 몇 가지 단점을 다루기 위해 그 부분을 수정했다.[06] 18세기 후반 독일에서 칸트는 현상現象계에 집중했다. 그가 현상으로 의미하고자 한 것은 실재의 본질이 우리의 경험이라는 것이다. 세상의 모습, 즉 우리가 세상을 지각하는 방식은 현상학적 관점이다. 하지만 실재reality라고 부르든 진리truth라고 부르든, 사물의 진정한 본질은 결코 알 수 없는 것이다. 칸트는 이를 누메나noumena(본체)라고 불렀고, 이는 기본적으로 우리가 결코 알지 못하는 존재의 실제 요소로 추정되었다. 이 관점은 19세기 중반까지 활동한 또 다른 독일 철학자 프리드리히 헤겔Friedrich Hegel; 1770~1831에 의해 더욱 구체화되었다. 헤겔은 19세기 중반까지 활동한 또 다른 독일인이다(독일인들은 맥주를 많이 마시기 때문에 존재의 진리를 탐구하는 데 좀 더 여유로울 것이라고 생각할 수 있다). 이 모든 것의 요점은 세계에 대한 우리의 주관적 경험을 실재의 개념에 재통합하려는 철학적 움직임이 있었다는 것이다. 이는 데카르트가 실재에 대한 초연한 객관적 관점을 강조하는 것에서 벗어난 전환이다. 철학자들은 데카르트의 차갑고 탈신체화된 분리보다는 우리의 일상적 체험과 지각된 경험을 설명하려고 했다. 이는 학교가 지식과 학습을 다루는 방식을 이해하는 데 매우 중요하다. 대체로 교육 기관은 진리와 데카르트 이후에 나온, 인간이 세계를 생각하고 인식하는 방법에 관한 모든 생각을 아직 통합하지 못했다.

19세기 말에서 20세기 초 독일 철학자 에드문트 후설Edmund Husserl; 1859~1938은 우리 주변 세계에 대한 주관적 경험을 Lebenswelt라고 불렀다. 이는 '생활세계life-world'로 번역된다.[07] 후설에게는 '보편적 진리'에 대한 향수가 있었다. 어떤 의미에서 그는 존재의 전체 태피스트리를 엮을 수 있는 단 하나의 진리를 찾아 데카르트의 작업을 완성하려 했던 것이다. 후설은 이전의 칸트처럼 혼란스럽고 비합리적인 세상에서 했던 체험에 대한 인간의 이해를 보편적인 논리 체계로 보강하려고 노력한 현상학자다. 간단히 말해, 후설은 생활세계가 우리 주변 세계에 대한 직접적인 경험, 즉 주변 세계의 현실이라고 믿었으며, 여기에는 우리의 과거 경험, 기억, 우리가 현실을 가지고 행하고 지각하는 방식이 포함된다. 그것은 지금 이 순간에 삶이자 동시에 세상이다. 후설은 우리에게 생각이 있지만, 그런 생각에는 항상 대상이 있다고 말하면서 데카르트의 사상을 수정했다. "나는 이 토마토를 사랑한다" 또는 "나는 이 개가 무섭다"는 그 생각에 대상이 붙어 있다. 후설은 탈신체화된 생각이라는 개념을 대상의 세계에 붙인다.

학부 철학 강의를 듣다 보면 턱을 괴고 침을 흘리며 공허한 표정을 짓는 학생들이 많은 이유는 철학 강의가 우리 머릿속을 혼란의 세계로 뒤집어 놓기 때문이다. 철학 과목은 사람의 뇌를 새까맣게 태우기에 충분하다. 후설과 그 밖의 사람들이 인지와 사고를 이해하는 방식에 몸을 통합하기 위해 취한 결정적인 조치를 이해하는 데 도움이 될 수 있는 예가 하나 있다. 두 학생이 시험을 앞두고 있다. 기말고사라는 중요한 시험이다. 한 학생은 시험을 좋아한다. 이 학생은 시험에 나올 내용을 직감하고 열심히 공부하며 항상 성적을 잘내는 A형의 체계적인 사람이다. 이 학생은 시험에 대한 경험이 풍부하고, 시험을 잘 보기 때문에 선생님들로부터 자주 주목받고 칭찬을 받는다. 다른 학생은 어떤가? 그는 그렇지 않다. 이 둘째 학생은 중간고사를 망쳤고, 필요한 모든 정보를 정리하는 일에 맞닥뜨릴 때 압박감을 느끼며, 암기에 약하다. 이 둘째 학생이 시험장에 들어서는 순간 느끼는 감정은 극심한 공포다. 이 학생은 시험을 망쳐서 자신과 선생님, 가족을 실망시킬까 봐 두려워한다.

후설은 '자연적 관점natural standpoint'에서는 이 두 학생이 같은 시험을 보고 있다고 말한다. '자연적 관점'은 객관적 세계가 실제로 존재하지 않는다고 제안하는 후설의 방법이다. 물론, 두 학생이 치르게 될 시험은 같지만, 그 시험에 대한 둘의 경험은 뚜렷이 다르다. 생활세계Lebenswelt 때문에, 개인적 경험의 주관적 관점에서 볼 때 그 같은 시험은 결국 두 가지 다른 시험이다. 후설은 사람들이 주변 세계를 주관적으로 지각하는 방식을 가능성의 집합으로 간주한다. 그 시험은 두 학생에게 같은 시험이 아니다. 사실, 후설은 그들 각자에게 매우 다른 시험이라고 주장한다. 그런데도 후설의 관점은 여전히 오직 하나의 시험만이 존재한다는 '진리'를 유지한다. 이것은 데카르트의 순수한 논리와 칸트와 헤겔 등이 도입한 현상학적 사고의 혼란스러움 사이에서 균형을 맞추려는 후설의 시도다. 지각과 경험의 이 '상호주관성intersubjectivity'은 신체화된 인지의 관점을 위한 중요한 토대를 마련한다. 왜냐하면 상호주관성은 사고와 학습, 경험이 철학적 관점에서 묘사되는 방식에 대한 스튜 요리에서 세계에 대한 감각적 지각을 필수 재료로 제공하기 때문이다. 생활세계를 보기 위해서는 과거의 경험이 현재의 지각에 영향을 미치는 방식에 주목하면서 세상에 귀를 기울여야 한다.

그렇다고 해서 생활세계를 경험하기 위해 산 정상에서 명상하듯이 책상다리 자세로 앉아 있어야 한다는 말은 아니다. 그와는 정반대다. 생활세계는 양치질하고 커피를 내리고 쓰레기를 버리는 일상의 순간에 있다. 생활세계는 발밑의 보도와 머리 위의 태양이고, 사람들이 의존하고 알고 있지만 실제로는 전혀 생각하지 않는 세계다. 그런데도 삶과 죽음 그리고 그사이의 모든 것에 관한 생각들과 끊임없이 상호작용하고 유동 상태에 있는 것은 이 세상과 세상에서 인간이 차지하는 독특하고 주관적인 위치다. 서양 역사의 많은 시간 동안, 사상가들은 생활세계가 그러한 장엄한 반추로부터 분리되어 있다고 가정해 왔지만 사실은 그렇지 않다. 논리와 합리성 그리고 사고와 학습은 세상의 혼돈에 더럽혀지지 않은 어떤 순수한 진공 속에서 진리로 존재하지 않는다. 이러한 반추는 개인적 경험의 매우 주관적인 순간으로부터 나온다.

아브람의 책은 후설의 이론을 매우 훌륭하고 창의적으로 다루고 있다. "인간의 세계 경험이 그렇게 다양하다면, 늑대나 올빼미, 벌 공동체인 다른 동물들의 생활세계는 얼마나 더 다양할까!"[08] 비非인간 동물의 생활세계에 대한 이러한 주관적 경험은 계몽주의 사상에서 훨씬 더 멀리 벗어난 보다 급진적인 개념이다.

동시대의 많은 사람들과 마찬가지로 동물을 기계에 불과하다고 여겼던 데카르트라면 자제력을 잃고 욱했을 것이다. 어느 날 키우던 강아지를 데리고 산책을 하러 밖으로 나가보면 아브람의 주장이 명확하게 드러난다. 산들바람이 부는 봄날에 밖에 나가면 모든 강아지는 감각적 자극에 푹 빠져들 것이다. 바람이 불어와 덥수룩한 털을 날리게 하면 강아지는 가만히 서서 그 바람을 느끼며 날씨나 방향, 온도에 대한 어떤 메시지를 흡수하는 것 같다.

산들바람이 기분 좋게 목을 타고 지나갈 때 동물들이 어떤 기분을 느끼는지 가끔은 짐작할 수 있다. 산들바람은 두피를 간지럽히는 기분 좋은 간지럼으로 느껴진다. 강아지는 바깥에 나가면 처음에는 서서 목을 쭉 뻗고 공기를 킁킁거리기도 한다. 인간의 관점에서 보면, 후각을 통해 주변을 완전히 흡수하는 것이 어떤 느낌인지 궁금해진다. 강아지는 가만히 서서 주변의 소용돌이치는 세상을 바라보며 인간과는 다른 자신만의 '생활세계'를 경험하고, 주관적 경험은 다르지만 어떤 면에서는 유사하기도 하다.

후설의 횃불을 이어받은 프랑스 철학자 모리스 메를로-퐁티Maurice Merleau-Ponty; 1908~1961는 20세기에 몸을 경험의 중심에 확고히 놓았다. 아브람은 메를로-퐁티의 밀도 높고 복잡한 저술을 분석하고 그의 사상을 다음과 같이 간결하게 설명한다.

> 이 몸이 세상에서 바로 나의 존재라면, 나에게 다른 존재들과 관계를 맺을 수 있게 하는 것이 바로 몸이라면, 이 눈, 이 목소리, 이 손 없이는 내가 대상을 볼 수 없고 맛을 볼 수 없고 만질 수도 없거나 그 대상에 의해 만져질 수 없다면, 다시 말해 이 몸이 없이는 경험의 가능성이 없다고 한다면, 몸 자체는 진정한 경험의 주체가 된다. 따라서 메를로-퐁티는 주체, 즉 경험하는 '자아'와 신체적 유기체를 동일시하면서 출발한다.[09]

아이들이 학교에서 하는 경험 전반에서, 후설의 '생활세계'의 신체적 경험은 꾸준히 평가절하되고 있다. 아이들은 초등학교와 중학교를 거치면서 촉각 세계에 대한 직접적인 경험이 점점 줄어들고, 추상적 추론과 초연한 인지적 경험에 점점 더 몰입하게 된다. 사실 다소 역설적이게도, 많은 아이가 몸에 관해 이야기하는 것 자체가 불편하고 어색해진다. 아마도 이는 미국의 집단적인 청교도 유물 때문일 수도 있지만, '생활세계'에 대한 직접적인 참여가 인지적인 정신적 추론 과정에 밀린다는 현실과도 관련이 있다. 그러나 이러한 정신적 과정조차도 사실은 신체화된다.

쉽게 답변하기 어렵더라도 당연히 궁금할 수 있는 질문은 왜 그럴까?다. 트위드 옷을 즐겨 입는 부유층의 전 세계 대학 교수들이 모두 칸트와 헤겔, 후설과 메를로-퐁티를 파고들었다면, 경험이 사고와 의식, 자아감으로 전환되는 방식에 몸과 세계의 지각이 중심적인 역할을 한다는 것을 어느 정도 인정해야 한다. 왜 상하이에서 시카고에까지 이르는 대부분의 교육 기관에서는 학생들이 대개 움직이지 않고, 선생님들이 단조롭게 말을 계속하며, 화면이 깜박이고, 몸이 잊혀지는, 탈신체화되고 비감각적인 교육 접근법이 기본으로 채택되는가?

어쩌면 산업적이고 거래적인 교육 모델이 너무 강력해서 학교가 컨베이어 벨트식의 교육에서 벗어나는 것이 불가능할 수도 있다. 35명의 아이에게 지각판에 대해 가르치는 가장 저렴하고 가장 친숙하고 가장 간단한 방법은 아이들을 앉혀 놓고 설명하며, 비디오를 보여준 다음 mid-Atlantic ridge(대서양 중부 능선), lithosphere(암석권), mantle(맨틀) 같은 어휘를 테스트하는 것이다. 탈신체화된 지성은 쉽기 때문에 신체화된 이해보다 많이 선호된다.

하지만 희망은 풍부하다. 초등학교 교사들과 시간을 보내면 종종 학습을 어느 정도 신체화하는 것이 매우 중요하다는 것을 깨닫게 될 것이다. 많은 초등학교 교사들은 아이들에게 책에 나오는 장면을 몸으로 표현하고, 블록으로 수학 게임을 하며, 감자 시계를 만들고, 자기 생각을 그리도록 한다. 하지만 교실은 점점 더 정체되고 고정되고 정적인 분위기로 빠르게 변모해 가고 있다. 학생들은 세계에 대한 육체적이고 감각운동적 참여를 자신이 배우고 성장하는 틀로 사용할 기회가 더욱 줄어든다. 신체화는 지적인 개인적 발달이 이루어지는 장이다.

그러나 이러한 신체화의 현실을 인정하지 않으면, 세계의 구체적인 현실성은 배경으로 희미해지고, 문자 그대로든 비유적으로든 인간은 현실과 '접촉을 잃게 된다'. 신체적 현실은 더는 개인이 세상을 경험하는 주요 렌즈가 아니다. 감각적 경험을 할 기회가 없는 학생들은 망원경의 잘못된 끝을 통해 자신의 삶을 바라보게 된다. 즉, 자신의 경험에 대한 왜곡되거나 제한된 시각을 갖게 된다.

3

진화적 잔재

현재 인류의 삶이 수백만 년에 걸친 진화로 인해 형성되었다는 사실은 아무리 강조해도 지나치지 않다. 이는 너무나 기본적인 진리이므로 이해하기가 조금 어려울 수 있다. 공기와 마찬가지로, 인류의 진화 과정에서 인간이 적응해 온 현실은 우리 주변에 존재하지만 대부분 눈에 보이지 않는다. 이러한 현실이 종종 당연한 것으로 여겨지지만, 한 종으로서 인류의 역사가 몸과 마음, 행동을 형성한 방식을 이해하는 것은 인간이 어떻게 그리고 왜 학습하고 서로 상호작용하며 세상을 경험하는지를 파악하는 데 핵심적인 역할을 한다.

다른 말로 하자면, 사람은 태어날 때 아무런 준비도 없이 어머니의 자궁에서 튕겨져 나오듯이 백지상태tabula rasa로 느닷없이 이 세상에 존재하게 되는 것은 아니다. 오히려 수백만 년에 걸쳐 만들어지고 변경된 신경계와 같은 복잡한 생물학적 계통과 장기 같은 신체 구조 그리고 생존 본능을 가지고 세상에 나온다. 그리고 수백만 년 전의 삶은 오늘날 대부분의 사람들이 경험하는 것과는 근본적으로 달랐다. 유일한 예외는 수백만 년 전의 인류의 조상이 최근에 검치호랑이에게 잡아먹힐 뻔한 위기를 가까스로 모면하고 동굴로 돌아가 돌로 쳐서 골수를 쪼개서 맛있는 아침 식사를 했다는 것이다. 반면에 오늘날 우리들은 커피와 베이글로 아침 식사를 한다.

이러한 현실은 인간의 몸이 환경과 상호작용하고, 그 경험을 신경학적으로 내려받은 다음 그에 따라 행동하는 방식을 고려할 때 특히 중요해진다. 하지만 이미 이 선형방정식에는 문제가 가득하다. 주변에서 무슨 일이 일어나고 있는지를 몸이 뇌에게 알려주는가, 아니면 뇌가 몸에게 알려주는가, 아니면 그 둘의 결합이 알려주는가? 아니면 둘 다에서 나온 극미한 물질이 협업해서 그렇게 하는가? 실제로 뇌는 행동을 조절하는 여러 연동 체계 중 하나에 불과한데도 교육과 서양 과학은 뇌를 명령 센터로 부당하게 분류해 온 것은 아닐까?

이 문제의 핵심에는 신체화된 인지의 과학이 있다. 이 새로운 연구 분야는 인지적 행동이 뇌보다는 몸에 뿌리를 둔다고 제안한다. 이는 간단하게 설명할 수 있는 내용이지만, 적어도 계몽주의 이후 서양 과학이 인지를 설명해 온 방식에서 근본적으로 벗어난 것이다. 그 파급효과는 매우 광범위하여, 학습과 학교에서부터 육아와 노화에 이르기까지 모든 것을 해결하기 위한 실마리를 던져준다.

다음은 적절한 예시다. 아기는 대부분 몇 달 후에 사라질 여러 반사신경을 가지고 태어난다. 이러한 본능적 반사작용은 인간이 세계에 대한 일상 경험 측면에서 그냥 지나쳐버리는 진화적 목적에 도움이 될 수 있다. 첫째 반사작용은 손바닥 쥐기 반사palmar grasp reflex다. 이 현상은 아기에게 손가락을 잡도록 내밀 때 관찰할 수 있다. 아기가 내민 손가락을 움켜쥐면 모두 감탄사를 연발하며, 아기가 작지만 얼마나 강한 생명체인지를 입증한다고 이야기한다. 그렇다. 특히 당신이 수목성 영장류일 때는 강하고 재빠른 것이 유리하다.

수백만 년 전으로 거슬러 올라가는 진화의 강을 따라가다 보면, 초기 인류의 조상이 나무에서 잠을 잤다는 흥미로운 증거를 발견할 수 있다. 고인류학자들은 약 2천만 년 전 어느 시점에 인간이 된 유인원의 계통이 침팬지, 보노보, 고릴라, 오랑우탄, 긴팔원숭이와 공유하는 공통 조상으로부터 갈라졌다는 사실을 꽤 오래전부터 알고 있었다. 아마도 진화의 나무가 갈라질 때, 미국의 래퍼 카디 비Cardi B; 1992~와 전 프랑스 대통령 니콜라 사르코지Nicolas Sarkozy; 1955~에게 지구를 물려줄 인류의 조상 계통을 만들어준 어떤 왜소하고 털이 많은 조상은 나무에서 잠을 잤을 것이다.

2천만 년 전은 꽤 긴 시간이지만, 최근의 증거에 따르면 3백만 년 전까지만 해도 인류의 조상이 나무에서 잠을 잤다고 한다. '셀람Selam'이라고 부르는 화석이 2006년 에티오피아에서 발견되었다. 이 화석은 인류 조상인 오스트랄로피테쿠스 아파렌시스Australopithecus afarensis 계통의 한 어린 소녀의 것으로 보인다. 다트머스대학교Dartmouth College의 인류학 교수인 제레미 드실바Jeremy DeSilva는 골격의 완전성, 특히 발뼈를 보면 인류의 최근 조상이 많은 시간을 나무에서 보냈다는 것을 알 수 있다고 설명했다. 드실바와 동료들은 인간의 엄지발가락도 아니고, 침팬지의 엄지손가락처럼 생긴 엄지발가락이 아닌 그 중간쯤에 있는 변형된 엄지발가락이 나뭇가지와 그 아래 초원 사이에서 갈라진 삶을 암시한다고 주장했다.

많은 초보 부모들은 생후 6개월 동안 갓 태어난 아기가 내 손가락을 움켜쥐는 작은 주먹에 건강한 아이에 대한 모든 열망을 담아낸다는 사실에 자부심을 느낀다. 사실 신생아는 대부분 생후 몇 주만 지나면 약 10초 또는 그 이상 다리와 몸으로 잠시 서 있거나 몸을 지탱할 수 있다. 비록 손바닥 쥐기 반사의 목적에 대해 약간의 논쟁이 있지만, 이는 진화 역사에서 비롯된 흔적일 가능성이 크다.

나무에서 자고 있다가 떨어지려 하면 아기가 본능적으로 엄마의 머리카락이나 나뭇가지를 잡고 매달리는 능력은 꽤 멋진 재주며 적응으로 보존되었을 것이다. 결국, 유아나 어린 새끼가 밑에서 어슬렁거리고 있는 하이에나나 바위가 많은 땅 아래로 떨어지는 것을 피할 수 있다면, 나중에 자라서 짝을 구하고 새끼를 낳을 가능성이 훨씬 높을 것이다.

흥미롭게도, 유아의 발에는 **족저 반사**plantar reflex라고 알려진 유사한 반사작용이 있다. 아기의 발등이나 발바닥을 쓰다듬으면 발가락이 말려 올라간다. 지금은 우리의 뭉툭한 엄지발가락이 더 이상 유용한 적응 구조가 아니지만, 셀람의 발가락과 같이 그 반사작용은 엄마가 아기를 등에 업고 굶주린 포식자로부터 도망치는 동안 아기가 엄마에게 사력을 다해 매달리도록 도왔을지도 모른다.

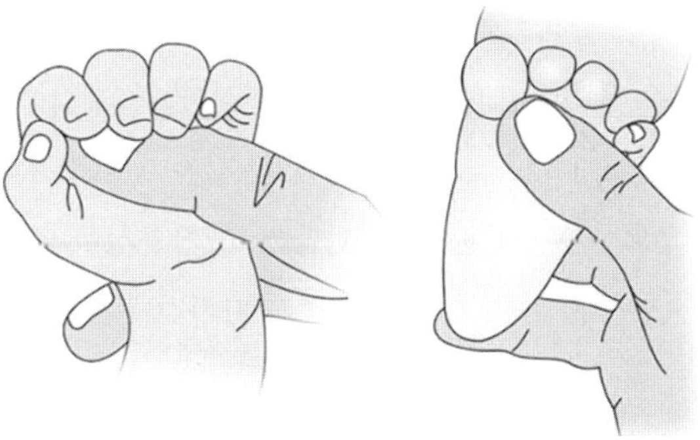

(a) 손바닥 쥐기 반사 (b) 족저 반사

출처: https://www.lancaster.ac.uk/fas/psych/glossary/grasp_response/

손바닥 쥐기 반사와 족저 반사는 인간의 외모뿐만 아니라, 사람들이 상황에 반응하고 행동하고 배우고 생각하는 방식에서도 진화의 역사가 담겨있음을 보여주는 예가 된다. 신체화된 인지의 핵심은 자극에 대한 몸의 반응이 행동적·인지적 처리 및 그 자극에 대한 반응과 복잡하게 연결되어 있다는 강력한 생각이다. 그러나 어떤 경우에 과학이 뇌에 A등급을 주었지만, 실제로 행동 반응을 지시하는 데 있어 큰 역할을 하는 것은 몸일지도 모른다. 놀랄 만큼 많은 상황에서, 인간은 이유도 모른 채 목숨을 부지하기 위해 매달리는 어린 아기와 비슷하다. 즉, 우리 인간은 자신의 행동에 대한 근본적인 이유를 깊이 이해하지 못한 채 어린아이처럼 본능적으로 반응할 수 있다.

썩어가는 버팔로 사체의 노래

이족보행을 하는 인류의 조상이 인간 진화의 형성 단계인 약 3백만 년에서 5백만 년 전에 동아프리카를 어슬렁어슬렁 돌아다니는 중이라고 상상해 보자. 날씨는 덥고, 먹이를 찾기 위한 수색이 한창이다. 이 인류의 조상은 총 10~12명으로 구성된 작은 가족 무리다. 이들은 대초원을 돌아다니며 먹을 것을 찾고 있다. 갑자기 텁수룩한 우두머리가 신나게 환호성을 지른다. 부대원들은 그 환호성을 따라 우두머리의 얼굴에서 감정을 읽은 뒤 그의 시선을 따라간다. 그들은 하늘을 빙빙 돌고 있는 독수리 떼를 본다. 이는 보통 많은 고기, 뼈, 골수, 그리고 뒤져서 찾아낼 수 있는 온갖 종류의 영양이 풍부하고 맛있는 것들로 구성된 사체가 있음을 의미한다.

그 무리는 현장으로 향한다. 비열한 선사시대 하이에나 몇 마리가 슬그머니 돌아다니고 있지만, 인간의 인류 조상이 휘두르는 막대기와 던지는 돌을 감당할 수 있는 것은 아무것도 없다. 그 무리는 사체로 다가간다. 버팔로처럼 보이지만, 이 단계에서 누가 그렇다고 확신할 수 있겠는가? 그러나 사체에 도달하기 전에 갑자기 멈춘다. 고약한 냄새가 그 무리를 덮친다. 부패한 것이다. 썩어서 더 이상 먹을 수 없는 상태다. 우두머리의 얼굴이 침울하다. 어려운 시기에 아직 익숙하지 않은 어린 부대원들은 신음하고 끙끙대며, 어른들도 어린 대원들의 모습에 공감한다. 어린 시절에는 신이 났다가 실망하는 것은 정말 짜증나는 일이다. 다들 배고프고 날씨는 더운 데 먹을 것이 없다. 이 시점에서 인류 조상의 뇌섬엽insula은 과하게 활성화되고 있다. 즉, 인류 조상은 감정적 반응이 고조되고 있고, 좌절감, 실망감, 아이들에 대한 동정심과 같은 강한 감정을 경험하고 있다.

뇌섬엽은 매우 다양한 행동 및 기능과 관련이 있어서 뇌의 레더맨 멀티툴Leatherman multitool 같은 뇌 부위라고 할 수 있으며, 각 반구에 하나씩 있다. 곧 뇌섬엽이 왜 그렇게 중요한지 그리고 뇌섬엽이 인간이 내면에서 느끼는 방식과 외부 세계를 지각하는 방식 모두와 어떻게 연결되는지에 대해 자세히 살펴볼 것이다. 하지만 그 전에 뇌섬엽 또는 섬피질insular cortex이 여전히 뇌의 꽤 신비한 부위라는 점을 알아두는 것이 중요하다. 뇌섬엽의 전체 기능과 그것이 다른 뇌 부위와 계통에 연결되는 방식은 완전히 이해되지 않은 상태다. 그러나 수많은 기능적 자기공명영상fMRI; functional magnetic resonance imaging 연구를 통해 밝혀진 분명한 사실은, 뇌섬엽이 내부 상태와 환경 모두를 모니터링하고 평가하며 행동 반응을 지시하는 등 상호 연결된 몸 계통 내에서 중요한 교차로 역할을 한다는 점이다.

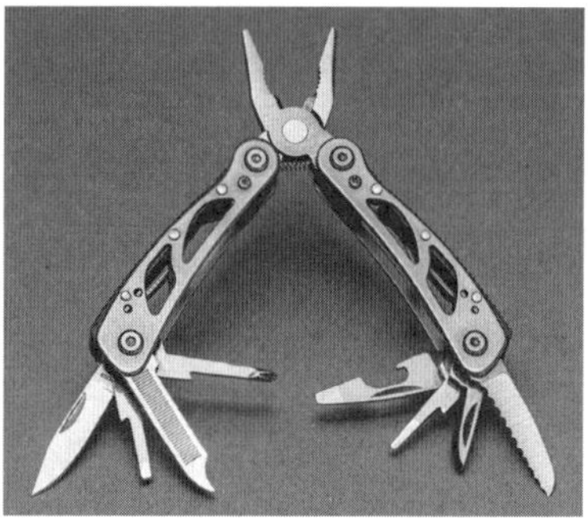

레더맨 멀티툴
출처: https://pixabay.com/photos/multi-tool-pliers-pocket-knife-608013/

뇌섬엽은 사람들에게 매우 많은 것을 해 준다. 너무 많아서 정신이 아찔할 수 있는 정도다. 사랑하는 사람을 보고 얼빠진 듯한 복받침을 느낀다면 뇌섬엽에 감사하라. 우유 한 잔과 함께 초콜릿케이크 한 조각이 먹고 싶은가? 뇌섬엽. 검사실에서 의사의 결과를 기다리는 동안 스트레스 때문에 심장이 쿵쾅쿵쾅 뛰면서 빠르게 두근거리는 것을 느낀 적이 있는가? 뇌섬엽은 심장 박동수를 평가하는 뇌 부위다.

사실 뇌섬엽은 매우 다양한 뇌 기능에 관여하므로 다소 압도적일 수 있다. 하지만 한 가지 분명한 사실은 이 뇌 부위의 기능 대부분이 일종의 진화적 적응과 관련이 있다는 것이다. 이는 좋은 일이기는 한데, 놀랄 만큼 굉장한 점은 뇌섬엽이 인간의 복잡한 감정 상태 및 행동과도 관련이 있다는 것이다.

짧은 목록으로 제시하자면 뇌섬엽은 다음과 같은 기능에 연결되어 있다.

- 감각 입력의 지각과 처리
- 감정 상태와 느낌
- 운동조절
- 의사결정

- 위험 평가
- 신체적 자각
- 복잡한 자의식 상태

잘 익은 살구 크기 정도지만, 뇌의 양쪽에 있는 각각의 뇌섬엽은 많은 기능에 연결되어 있다. 대뇌피질의 측두엽temporal lobe 바로 아래에 있는 뇌섬엽의 다른 주목할 만한 특징은 뇌섬엽이 폰 에코노모세포von Economo cell로 알려진 특이한 유형의 뉴런(신경세포)을 포함한다는 것이다. 이는 1920년대에 그것을 최종적으로 확인한 오스트리아의 신경의학자인 콘스탄틴 폰 에코노모Constantin von Economo; 1876~1931의 이름을 따서 명명되었다. 이 신경세포의 기능이 완전히 이해되지는 않았지만, 이 작은 녀석은 복잡한 감정 상태 및 사회적 기술과 관련이 있어 보인다.

뇌섬엽에 대해 생각하는 유용한 방법은 뇌섬엽이 뇌와 몸의 연결 허브가 된다는 것이다. 즉, 뇌섬엽이 우리의 감각 및 지각과 내수용 자각interoceptive awareness* 사이의 교환대라는 것이다. 간단히 말해, 뇌섬엽은 우리가 내부와 외부에서 느끼는 방식을 중재한다.

따뜻한 남풍이든, 갓 구운 빵의 흩날리는 향기든, 돌격하는 하마든, 불만 가득한 상사의 짖는 목소리든, 환경으로부터 오는 정보는 뇌섬엽을 통해 흘러 들어온다. 또한 뇌섬엽은 내수용 신경망에 연결되어 체온, 심박수, 소화기 계통의 운동성, 몸의 항상성 또는 항상성 부족을 모니터링한다.

비록 특정한 감각 입력에 반응하는 뇌섬엽의 특정 부위가 있지만, 뇌섬엽을 데스크톱 컴퓨터 뒤에 있는 전선 덩어리로 생각하는 것이 도움이 될 정도로 충분한 연결 및 상호작용의 복잡한 네트워크가 있다. 즉,

멀리 떨어진 계통들을 연결하는 교차하고 뒤엉킨 많은 줄이다. 게다가 뇌섬엽은 오랫동안 실행 기능과 복잡한 사고의 본고장인 인지cognition로 여겨졌던 전전두피질prefrontal cortex과도 연결되어 있다.

뇌섬엽은 몸의 다양한 내수용감각으로부터 입력을 받고 혈압과 같은 비자발적 과정을 통제한다. 배고픔과 고통, 갈증, 가려움 등의 몸 상태는 뇌섬엽을 통해 전달된다. 그리고 바로 여기가 먹을 것을 찾아다니는 영장류로서 인간의 역사가 더욱 명확히 드러나는 곳이다. 사람들이 이러한 몸 상태와 관련된 특정 소리나 그림을 지각할 때, 뇌섬엽은 그에 따라 반응한다. 치즈케이크 사진만 봐도 실제 치즈케이크를 보는 것만큼이나 배가 고프게 느껴지는 이유가 바로 여기에 있다. 이것은 경험의 신체화된 본질의 핵심이다. 이는 단지 누군가가 치즈케이크 사진을 보면 치즈케이크를 몹시 원한다는 생각thinking이 아니다. 몸의 경험에 관한 한, 그 사람은 실제로 치즈케이크를 간절히 원한다. 바삭하고 맛있는 그레이엄 크래커 빵 껍질과 두껍고 풍부한 치즈케이크 속이 있다. 포크로 얇게 자르고, 행복해 보이는 식사하는 사람은 크림이 많이 든 쐐기꼴로 자른 치즈케이크를 입 쪽으로 들어 올린다. … 심지어 이 단어들만 읽어도 신체화된 반응을 끌어낼 수 있다. 만약 당신이 치즈케이크 팬이라면(치즈케이크가 아니라면 자신이 좋아하는 요리로 대체해도 무방하다) 그리고 그냥 치즈케이크에 대해 읽고 있다면, 당신의 몸은 그 상징적인 정보를 진짜로 처리한다. 뇌섬엽을 통한 전전두피질과 내수용 자각 사이의 연결성은 인지의 경험이 신체화되는 방식을 뒷받침한다.

그러나 뇌섬엽은 전전두피질뿐만 아니라 변연계limbic system, 특히 편도체amygdala 등의 다른 부위와도 연결되어 있으므로 다른 과정에서도 어느 정도 역할을 한다. 뇌섬엽으로 알려진 이 작은 회백질의 역할은 디저트에 대한 사랑 그 이상이다. 예를 들어, 편도체의 특성으로 오랫동안 여겨져 온 두려움은 부분적으로 뇌섬엽에서 처리된다. 혐오, 행복, 슬픔, 놀라움, 순수한 기쁨 등의 다른 감정도 부분적으로 열심히 일하는 뇌섬엽을 통해 처리된다. 뇌섬엽은 특히 주목할 만한 인간 행동의 또 다른 측면인 학습 능력에서도 중추적인 역할을 한다.

***내수용 자각**

내수용 자각은 신체 내에서 일어나는 내부 감각과 생리적 과정을 감지하고 인식하는 개인의 능력을 말한다. 이러한 내부 감각에는 배고픔, 갈증, 심박수, 호흡 패턴, 체온, 근육 긴장, 소화 및 장기 기능 등 내장 과정에 대한 인식과 같은 감정이 포함될 수 있다. 내수용 자각은 자기 인식과 감정 조절의 필수 요소다. 이를 통해 개인은 자신의 신체적 · 정서적 상태를 이해할 수 있으며, 이는 의사결정, 스트레스 관리, 다양한 신체적 · 정서적 요구에 대응하는 데 중요한 역할을 한다. 또한 내수용 자각은 자신의 신체 감각에 주의를 기울이고 그 감각에 적절하게 반응하는 것을 포함하므로 감성 지능 및 마음챙김과도 연결된다. 내수용 자각이 높은 사람은 자신의 감정, 정서, 신체 상태를 더 잘 파악하는 경우가 많으며, 이는 전반적인 웰빙에 도움이 될 수 있다. 마음챙김 명상과 같은 기술을 연습하면 이러한 내부 감각을 알아차리고 해석하는 능력이 향상되어 내수용 자각을 개선하는 데 도움이 될 수 있다.

수업의 배후에 있는 뇌섬엽

《최신 신경학과 신경과학 보고서》Current Neurology and Neuroscience Reports에 실린 한 논문에서 막스 플랑크 신경생물학 연구소Max Planck Institute of Neurobiology의 나딘 고골라Nadine Gogolla는 학습에서 뇌섬엽의 역할을 요약한다. "뇌섬엽은 또한 보상 추구와 관련된 욕구적 학습appetitive learning이나 부정적인 결과 회피와 관련된 회피적 학습aversive learning 또는 새로운 경험과 관련된 새로움 중심 학습novelty-driven learning*을 장기적으로 유지하도록 매개한다."[01]

이것은 결코 사소한 말이 아니다. 왜냐하면 우리가 학습하는 방식이 20세기 중반의 인지심리학자들로부터 소크라테스에 이르기까지 오랫동안 순수하게 탈신체화된 과정으로 여겨졌기 때문이다. 경험적 학습에 대한 존 듀이의 믿음과 같이 다양한 철학, 교육, 과학 학파로부터 나온 경쟁적인 이념이 많이 있었지만, 대개 복잡하고 추상적인 정보를 학습하는 것은 뜨거운 난로를 만지지 않거나 (땅에 음식이 떨어지고 5초 안에는 음식이 박테리아에 감염되지 않는다는 5초 규칙에도 불구하고) 바닥에 있는 더러운 것을 먹지 않는 것과 같은 보다 기본적이고 본능적인 형태의 학습과는 다른 고차원의 사고와 처리로 간주되었다.

뒤에 나올 내용을 이해하는 데 도움이 되는 몇 가지 용어가 있다. 돌출salience은 주어진 환경 자극에 있는 '새로움'의 질을 묘사한다. 실험실의 쥐뿐만 아니라 동물원의 침팬지, 실험실의 유아, 그리고 거의 모든 곳에서 볼 수 있는 강아지처럼 대부분의 동물은 환경에서 새로운 사물에 더 예민하게 반응하고 더 높은 수준의 탐색적 행동으로 반응한다. 래브라도리트리버labrador retriever나 골든리트리버golden retriever와 같이 사람과 친화력이 있는 개는 특히 어릴 때 실제로 집을 방문하는 낯선 사람을 열정적으로 맞이하고 환영하는 경향이 있다. 물론 주인이 집에 오면 여전히 다정하게 꼬리를 흔들고 코를 킁킁거리며 냄새를 맡지만, 낯선 사람이 개에게 특별한 것을 의미한다는 것은 분명하다.

어느 날 밤에 쥐들이 모두 자고 있을 때 우리 구석에 빨간 공을 놓아두면, 아침에 쥐들이 모두 코를 킁킁거리고 이 새롭고 이상한 것을 바라보고 있을 가능성이 크다. 이 현상은 아이들이 크리스마스날에 선물이 들어있을 것으로 예상되는 양말을 들여다보는 것과 비슷하다. 거기에는 새로운 것이 있다! 새로움이 있다! 이것은 진화론적 관점에서 보면 말이 된다. 환경에서 냄새, 맛, 사물, 사람과 같은 새로운 것은 음식, 짝, 자원의 새로운 원천을 의미할 수 있다. 낯선 것을 탐색하려는 특정한 열망을 진화시키는 것은 대부분의 동물이 가지고 있는 적응이다.

주어진 환경이나 사물의 **감정가**valence*는 좋음/나쁨 척도에서 그 가치다. 감정가를 평가하는 것은 중요한 진화적 기술이다. 쓴맛이 강한 잎은 독이 될 수 있다. 우울한 수컷 우두머리의 성질을 판단해 보자. 아마도 그는 외롭거나 기분 전환을 위해 누군가의 머리를 몽둥이로 내리치고 싶을 때도 있다. 우울한 태도를 보이는 직장 상사와 같은 타인의 감정가를 해석하는 것은 그들의 의도나 기분을 예측하고 그에 따라 우리의 행동을 조정하는 데 중요할 수 있다. 환경에서 사물, 상황, 개인의 주어진 감정가와 돌출은 뇌섬엽 및 학습 방식과 관련이 있다.

이것은 다음과 같이 작동한다. 초기 인류의 조상이 동아프리카의 평원을 돌아다니며 먹을 것을 찾고 있는 모습을 상상해 보자. 덤불이 보인다. 그 덤불은 낯선 것으로서, 인류의 대표적인 벌거벗은 조상들이 한 번도 본 적 없는 작은 열매가 달려 있다. 그 옆에는 익숙한 먹이가 있다. 그것은 질기고 섬유질이 많은 덩이줄기로서, 아마도 조상의 허기를 달래주기는 하지만 먹는 재미가 쏠쏠한 것은 아니다. 인류의 원시 조상은 작고 붉은 열매가 달린 재미있는 새 덤불로 다가간다. 덩이줄기를 흘끗 쳐다보는 것만으로는 반응의 측면에서 뇌섬엽에 큰 자극이 되지 않는다. 덩이줄기는 환경에서 친숙하고 새롭지 않은 음식이기 때문이다. 인류의 조상은 궁색하게도 수백 개의 덩이줄기를 씹어 먹었다. 하지만 이 새로운 열매는 돌출에서 높은 등급을 차지한다. 이는 그 열매가 조상에게 완전히 새로운 것임을 의미한다.

인류의 조상은 하나를 따서 입에 넣고 붉은 열매를 아그작아그작 씹는다. 웩! 씁쓸하고 역겹고 하이에나 엉덩이 같은 맛이 난다. 조상은 뱉어내지만, 씁쓸하고 역겨우며 분명히 피해야 할 맛은 입 안에 남아 있다. 이 순간, 조상의 뇌섬엽은 활성화되어, 통증 반응에 도움이 되는 신경전달물질인 아세틸콜린acetylcholine을 방출한다. 고통 혐오의 순간에 그러하듯이 근육이 수축하면 아세틸콜린이 생성된다. 따라서 뇌섬엽은 우리의 환경에 대해 학습하는 데 꽤 중요한 역할을 한다. 즉, 무엇이 좋고, 무엇이 나쁘고, 무엇이 친숙한지를 학습하는 데 중요한 역할을 한다. 특히 뇌섬엽이 맛이 형편없는 열매뿐만 아니라 상황, 사람, 이미지에도 반응하기 때문에 이는 중요한 학습이다. 즉, 어떤 상황이 불쾌하고 익숙하지 않을 때 뇌섬엽은 과도한 추진력을 가질 수 있다. 이는 그 특정 기억을 피해야 할 기억으로 부호화하는 것이다. 마치 중학교 등교 첫날 엄마가 당신에게 끔찍한 스웨터를 입게 한 것처럼 말이다. 헉.

하지만 뇌섬엽이 나쁜 소식만 있는 것은 아니다. 열매를 먹기 전에 그 열매를 보는 것으로 우리 조상의 뇌에 도파민 반응이 촉진된다. 뇌의 만능 보상 시스템인 도파민은 새롭고 모호한 환경 자극을 조사할 때 즉시 방출된다. 인간은 신경화학적 의미에서 새롭고 알려지지 않은 것을 탐구하는 것을 즐기도록 적응되었다. 물론 개인이 후퇴하거나 피하기로 결정하기 전에 어떤 것이 얼마나 이상하고 특이하고 알려지지 않은 것일 수 있는지에 한계가 있다. 즉, 새로움은 즐겁지만 지나친 새로움은 압도적이거나 심지어 두려울 수 있다. 하지만 약간의 참신함이나 새로운 경험은 큰 보람과 유익함을 줄 수 있다.

간단히 말해, 교육의 중심축인 학습과 기억은 뇌섬엽이라고 알려진 뇌 부위가 하는 일에 의존한다. 그리고 내수용 자각, 감각운동 지각, 새로운 정보를 기억하는 능력 사이의 연결은 모두 이 살구 크기의 뇌 물질을 통해 상호 연결된다. 50개 주의 수도를 모두 기억하는 것이든, 굶주린 사자를 피할 수 있는 가장 좋은 나무가 어디에 있는지 아는 것이든 간에 기억 자체는 뇌섬엽에 달려 있다.

***학습의 세 가지 유형**

욕구적 학습은 특정 자극이나 단서를 긍정적이거나 보람 있는 결과와 연관시키는 학습의 한 유형이다. 즉, 바람직하거나 즐거운 결과로 이어지는 지식이나 행동을 습득하는 과정이다. 이러한 유형의 학습은 심리학의 강화 개념과 밀접한 관련이 있다. 회피적 학습은 특정 자극이나 단서를 부정적이거나 불쾌한 결과와 연관시키는 학습 유형이다. 회피적 학습에서 개인이나 동물은 불편함, 고통 또는 불리한 결과를 초래하는 행동과 상황을 피하거나 최소화하는 방법을 학습한다. 이러한 유형의 학습은 심리학에서 말하는 처벌의 개념과 밀접한 관련이 있다. 새로움 중심 학습은 개인이나 유기체가 새롭거나 참신한 자극, 경험 또는 정보에 우선순위를 두고 집중하는 학습 과정을 말한다. 이러한 유형의 학습은 참신함에 대한 강한 매력과 새로운 것을 탐구하고 이해하려는 욕구에 의해 주도된다. 새로움 중심 학습은 인지, 행동, 감정 영역을 포함한 다양한 맥락에서 발생할 수 있다.

**감정가

감정가는 우리가 환경의 다양한 자극에 부여하는 주관적인 가치 또는 정서적 중요성을 말한다. 예를 들어, 기쁨, 즐거움, 편안함과 같은 경험은 일반적으로 양의 감정가positive valence를 갖고, 두려움, 고통, 슬픔과 같은 경험은 음의 감정가negative valence를 갖는다. 감정가는 우리가 주변 환경을 인식하고 반응하는 방식에 중요한 역할을 하며, 우리의 감정 반응, 동기부여, 의사결정 과정에 영향을 미친다. 예를 들어, 양의 감정가는 특정 경험이나 대상에 접근하고 찾도록 유도하는 반면, 음의 감정가는 회피 또는 방어적인 행동을 유발할 수 있다. 신경과학에서 감정가를 처리하는 데 관여하는 뇌 영역은 감각 정보와 정서적 반응을 통합하는 뇌섬엽과 편도체다.

쿨 랜치 도리토스의 신성한 수수께끼

일반적으로 교육계에서는 의사결정을 셜록 홈즈 이야기처럼 생각하는 경향이 있다. 사람들은 터무니없고 불가능한 것을 배제하고, 증거를 검토한 후 가능성 있는 답이나 해결책을 내놓는다. 그러나 의사결정에 대한 이 정의에는 몸이 배제되어 있다. 셜록 홈즈의 과정은 순전히 이성적인 행동이며, 경험의 신체화된 본질은 전혀 고려하지 않는다. 어떤 수업을 들을지, 특정 에세이 질문에 어떻게 답할지, 어떤 주제에 대해 어떻게 '느끼는지'를 진술할 때, 학생들은 당연히 뇌섬엽을 포함하는 깊이 신체화된 경험에 의존한다.

한 학생이 도서관에 가서 끔찍한 회계학 시험을 준비하기 위해 공부를 한 시간 더 할지, 아니면 놀아줄 친구가 있는지 보러 휴게실에 갈지 고민하고 있고, 비 오는 토요일의 오후 시간을 보낼 수 있는 포트나이트Fortnite 슈팅 게임이나 쿨 랜치 도리토스Cool Ranch Doritos와 같은 간식 등 기분전환을 위한 간식이 준비되어 있는지도 고려하고 있다. 이 결정은 일반적으로 인지적 측면에서 고려되며, 친구들과 자유 시간을 즐기는 것과 시험 준비를 하는 것의 인식된 이점을 저울질한다. 그리고 합리성(또는 그 결핍)의 인지 과정(혹은 그것의 부족)이 심리적 과정이지만, 이 인지 과정 또한 꽤나 상당히 신체화되어 있다.

뇌섬엽에 의존하는 좋음 대 나쁨 척도인 감정가가 기억나는가? 자, 이 예에서 학생이 공부할지 말지 선택할 때 우유부단하거나 망설이는 순간 동안 뇌섬엽은 여러 결과의 가치, 중요성, 가능성의 균형을 맞추기 위해 열심히 노력하고 있다. 하지만 우리 모두 몸을 가지고 있다는 것을 기억하라. 몸은 이러한 순간에 중요한 역할을 한다. 많은 신체화된 인지 연구의 선구자인 안토니오 다마지오Antonio Damasio; 1944~는 몸과 몸의 필요, 욕구, 동기가 모든 결정에 깊숙이 내재되어 있다고 믿었다. 그는 이러한 생각을 '신체 표지 가설somatic marker hypothesis'이라고 불렀다.[02] 이 예에서, 이성적이고 인지적인 상황뿐만 아니라 감정과 몸('내장적 느낌; 직감')도 학생의 선택 능력에서 작용하고 있다.

만약 의사결정이 뇌만큼 몸에 의해서도 이루어진다면, 몸과 뇌가 함께 작용하는 방식 사이에서 중요한 연결고리는 뇌의 어떤 부위인가? 감각운동 자극(환경), 내수용감각 정보(사람이 '느끼는 방식'), 새로움과 기억, 돌출과 감정가 모두에 반응하는 부위가 뇌섬엽이다.

분명히 말하자면, 의사결정은 뇌섬엽에서 이루어진다.

일반적으로, 결정을 내리는 행위를 고려할 때, 뇌가 좋은 선택을 하는 것으로 생각되지만, 실제로는 몸이 고삐를 쥐고 있는 경우가 허다하다. 도파민이 뇌섬엽에서 하는 역할 중 하나는 기대다. 맛있고 바삭바삭한 쿨 랜치 도리토스와 같은 신체적 보상을 기대하면 의사결정

과정 동안 뇌섬엽 안에서 뉴런이 활성화되는 방식이 바뀔 수 있다. 학생이 의식적으로는 단순히 공부를 쉬고 있다고 믿지만, 뇌섬엽은 학생에게 쿨 랜치 도리토스를 즐기고 싶다는 생각을 교묘하게 유도할 수 있다. 즉, 보상 기대에 따른 뇌섬엽의 신경 활동이 쿨 랜치 도리토스의 잠재적 즐거움으로 미묘하게 선택을 유도할 수 있다.

그래서 학생은 책가방을 어깨에 메고 휴게실로 향하는데, 이미 잠재의식적으로 스키틀즈Skittles 사탕을 먹고 비디오 게임을 하는 것을 꿈꾸고 있다. 학생이 얼어붙은 캠퍼스를 가로질러 걷고 있는데, 한 동기생이 책을 한 아름 안고 가다가 빙판길에서 꼬리뼈를 세게 부딪치며 넘어지는 것을 목격한다. 20피트 떨어진 곳에서도 들리는 둔탁하고 육중한 '쿵'하는 소리가 골격에 울려 퍼지는 그런 종류의 낙상이다.

앞으로 4년 동안 회계사가 되기 위해 공부하고자 하는 우리 학생의 열망을 방해하느라 바빴던 뇌섬엽은 이제 공감empathy이라는 좀 더 가슴 벅찬 기능도 제공한다. 뇌섬엽이 일찍이 우리의 홍적세洪積世 조상이 먹은 고약한 맛이 나는 열매의 음의 감정가를 처리하는 데 지극히 중요했던 것처럼, 누군가가 고통을 경험하는 것을 단순히 보는 것만으로도 뇌섬엽은 활성화된다. 이는 뇌섬엽과 관련된 행동의 많은 측면 중에서 공감이 가장 중요한 것임을 시사한다. 결국, 사회적 영장류로서 누군가의 고통이 우리에게 고통을 유발한다면, 그 고통과 괴로움에 반응하거나 이를 완화하는 것은 그 사람으로부터 관심과 배려를 얻는 효과적인 훌륭한 전략이다. 무리에 의존해 보호와 생존을 유지해야 하는 입장에서 이는 매우 편리한 진화적 적응이다. 이는 또한 고통에 대한 추상적 정의나 이론에 치우친 불평등에 대한 설명이 효과가 없을 수도 있다는 것을 의미한다. 그러나 고통을 겪고 있는 사람을 직접

접하고 목격하는 것은 공감을 위한 뇌 부위를 활성화할 수 있고, 심지어 그 고통을 완화하거나 관련 문제를 해결하기 위해 변화를 일으키거나 행동을 취하도록 동기를 제공할 수도 있다.

미세한 행동을 유도하는 뇌섬엽

행동에서 뇌섬엽의 중요성은 아무리 강조해도 지나치지 않다. 지난 50년간 엄청난 양의 신경생물학적 연구는 전전두피질에 집중되었다. 이도 일리가 있다. 전전두피질은 의사결정 및 인지 조절과 같은 과정을 포함하는 실행 기능에서 중심적인 역할을 하며, 똑똑하고 매력적이고 재치가 있는 곳이다. 전전두피질은 우리 뇌의 유명하고 똑똑한 코미디언인 엘리 웡Ali Wong; 1982~이나 트레버 노아Trevor Noah; 1984~라고 할 수 있다. 게다가 전전두피질은 두개골 바로 아래에 있는 최상층에 위치하기 때문에 물리적으로 접근하고 연구하기가 비교적 쉽다. 하지만 fMRI의 발전으로 뇌의 더 깊고 더 오래된 층을 읽고 그 층이 무엇을 하고 있는지 볼 수 있게 되었다. 그 층은 바로 뇌섬엽이다.

복잡하게 들리는가? 지금까지 언급한 뇌섬엽을 요약하면 다음과 같다.

- 뇌섬엽은 몸이 감각을 통해 주변 세계를 지각하는 것과 우리의 뇌를 연결한다.
- 내수용 자각은 뇌섬엽과 직접적으로 연결되어 있다.
- 기억과 학습에서 뇌섬엽이 하는 역할은 감각을 통해 신체화되는 구조를 기반으로 한다. 인류의 조상이 먹은 불쾌한 맛이 나는 열매를 사악하고 섬뜩하고 비열하므로 모두가 수업 듣기를 꺼리는 교사와

같은 것으로 생각해 보라.

- 사람들이 결정을 내릴 때 비록 몸을 의식적으로 참작하지는 않지만, 뇌섬엽은 확실히 투표권을 가지며 의사결정 과정에서 일정한 역할을 한다.
- 새로운 것을 탐험하는 것은 멋진 일이다. 익숙한 것은 다소 지루하다.
- 학습, 기억, 의사결정, 공감은 모두 뇌의 진화적인 오래된 부위에 기반을 두고 있으며, 이 부위는 또한 신체화의 감각과 감각을 통한 세계의 지각을 위한 신경 기층의 역할을 한다.

일반적인 교육은 계몽주의 시대의 데카르트 사상에서 비롯된 학습에 대한 이해를 기반으로 한다. 신체화는 교육적 맥락에서 거의 논의되지 않는다. 심지어 연구자들은 행동과 의사결정에서 몸이 하는 역할에 대한 이해가 높아지고 있음에도 불구하고 주의력결핍과잉행동장애ADHD; attention deficit hyperactivity disorder*와 같은 학습장애를 순전히 심리학적 또는 신경화학적 용어로만 논의하는 경향이 있다.

시각, 후각, 미각, 촉각, 청각과 같은 세계에 대한 인간의 감각운동 지각은 몸과 뇌의 구조를 형성하기 위한 기초다. 유아로서 그리고 종 차원에서 인류의 조상으로서 인간이 세상에 대해 학습하는 첫째 방법은 환경 자극과 내수용 피드백을 통합하는 것이다. 그리고 어린이와 청소년에게 물리적 경험이나 신체적 감각을 통해 학습하게 하지 않는다는 점에서 그들의 신체화된 본성을 부정하는 교육 기관에도 불구하고, 인간은 여전히 환경 자극과 내수용 피드백을 통합해서 세상에 대해 학습한다.

***주의력결핍 과잉행동장애**

ADHD는 집중력, 충동 조절, 에너지 수준을 적절히 조절하는 개인의 능력에 영향을 미치는 신경발달 장애다. 가장 흔한 아동기 장애 중 하나이지만 성인이 되어서도 지속될 수 있다. ADHD는 보통 6세에서 12세 사이의 아동기에 진단되지만, 증상이 더 일찍 나타날 수도 있다. ADHD의 증상은 부주의inattention와 과잉행동-충동성hyperactivity-impulsivity의 두 가지 주요 그룹으로 분류할 수 있다. ADHD 환자는 과제에 집중하는 데 어려움을 겪고, 부주의한 실수를 자주 저지르며, 쉽게 산만해지고, 과제와 활동을 정리하는 데 어려움을 겪을 수 있다. 그리고 가만히 있지 못하고, 안절부절하며 과도하게 말하고, 차례를 기다리지 못하며, 결과를 생각하지 않고 행동하는 등이 ADHD의 또 다른 증상이다.

젓가락질 숙달

학습을 이해하려면 정보를 기억하고 경험을 처리하며 행동을 변화시키는 방법의 이면에 있는 신경과학을 탐구하는 것이 도움이 된다. 이러한 탐구는 쉬운 일이 아니다. 학습, 행동, 그리고 유기체가 자기 환경과 상호작용하는 방식의 신체화된 생물적 과정 사이의 연결은 매우 복잡하다. 느리고 꾸준한 접근법이 최선이다.

이 모든 것의 요점은 단순히 새로운 기술이나 정보, 행동을 습득하는 것(즉, 학습)이 탈신체화된 마음이 정신계에서 그 일을 처리하는 것에 따른 추상적이고 순수하게 합리적인 결과가 아니라는 것이다. 오히려 학습은 신체화된 물리적 과정이다. 학습은 뉴런, 회백질, 시냅스 연결에서 (어느 정도) 측정할 수 있다. 학습은 몸 안에서 발생하고 몸에게 발생한다. 20세기 초 교육 철학자 존 듀이는 이러한 사실을 잘 알고 있었지만, 왜 이런 일이 일어나는지 설명할 수 있는 fMRL 기계가 최근에서야 도입되었다.

인간의 몸은 신체적 학습과 추상적 학습을 모두 한다. 그러나 이 두 가지 학습 방법은 서로 밀접하게 연결되고 얽혀 있으므로 이 둘을 따로 떼어놓고 이야기하는 것은 어느 정도까지만 효과가 있다. 일단 근본적인 내분비학, 행동역학, 신경생물학을 살펴보면, 3점슛 쏘기와 양자역학 강의라는 두 가지 유형의 학습은 실제로는 놀라울 정도로 유사하다.

하지만 명확성을 위해 순수한 신체적 학습을 살펴보자. 이는 젓가락을 처음 사용해 본 사람이라면 누구나 쉽게 이해할 수 있는 개념이다. 처음에는 적당한 길이의 가느다란 두 막대기가 음식을 먹는 데 사용하는 도구처럼 보이지 않는다. 두 막대기는 다루기 버겁고 어색해 보인다. 만두나 캘리포니아 롤을 들어 올릴 수 있는 집게 같은 도구처럼 두 젓가락의 균형을 맞추는 것은 불가능해 보인다. 도대체 한 손으로 어떻게 이걸 하라는 건가?

성인 초보 젓가락 사용자는 여러 가지 조합을 사용한다. 젓가락을 여러 가지 방식으로 재배열하고, 손과 손가락의 근육을 훈련한다. 일종의 자기 학대적이고 자진해서 하는 파블로프의 침 흘리기 실험에서처럼 많은 시간을 보낸 뒤, 저녁 식사 테이블에 앉아서 굶어 죽을 위험에서 벗어나거나, 적어도 셔츠 앞쪽에 밥을 계속 흘리면서 먹지도 못하고 무릎에 쌓아두는 불상사는 피할 수 있게 된다. 그러나 이런 종류의 기술을 신체적으로 습득하려면 시간과 반복과 실험이 필요하다.

다른 사람에게 젓가락 사용법을 시각적 단서 없이 설명해 본 적이 있는가? 그렇게 할 수는 있지만, 사실은 그냥 젓가락을 잡고 그 방법을 알아내는 것이 훨씬 더 쉽다. 일반적으로 '근육 기억muscle memory'(신체화된 인지에 대한 이해가 우리의 일반적인 표현에 침투했음을 시사하는 멋진 문구)

이라고 부르는 이 학습은 우리의 손과 손가락이 결국 '이해'하고, 만두와 팟타이를 식도로 운반하는 일을 착수하는 것처럼 보일 때까지 손과 손가락을 그 일에 스며들게 한다.

추상적 개념도 뇌가 해석하고 기억으로 저장하는 방법에 있어서는 신체적 기술 습득과 크게 다르지 않다. 생각이나 개념(이 두 용어는 서로 바꿔서 사용할 수 있다)을 습득하고 숙달하는 것은 유사한 궤적을 따른다. 예를 들어, 사람들이 민주주의라는 추상적 개념을 학습한다고 가정해 보자. 현지 딤섬dim sum(중국식 작은 만두 요리) 식당에서 작고 가느다란 죽순을 먹는 초기의 시도처럼 민주주의에 대한 이해도 처음에는 미숙하고 단순하며 특별히 유용하지 않다. 민주주의가 작동하는 방식을 이해하려고 반복적으로 시도하고 민주주의 경험에 참여한 후에야, 투표, 대표, 견제와 균형, 다수결, 논쟁이 기능적 민주주의에서 어떤 역할을 하는지 이해할 수 있다. (젓가락질에 능숙한 사람이 음식을 먹으면서 여유롭게 대화를 이어가고 웨이터에게 맥주를 추가로 주문할 수 있는 것처럼) 누군가가 민주주의를 유동적으로 사용하고 비판할 수 있고, 민주주의의 한계와 허점을 파악하며, 민주주의에서 인기 있는 것이 항상 유권자에게 이익이 되는 것은 아니라는 것을 알 수 있을 때 민주주의의 개념에 대한 숙달이 이루어지고 그에 따라 행동하게 될 것이다.

기억해야 할 것은 개념에 숙달하고 기술에 숙달하는 이 두 가지 유형의 학습 모두 동일한 신경 경로를 사용한다는 것이다. 지형지물을 인식하면서 숲에서 길을 잃지 않는 것은 《안나 카레니나》Anna Karenina의 줄거리를 놓치지 않고 읽는 것과 크게 다르지 않다. 그 이유는 처음에 우리 몸과 뇌에서 물리적 풍경을 공간적으로 헤치고 나아가기 위해 진화한 신경 구조가 책의 내용을 순조롭게 파악하는 데 활용되기 때문이다.

많은 교육 목표는 신체화된 경험에 뿌리를 둔 이 능력에 기반을 두고 있다. 예를 들어, 이야기 기반의 주장을 전개하는 것은 복잡한 줄거리를 따르는 것과 동일한 구조적 과정을 따른다. 이차방정식을 풀어가는 것은 사고의 논리적 순서를 따르는 것과 매우 유사하다. 중요한 점이 빠지면 결말은 이해되지 않는다. 원인과 결과 및 행동의 결과에 대한 이러한 기본적인 이해는 영장류의 행동에 내재되어 있다. 심지어 천둥소리를 듣고 대피소로 피하는 것과 같은 단순한 행동도 이러한 예기적 인지 과정을 기반으로 한다. 교사들이 어린 학생들에게 조직화되지 않은 풍경을 헤치고 나아가는 데 사용되는 기억의 신경계와 신체화된 기능을 먼저 발전시킬 기회를 제공하면, 학생들은 교육의 전통적인 문제와 주제에 대해 더 강력한 신체화된 인지 접근법을 사용할 수 있는 역량을 발달시킬 수 있다.

예를 들어, 지형지물을 기억하고 환경을 탐색해 나가는 방식은 공간 추론spatial reasoning*이라는 과정과 연결된다. 물리학자 알버트 아인슈타인Albert Einstein; 1879~1955은 물건을 마음속에서 보고 회전시키고, 정신적 공간에서 물건을 이리저리 움직이게 해서 우주가 어떻게 작동하는지 알아내는 능력이 있었다고 한다.[03] 고도로 발달한 그의 공간 추론 능력은 매직 존슨Magic Johnson; 1959~과 같은 농구 선수가 단순히 좁은 시야가 아니라 경기 중에 주변에서 일어나는 모든 것을 인지하는 능력인 '코트 센스court sense'를 가진 것과 관련이 있다.

이것은 교실에서, 특히 주의력 장애로 어려움을 겪는 학생에게서 볼 수 있다. 실제로 주의력결핍 과잉행동장애ADHD를 앓고 있는 사람은 그렇지 않은 사람에 비해 자신의 환경을 전체적으로 지각하는 능력이 부족하다는 사실이 밝혀졌다. 전역 선행성global precedence**은 국지 수준의 정보가 아닌 큰 그림을 볼 수 있는 능력을 가리키는 용어다. 관련 없는 세부 사항에 얽매이는 것이 아니라 큰 틀의 패턴을 식별할 수 있는 것은 특히 현재의 교육 구조에서 중요하다. 그렇다고 세부 사항이 중요하지 않다는 말은 아니다. 세부 사항은 당연히 중요하다. 그러나 학생이 에세이에 어울리는 적절한 글꼴을 찾는 데 어려움을 겪거나 전체적인 서술 구조와 주장이 불분명하여 3페이지 분량의 에세이를 어떻게 써야 할지 모르는 것은 학생의 전역 선행성의 수준과 관련이 있다.

실제로 운동은 ADHD를 치료하는 데 도움이 되는 것으로 밝혀졌다. 그 이유는 복잡하지만, 보통 공간에서 움직이고 거시적 감각과 미시적 감각으로 주변 환경을 인식할 것을 요구하는 활동인 신체적 운동이 더욱 예민한 전역 선행성의 발전과 연결된 것 같다. 그래서 실용적인 관점에서 볼 때, 글쓰기나 수학에 어려움을 겪고 있는 학생이라면, 복잡한 환경(숲, 정글짐, 공터, 학교 뒤편의 사용하지 않는 협곡)에서 물리적인 야외 놀이에 많은 시간을 할애하는 것이 위축된 전역 선행성의 부정적인 영향을 완화하는 데 도움이 될 수 있다는 것은 상상할 수 없는 일이 아니다. 간단히 말해서, 아이들이 원숭이처럼 나무에서 놀도록 내버려 두는 것이 나을 수도 있다. 왜냐하면 아이들은 기본적으로 그런 존재이기 때문이다.

***공간 추론**

공간 추론은 공간에서 사물과 사물 간의 관계에 대한 시각적 정보를 정신적으로 조작하고 이해하는 기본적인 인지 능력이다. 여기에는 사물 간의 공간적 관계를 지각하고 분석하며 해석하는 능력과 3차원 공간에서 사물을 정신적으로 시각화하고 조작하는 능력이 포함된다. 공간 추론은 문제해결, 탐색, 수학, 공학, 건축, 예술적 노력을 포함한 다양한 인지 작업에서 중요한 역할을 한다.

**전역 선행성

전역 선행성은 개인이 자극의 국소적 세부 사항에 집중하기 전에 자극의 전체적 특징을 처리하고 우선순위를 정하는 경향이 있는 지각 및 인지 현상을 말한다. 전역성의 특징은 시각적 자극의 전체적 특성을 나타낸다. 예를 들어, 시각적 장면에서 전역성의 특징에는 전체 장면의 일반적인 모양, 배열 또는 게슈탈트 인식이 포함될 수 있다. 국소적 세부 사항은 시각적 자극 내의 특정 구성 요소다. 전역 선행성은 개인이 시각적 자극을 받았을 때 초기 처리에서 전역성의 특징에 우선순위를 두는 경향이 있음을 시사한다. 개별적인 세부 사항에 주의를 기울이기 전에 전체적인 구조나 패턴을 파악한다. 전역 선행성의 개념은 부분의 합이 아닌 전체 또는 패턴을 인식하는 것의 중요성을 강조하는 게슈탈트 심리학의 원칙과 일치한다. 전역 선행성의 예는 단어의 글자 인식과 같은 작업으로 설명할 수 있다. 사람들은 글을 읽을 때 개별 글자에 집중하기 전에 단어 전체를 인식하는 경향이 있다. 전역 선행성은 시각적 인식, 얼굴 인식, 언어 처리 등 다양한 맥락에서 연구되었다. 개인이 전역성 정보와 국소적 정보의 우선순위를 정하는 방법을 이해하면 인지 과정과 지각 및 주의의 근간이 되는 메커니즘에 대한 통찰력을 얻을 수 있다.

학습하는 루시

논의의 주제가 원숭이에 관한 것이긴 하지만 뒤에 나오는 내용이 사실 원숭이에 관한 것만은 아니다. 원숭이와 인간은 약 2천 5백만 년 전에 조상이 같았다. 그 이후로 각 종은 상당히 변했지만, 두 대표적인 영장류인 인간과 원숭이뿐만 아니라 유인원이 특히 신경학적·행동학적 측면에서 상당히 유사하다는 것은 의심의 여지가 없다. 이러한 유사성은 인간과 원숭이라는 광범위한 범주뿐만 아니라 짧은꼬리원숭이나 타마린 원숭이와 같은 특정 유형의 원숭이와 시카고 사람, 캄보디아 사람 등 다양한 지리적 위치의 인간에게도 해당한다. 폭넓게 말해서 영장류는 영장류다. 즉, 같지는 않지만 유사점을 공유한다.

이것은 학습이 신체화되는 이유에 대한 진화론적 관점을 이해하는 첫째 단계다. 학습은 영장류(인간)가 생물학적 수준뿐만 아니라 행동적 수준에서도 수천 년에 걸쳐 진화한 환경적 맥락 때문에 신체화된다. 지난 300만 년 동안 인류의 조상이 뚫고 나아간 환경과 몸이 그 환경에서 생존하기 위해 진화했던 방식은 종으로서 성공을 보장하기 위해 발달한 행동과 직접적인 관련이 있다. 그리고 그 기간 동안 아프리카 사바나에서 무슨 일이 일어났든 괜찮았을 것이다. 왜냐하면 사람들이 우리 지구를 불태워 멸종 속도를 높이기 위해 미친듯이 노력하고 있다는 증거에도 불구하고 인간은 여전히 멸종하지 않고 존재하고 있기 때문이다.

스탠포드대학의 로버트 새폴스키Robert Sapolsky; 1957~는 2017년 저서《행동》Behave에서 인간이 왜 그렇게 행동하는지에 대한 논증을 정밀하게 개괄하고, 행동을 역추적하여 인간이 비합리적인 미친 짓과 그렇게 미치지는 않은 일을 하는 이유를 더 명확하게 파악하는 방법에 대한 구조를 제시한다.[04] 새폴스키에 따르면 이 방정식은 다음과 같다.

진화 > 환경 > 내분비학 > 신경생물학 = 행동

새폴스키의 설명은 신경과학자들이 기대하거나 선호하는 만큼 상세하거나 철저하지 않기 때문에 신경과학자들 사이에서 강한 반응이나 좌절감을 불러일으킬 수 있지만, 이것이 새폴스키의 설명을 단순화한 버전이라는 것에 주목하길 바란다. 과학 애호가라면 그의 책을 집어서 한 번 읽어보길 추천한다. 그의 책은 정말 훌륭하다. 그러나 이 요약만으로도 학습의 신체화된 본질을 살펴보려는 우리의 목적은 충족

될 것이다.

학습이 신체화되는 이유는 여러 가지가 있지만, 대부분은 인간이 몸을 가지고 있기 때문이다. 이는 '처음에는 너무 뻔한' 설명처럼 보이지만, 정확히 그것의 내재된 근본적인 의의 때문에 중요하다. 사람들이 행동하거나 생각하거나 보거나 경험하는 모든 것이 어디에나 존재하는 기준점인 몸을 통해 일어난다는 사실을 우리는 항상 쉽게 잊는다. 인간이 뇌를 발달시킨 것은 지난 3백만 년 동안 환경과 몸의 상호작용을 통해서였다. 그리고 이제 이러한 뇌는 어떤 미국인이 재능이 있는지 투표하고, 암흑 물질과 사회보장의료와 같은 개념을 고려하며, 구체의 부피를 계산하는 데 사용된다. 그런데 '3백만 년 전'이 일반적인 연대로 사용되고 있는데, 이는 1974년 고인류학자 도널드 요한슨Donald Johanson; 1943~이 발견한 '루시Lucy'라는 이름의 화석으로 유명해진 오스트랄로피테신australopithecine 종이라는 우리의 가장 초기 인류 조상이 아프리카에 살았던 것이 약 3백만 년 전이었기 때문이다.

에티오피아의 '아르디Ardi'와 같은 다른 인류의 조상 유물이 계속해서 연대를 뒤로 미루고 있기 때문에 5백만 년을 사용할 수도 있었지만, 이 주장에서는 단순함을 유지하기 위해 3백만 년이라는 연대를 사용한다. 그러나 논의되는 많은 신체화된 구조는 생쥐, 칠면조, 참치에게서도 발생하며, 진화론적으로 볼 때 5백만 년보다 훨씬 더 오래되었다. 호모 사피엔스와 관련된 진화적 변화는 그 3백만 년 동안 특히 **전전두피질**로 알려진 뇌 부위에서 나타나기 시작한다. 하지만 이는 완전히 다른 이야기다. 루시에게로 돌아가자.

인류의 조상은 약 3백만 년 전에 아프리카를 돌아다니던 100파운드(45kg)의 작은 유인원 같은 생명체였다. 잡아먹히거나 굶주리거나 얼어 죽거나 익사하거나 짓밟히지 않기 위해서 그들은 학습해야만 했다. 유인원의 뇌가 이미 꽤 컸지만, 대부분의 학습을 수행한 것은 실제로 몸이었다. 즉, 감각이 환경에 대한 정보를 수집하는 방식과 편도체가 그 정보를 처리하고 행동을 조종하는 방식을 통해 학습이 이루어졌다.

이 장에서 설명하는 상호작용의 복잡한 특성에 대해 간단히 언급할 필요가 있다. 진화와 행동을 연결하는 신경 구조와 활동은 엄청나게 복잡하다. 해당 논문을 다 읽으려면 사실상 연구자는 과학적 언어학자이면서 학자들의 대화를 해석하는 통역사도 되어야 한다. 이 책은 독자의 이해를 돕기 위해 좀 더 이해하기 쉽고 간단하게 만들려고 노력했다. 이는 설명하는 내용이 일반적인 용어로 이루어진다는 것을 의미한다.

신경과학자들이 인지와 뇌 또는 몸 사이의 관계에 관한 규칙이나 원칙을 개발하지만, 확립된 모든 규칙이나 원칙에 도전하는 예외 또는 대안적 관점을 찾는 신경과학자가 있다. 다시 말해, 뇌와 인지에 관한 연구는 복잡하고 지속적인 발견과 수정이 이루어지고 있다. 당연한 결과로, 내가 "키가 큰 사람이 농구공을 덩크슛할 가능성이 높다"라고 말하는 순간, 키가 각각 173cm와 179cm인 스퍼드 웹Spud Webb과 네이트 로빈슨Nate Robinson의 팬들은 내가 거짓말쟁이라고 반박할 것이다. 키가 큰 사람이 키 때문에 농구에서 유리하다는 것을 암시하는 일반화 또는 규칙에는 예외가 있다. 그렇다, 나는 기존의 통념에 도전하는 예외와 대안적 관점이 존재한다는 것을 유쾌하게 인정한다. 이제 진화 원리 또는 인간 행동이 진화한 더 넓은 맥락인 사바나로 돌아가 보자.

그래서 약 3백만 년 전 아프리카에서 인류의 조상은 생존을 유지하고 식량을 찾고 자손을 낳고 구석기 시대 401(k)*에 기여하기 위해 꽤 중요한 것들을 학습해야만 했다. 그들은 **변연계**limbic system**라고 알려진 뇌 부위 덕분에 그렇게 상당 부분 할 수 있었다. limbic이라는 단어는 '경계'를 의미하고, 뇌의 이 놀라운 부위에 대한 지루한 이름이다. 최근 일부 과학자들은 변연계를 '선사포유류의 피질paleomammalian cortex'이라고 부르기도 하는데, 이것은 개성 있고 멋지게 들린다. 간결함을 위해 limbic이라는 표현이 더 적절할 것 같다. 철자도 더 쉽다.

인류의 조상은 물과 식량을 찾고 검치호랑이를 피할 때 시각, 후각, 청각, 촉각, 내수용감각에 의존했다. 인간이 감각을 통해 정보를 받아들이면 이러한 유형의 자극은 변연계의 부위인 편도체에 바로 연결되어 처리된다. 편도체는 대뇌피질의 큰 돔 아래에 위치하고 시상하부hypothalamus와 해마hippocampus 등의 구조물과 함께 감각을 통해 받은 환경 자극과 배고픔이나 갈증 등의 내부 정보를 처리하고, 그 후 이러한 경험을 단기기억에서 장기기억으로 전환하는 데 도움을 준다.

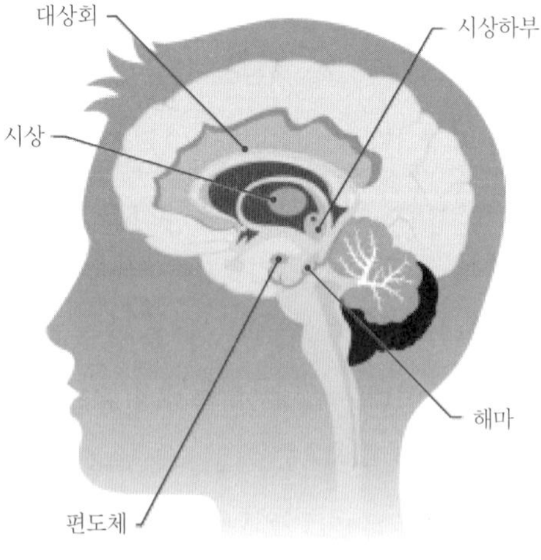

편도체, 시상하부, 해마

진화론적 관점에서 보면, 이는 인류 발달의 초기에 학습이 이루어지는 모습이다. 하지만 이러한 학습이 많은 다른 동물이 보여주는 것과 같은 종류의 학습이라는 것을 명심해야 한다. 인간의 변연계는 편도체와 해마를 통해, 가령 성난 알파 수컷의 냄새를 공포와 연관시키는 것을 학습한다. 이는 알파 수컷이 화가 날 때마다 주변의 모든 동물을 공격하기 때문이다.

편도체에 대한 신경 입력이 작동하는 방식에 대한 또 다른 중요한 점이 있다. 편도체는 빠르게 작동한다는 것이다. 편도체는 인간 행동의 감정적이고 자동적이고 본능적인 부위다. 등산 중 우연히 바위 더미에 올라갔다가 '쉭'하는 소리를 듣고 뒤로 뛰어내렸다가 그 소리가 치명적인 뱀이 아니라 그저 자갈이 떨어지는 소리였다는 것을 알게 되는 것도 편도체 때문이다. 편도체가 행동에 대한 정보를 제공할 때 장점은 눈 깜짝할 사이에 반응이 일어난다는 것이다. 단점은 편도체가 때로는 실수도 한다는 것이다. 밤에 움직이거나 튀어 오르는 그림자가 박쥐가 되어 우리 머리카락에 엉키려 하자, 그것이 현관 조명 근처에서 펄럭이는 나방일 뿐인데도 모두가 우스꽝스럽게 소리를 지르며 손을 펄럭이는 경우가 있다.

자, 이제 함께 모여 특정 주제에 집중할 때다. 여기서 요점은 다음과 같다. 학습에 영향을 미치는 개념으로서 신체화된 인지는 인간이 신체화되는 바로 그 방식이 감각을 통해 이루어진다는 이해에 기반한다. 따라서 사람들이 뇌에서 감각운동 정보를 처리하는 방식이 중요하다. 이러한 현상이 일어나는 곳은 변연계, 주로 편도체와 시상하부로, 이는 몸의 온도 조절기 역할을 하며 몸을 항상성 상태(너무 춥거나 덥거나 배고프거나 목마르지 않은 상태)로 유지하려고 노력하는 부위다.

이 모든 것을 더 간단하고 설치류 친화적인 용어로 요약하자면, 쥐는 뉴런의 상당 부분을 후각 입력에 할애한다. 쥐는 주로 후각을 통해 세상을 탐색하므로 이것은 완벽하게 이해가 된다. 쥐는 특정 뇌 섬유의 약 40%를 후각 부위에 할애한다. 몸이 감각을 통해 환경과 상호작용하는 방식은 뇌의 인지 능력에 직접적인 영향을 미친다. 그것은 미키, 미니, 마이티 같은 쥐는 물론 인간에게도 마찬가지다.

이것이 실용적인 수준에서 의미하는 것은 매우 간단하다. 인간은 신체화된 방식으로 문제를 파악하고 세계를 탐색하도록 진화했다. 세금 신고, 사회과학 퀴즈, SAT, 인간관계와 같은 오늘날의 문제를 탐색하는 것도 동일한 신체적 구조에 의존한다. 그래서 특히 유치원에서 대학에 이르기까지 구조화되지 않은 환경에서 야외의 신체 활동을 우선시하는 학교는 올바른 선택과 빠른 결정을 내리고 문제를 해결하는 데 도움이 되는 신체화된 체계를 직접 육성하고 있는 것이다. 수업 시간을 늘리고, 아이들을 실내에 있게 하고, 신체 활동을 제한함으로써 이러한 유형의 경험을 부정하는 것은 아이들의 학습 능력을 저해할 수 있다.

학생들에게 야외 활동을 위한 휴식 시간을 제공하는 것은 학생들의 학습과 전반적인 발달을 지원하는 간단하고 효과적인 방법이다. 우리 독자들도 여기서 잠시 쉬는 시간이 필요할 것이다.

***401(k)**

401(k)는 봉급에서 공제하는 퇴직금 적립제도다. 구석기 시대 401(k)이라는 표현은 고대 인류의 생존과 계획 본능을 현대의 은퇴 재무 계획 개념에 비유한 유머러스한 표현이다. 선사시대 조상들도 미래를 위한 그들만의 계획이 있었음을 암시한 것이다.

**변연계

변연계는 편도체, 해마, 시상하부와 같은 구조를 포함한다. 이러한 부위는 감정을 처리하고, 기억을 형성하며, 감정과 동기와 관련된 신체 기능을 조절하는 데 중요한 역할을 한다.

4

도파민 있나요?

학습이란 어떤 모습일까? 만약 누군가가 지난 1년 동안 학습한 것을 가져와서 테이블 위에 모두 올려놓았다고 가정해 보자. 거기에는 무엇이 있을까? 랄프 엘리슨Ralph Ellison의 《투명 인간》이라는 소설을 읽었다고 해서 책과 같은 학습의 상징적 표상이나 종이에 적힌 나라의 수도 목록이 반드시 그 테이블 위에 올려져 있는 것은 아닐 것이다. 이 경우, 학습에 대한 유형적이고 물리적이며 신체화된 결과를 나타내는 것은 무엇인가? 왜냐하면 학습이 진정으로 신체화된다면, 학습은 세포 조직, 뼈, 근육, 혈액과 같은 것들로 이루어진 몸속에 있어야 하기 때문이다. 만약 학습이 물리적으로, 즉 신체화된 실재로 표상될 수 없다면, 데카르트의 말이 맞을 수도 있지 않을까?

그러나 데카르트의 말은 맞지 않았다. 여기 비슷한 질문이 있다. 지난 한 해 동안 느꼈던 모든 슬픔을 물리적으로 기록하는 것이 가능할까? 물론 누군가가 슬픔에 흘린 눈물을 모두 어떻게든 양동이 안에 보관해 두었다면, 그 눈물의 무게를 잴 수 있을 것이다. 이는 슬픔과 같이 확실한 형태가 없는 무언가를 알아내는 정량화가 가능한 방법이다. "지난 한 해 동안 나에게 480ml 분량의 빌어먹을 일들이 일어났다"라고 허풍떨 수 있다.

이제 한 걸음 더 나아가 구체적인 실세계 개념에 대해 논의하면서 학습이 신체화된다는 증거를 제시하고자 한다. 그러기 위해서는 학습에 중요한 역할을 하는 신경생물학의 두 부분인 도파민 경로dopamine pathway와 시냅스 경로synaptic pathway에 초점을 맞추는 것이 좋다. 다소 과학적인 이야기가 되겠지만, 일단 이 부분을 다 읽고 나면 저녁 파티에서 "와, 재닛, 그 카나페가 내 중변연계 도파민 보상회로를 정말로 활성화시켰어!"와 같은 말로 친구들에게 깊은 인상을 남길 수 있다. 당신은 엄청난 인기를 얻게 될 것이다. 진심이다.

친절한 도파민 입문서

도파민은 보상과 직접적으로 관련된 몸속의 신경전달물질이다. 도파민은 기분이 좋거나 행복감을 느낄 때 몸에서 생성되는 물질이다. 도파민은 다양한 위치에서 합성되며, 그중 한 곳은 중변연계 경로와 중피질 경로다. 즉, 우리의 변연계와 피질에 영향을 미치는 도파민이다.

인간의 행동에서 도파민이 하는 역할 그리고 도파민과 상호 연결된 다양한 계통의 관계는 다양한 행동의 초석이 된다. 다시 말해, 도파민은 인간의 행동을 형성하는 데 근본적인 역할을 하며, 이러한 도파민의 역할은 상호 연결된 여러 계통의 상호작용과 밀접하게 연관되어 있다. 도파민 생성과 학습에 관련된 몇 가지 사항이 있으며, 이를 이해하면 뒤에 나오는 내용을 이해하는 데 도움이 된다.

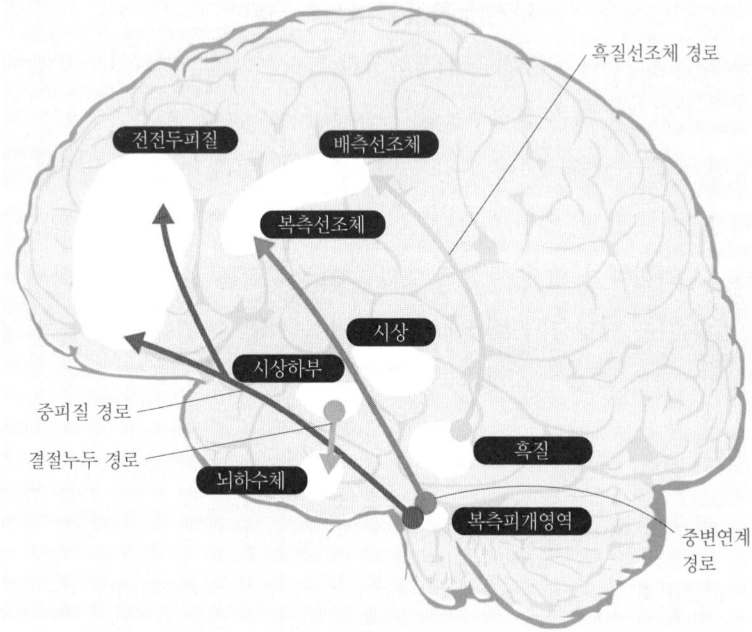

도파민 경로*

1. 도파민은 즐거운 자극에 대한 몸의 진화된 반응이다.

고대 인류는 사바나를 돌아다니다가 덤불에서 즙이 많고 탐스럽게 익은 맛있는 열매를 발견할 때 도파민이 분비되었다. 열매의 달콤하고 속이 가득 찬 자양분에 대한 기대가 치솟으면서 도파민은 급증했다. 시간이 지남에 따라 이러한 도파민 분비는 진화적 측면에서 꽤 유리한 것이다. 영양이 풍부한 음식과 즐거운 몸 상태를 연결하는 것은 생존에 유익한 전략이다.

2. 도파민은 기분이 좋다.

몸에서 도파민이 방출되면 기분이 좋아진다. 도파민은 사람에게 쾌적하고 짜릿한 느낌이나 행복감을 느끼게 한다. 도파민을 분비하는 활동으로는 섹스, 운동, 긍정적인 사회적 상호작용, 좋은 음식, 심지어 관대함을 베푸는 행위가 있다. 하지만 도파민은 약물을 사용하고 칼로리가 높고 당분이 많은 음식을 먹으며, 심지어 누군가를 응징할 때도 생성된다.

3. 도파민은 많을수록 더 많이 필요하게 된다.

인간은 도파민에 관해서는 절대 만족을 모른다. 몸은 도파민을 항상 더, 더, 더, 더 많이 갈망한다. 게다가, 시간이 지남에 따라 몸은 점점 더 많은 양의 도파민을 요구할 가능성이 높다. 이는 마약 흡입을 처음하는 사람이 시간이 지나면서 마약을 과다 흡입하게 되는 이유다. 이들은 점점 더 많은 도파민이 방출되기를 원하기 때문에 점점 더 많은 헤로인을 투약하게 된다.

4. 도파민계는 무뎌질 수 있다.

헤로인을 과도하게 투약하여 도파민 보상회로를 파괴하는 헤로인 중독자처럼, 다른 자극은 도파민 생성의 흥분성을 무디게 하거나 감소시킬 수 있다.

5. 도파민은 예기적 상태 동안 생성된다.

앞에서 봤던 저녁 식사 테이블에서 있었던 재치 있는 말은 근본적으로 흥미로운 것이며 잠재적으로 우리가 학습하는 방법과 관련이 있다.

***도파민 경로 용어**

중변연계 경로mesolimbic pathway, 중피질 경로mesocortical pathway, 흑질선조체 경로nigrostriatal pathway, 결절누두 경로tuberoinfundibular pathway, 배측선조체dorsal striatum, 전전두피질prefrontal cortex, 시상thalamus, 시상하부hypothalamus, 흑질substantia nigra, 복측피개영역ventral tegmental area, 뇌하수체pituitary gland

학습은 도박이다

이상적으로, 학교는 도파민 보상회로를 활용하여 학생들이 뛰어난 성과를 내도록 도와줄 수 있다. 예를 들어, 시험에서 'A'를 받으면 갑자기 도파민이 방출된다! 도파민은 뇌에서 방출되고, 그 학생은 행복감을 느끼면서 이 좋은 느낌과 높은 시험 점수를 관련짓는다. 짜잔, 이런 학생은 우등생이 된다. 그리고 좋은 성적을 받는 학생이 많은 도파민을 원하기 때문일 수 있지만, 도파민이 몸 및 행동과 상호작용하는 방식은 간단한 보상회로보다 좀 더 미묘하고 복잡하며, 인간 행동을 이해하는 데 중요한 의미를 지닌다.

이것의 작동 방식은 다음과 같다. 나는 반려견을 운동시키기 위해 밖으로 데리고 나간다. 나는 테니스공을 던져서 반려견이 다시 물고 오게 한다. 이 반려견은 변덕스럽고 엉뚱하며 장난기가 넘치는 골든 리트리버이기 때문에, 때때로 공을 물러 뛰어가다가도 게임을 바꾸어 공을 가져오지 않고 그냥 그곳에 내버려 두고는 꼬리를 흔들며 이리저리 뛰어다니고, 즐거운 줄다리기 없이는 공을 내줄 의지가 없어 보인다. 하지만 나는 디스커버리 채널Discovery Channel에서 유명한 반려견 행동 전문가인 세자르 밀란Cesar Millan; 1969~의 방송을 수년간 시청하면서 전전두피질을 연마한 사람이기 때문에, 내 반려견이 공을 다시 물어와서 내 발 앞에 떨어뜨리면 보상으로 간식을 준다. 이때 반려견의 도파민이 방출되는 효과가 나타난다.

여기에는 흥미로운 점이 있다. 도파민 생성은 해당 과제 동안 시작된다. 즉, 우리가 밖으로 나가서 반려견이 내 손에 있는 테니스공을 볼 때부터 시작된다. "야, 옳지, 에릭은 나랑 놀아주고 간식도 줄 거야!" 라고 내 반려견은 생각한다. 그런 다음 나는 공을 휙 던진다. 도파민 생성이 가장 왕성해지는 시기가 바로 이 시기쯤이다. 이를 예상적 시기anticipatory period라고 한다. 뭐랄까, 나는 아직 보상을 제공하지 않았다. 반려견과 주인이 함께 즐기는 가볍고 재미있는 신체 활동인 이 공던지기 놀이 시점에 반려견은 보상이 제공될 것임을 학습했다. 반려견이 내가 간식으로 준 비스킷을 실제로 씹어 먹을 때쯤이면 도파민 생산량이 이전보다 훨씬 더 낮아져 있다. 도파민 작용성 수준에서 보상에 대한 기대만큼 만족감을 주는 보상은 없다.

하지만 내 발밑에 공을 떨어뜨렸을 때 가끔씩만 보상하기로 하면 반려견의 반응은 더 강렬해진다. 이 불확실성 또는 애매함은 반려견에게 도파민 생성을 더욱 증가시킨다. 내 반려견이 비슷한 상황에서 보상에 대한 기억과 균형을 맞추어 보상을 받을지 확실하지 않다는 사실은 반려견에게 그 행동을 하도록 유발한다. 즉, 이러한 불확실성과 과거의 긍정적인 연관성의 조합이 반려견의 행동에 영향을 미친다는 것이다.

도파민 생성은 학습과 직접적인 관련이 있다. 사람들은 무언가 좋은 일이 다가오고 있다는 것을 알지만 그것이 무엇인지 또는 언제인지 확신하지 못할 때 도파민이 가장 많이 분비된다. 인간은 일정 수준에서 모두 이 확률 게임을 하도록 우리의 생물학적·심리적 구성에 내재되어 있다. 이런 점에서 인간은 카지노까지는 아니라 하더라도 인생에서 도박꾼이다.

이러한 이해와 교육 관행을 일치시키기 위해, 학교는 학생들이 어떤 주제에 숙달하거나 개념을 이해할 때 실제로 도파민 생성을 통해 이 지식을 신체화하고 있다는 사실을 인정해야 한다. 학습은 신체적 효과를 갖는다. 즉, 학습은 신체적이다. 학교에서 학생들의 행동은 성적이나 위신, 우등생 명단에 오를 기회나 마세라티 자동차에 대한 열망과 같은 임의적인 목표에 따라서만 좌우되는 것은 아니다. 학생들에게 성가신 방정식을 풀도록 자극을 주고, 빽빽하게 할당된 읽을거리를 끝까지 읽어내는 동기를 제공하며, 실험실에 있는 학생들이 실험을 시도하도록 동기를 부여하는 것은 모두 바로 몸이다.

도파민과 관련해 마지막 한 가지가 더 있다. 학교들마다 학생들에게 더 흥미로운 교육기술(에듀테크) 경험을 제공하기 위해 경쟁함에 따라, 디지털 매체의 화려한 그래픽, 사운드, 인터랙티브 요소인 다양한 시각적·청각적으로 자극적인 특징은 학생들에게 자극에 익숙해지고 습관화되게 하는 역할을 할 뿐이다. 이는 학생들의 도파민 반응을 약화시키고, 몸이 학습을 준비하는 방식을 감소시킨다. 그렇다고 에듀테크가 도파민 반응을 억제하는 능력이 헤로인이나 코카인과 같다는 말은 아니다. 실제로 소셜 미디어 인터페이스와 점점 더 닮아가고 있는 많은 에듀테크는 도파민계에 관여하도록 의도적으로 설계되었다. 도파민은 행동을 강화하기 때문에 많은 디지털 플랫폼이 내가 반려견과 했던 것과 유사한 게임을 사용자와 하는 것은 당연하다. 적절한 예는, 인스타그램이 전략적으로 게시물에 '좋아요'를 보류했다가 갑자기 대대적으로 '좋아요'를 퍼붓는 것이다. 이렇게 하면 우리는 휴대폰을 계속 확인하면서 무작위 보상을 기대하게 된다. 에듀테크 프로그램에는 인스트럭처Instructure사가 개발한 온라인 시스템인 캔버스Canvas와 같은 학습 관리 시스템이 있다. 가장 기본적인 수준에서 캔버스는 인스타그램과 유사한 모델을 채택하고 있는데, 학생들은 지속적으로 휴대폰 앱을 들여다보면서 언제 과제 채점을 했는지 등을 확인한다. 교육기술 시스템(이 경우 캔버스)에서 컴퓨터 알고리즘을 사용하여 학생이 보는 콘텐츠와 콘텐츠를 보는 시기를 무작위로 지정할 필요는 없다. 콘텐츠 제공 순서와 시기를 결정하는 사람은 변덕스러운 교수다.

실용적이고 정신없이 바쁜 교육계에서 과제와 독서, 평가, 출석, 성적을 관리할 수 있는 소프트웨어 프로그램을 사용하는 것이 합리적이다. 그러나 이러한 시스템은 소셜 미디어 및 소비자 중심 사이트와 많은 기능을 공유한다(때에 따라 재정적으로 연계되기도 한다). 아마도 교사는 학생들이 화면에 빠져들도록 설계된 기술을 통해 학습에 참여하는 방식을 고려하고 싶을 것이다. 간단한 해결책은 얼굴을 맞대고 실제 피드백을 제공하는 것이다. 또 다른 방법은 채점 시간을 무작위로 정하지 않는 방식으로 예약하는 것이다. 물론 이 모든 작업에는 노력이 필요하다. 그러나 에듀테크의 목표가 화면 터치와 상호작용을 극대화하는 것이라면, 이는 숙고와 사색, 자기계발이 우선시되는 환경을 조성하려는 교사의 목표에 정면으로 거스르는 것이다.

완전히 도취된 뇌

자, 이제 시냅스 연결로 가보자! 학습은 우리의 뇌를 더 강하게 만든다. 하지만 어떻게 그런 일이 일어나며, '더 강하다'는 것은 정확히 무슨 뜻인가? 근육이 어떻게 커지는지는 일반적으로 잘 알려져 있다. 운동을 하는 사람은 근육 세포에 반복적인 스트레스와 부하를 가하는데, 이는 근육 세포가 평소보다 더 많이 분열해 더 많은 근육을 만들게 하는 자극이다. 이러한 근육 만들기는 다른 사람들이 그를 보았을 때 멋진 근육 때문에 심장을 두근거리게 하면서 수영복만 입은 채 해변을 달릴 수 있을 때까지 계속된다. 뇌도 비슷한 방식으로 강화되는가? 그 답은 '예'도 아니고 '아니오'도 아니다. 왜냐하면 뇌는 몸속의 다른 모든 것들처럼 세포로 구성되어 있긴 하지만 새로운 세포를 생성하는 것은 아니기 때문이다. 뇌는 강화되긴 하지만 심하게 강화되는 것은 아니고 또한 이상한 방식으로 강화된다.

이제 좀 헷갈린다. 이를 바로잡기 위해서는 뇌가 실제로 무엇으로 구성되어 있는지 정의할 필요가 있다. 즉, 뇌의 물리적 구성 요소를 이해하면 논의 중인 주제나 문제를 명확히 하는 데 도움이 될 것이다.

뇌는 세포(뉴런)로 이루어져 있다. 뇌에는 '아교세포glia cell'라고 불리는 세포도 있다. 아교세포는 계통을 지탱하는 역할을 한다. 아교세포는 중추신경계와 말초신경계에서 발견되는 비신경세포의 일종으로서, 신경계에서 전기 신호 전달을 담당하는 세포인 뉴런을 주로 지원하고 영양을 공급하는 것으로 생각된다.

학습과 가장 직접적으로 관련된 일을 하는 것은 뉴런이다. 뉴런이 어떻게 생겼는지 상상하려면 막대 모양으로 그린 사람 이미지를 떠올려 보라. 머리는 학생들이 고등학교 1학년 생물 시간에 배운 세포핵이 있는 뉴런의 세포체cell body다. 이제, 사람의 머리 전체에서 튀어나와 있는 비뚤어진 머리카락을 그려 보라. 이것들은 신경계 전체의 다른 세포로부터 정보를 받는 가는 실인 수상돌기dendrite다. 막대 모양 뉴런의 길쭉한 몸체는 축삭돌기axon다. 다리와 발 대신 나무뿌리처럼 보이는 것을 그리면 그것은 축삭말단axon terminal이다. 기본적으로, 뉴런은 J. R. R. 톨킨의 《반지의 제왕》의 판타지 세계에 등장하는 라스타파리안 엔트Rastafarian Ent라는 나무 모양의 생명체처럼 생겼다.

뇌는 정보를 학습할 때 뉴런들 사이의 시냅스 연결을 '강화'한다. 이 과정은 신경전달물질인 글루타민산염 수용체glutamate receptor와 수상돌기 안에 있는 특수 수용체가 관여하는 매우 복잡한 과정이다. 하지만 본질적으로 인간이 같은 것을 반복적으로 경험하게 되면 시냅스 연결은 더욱 긴밀하게 결합되고, 충분한 반복을 통해 개인은 해당 정보를 기억하게 된다. 이것이 바로 경험이 우리 뇌의 구조를 변화시키는 방법이다. 지구상의 모든 인간은 자신이 살아온 삶을 통해 설계된 모든 시냅스 연결을 보유하고 있다. 합기도 고수의 시냅스 연결은 오페라 가수의 시냅스 연결과 다르고, 오페라 가수의 뉴런은 철자 맞추기 대회 챔피언의 뉴런과는 다른 방식으로 결합한다.

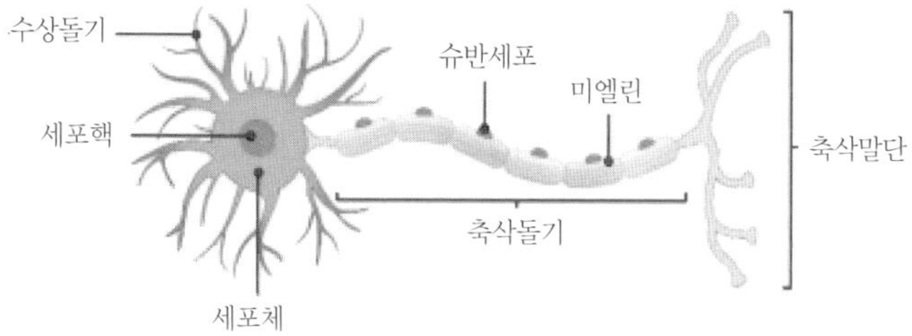

뉴런의 구조

지나치게 복잡한 세부 사항을 파고들면 독자가 혼란에 빠지거나 압도당할 수 있으니 최대한 간단히 설명할 것이다. 이러한 시냅스 연결은 장기강화long-term potentiation와 장기저하long-term depression라는 과정을 통해 정보가 보유될 때 기억으로 전환된다. 장기강화는 뇌가 기억을 저장하는 장소인 해마hippocampus에서 어떻게 더욱 긴밀한 시냅스 결합이 일어나는지를 묘사한다. 둘째인 장기저하는 해마에서도 발생하지만, 기술적인 세부 사항으로 들어가면 너무 복잡해서 수상돌기가 녹아내릴 수 있으므로 더 단순하게 설명해 보자. 장기저하는 불필요한 정보를 제거하는 방식으로 기억을 '가지치기'하는 역할을 한다. 인간은 기억에 필요하지 않은 것은 버린다. 예를 들어, 우리는 초등학교 3학년의 하루하루를 기억하지는 못하지만, 학교로 돌아가면 교실을 잘 찾을 수 있다. 즉, 필요하다면 교실 위치와 같은 필수 정보는 기억할 수 있다.

기억과 관련하여 학습이 어떻게 일어나는지에 대한 또 하나의 놀라운 점은 새로운 세포 형성이라는 신경생성neurogenesis이 해마에서만 일어나는 것은 아니라는 점이다. 이는 몸 전체에 걸쳐 일어난다. 그렇다. 학습과 기억의 기본적인 세포 구성인 이 전체 장기강화는 신체화된다.

이제 마지막 단계에 접어들었다. 뇌는 개인의 경험 때문에만 독특하게 연결되는 것은 아니다. 인간의 뇌는 또한 새로운 뉴런을 성장시킬 수도 있다. 그렇다. 인간은 더 크고 더 견고한 뇌를 성장시킬 수 있다. 앞서 언급했듯이 이러한 뉴런의 성장은 주로 기억을 담당하는 변연계의 부위인 해마에서 일어나며, 특히 같은 부류 내의 유사한 사물들을 구별하는 데 도움이 된다. 예를 들어, 오믈렛과 프리타타의 차이점은 무엇인가? 둘 다 달걀 요리지만, 오믈렛은 달걀을 속 재료 위로 펼치거나 펼쳐 반쯤 접거나 말아서 만들고 프리타타는 모든 속 재료가 달걀과 함께 섞여 있다는 점에서 특징적인 차이가 있다. 이해가 가는가? 만약 그 정보를 읽는 사람이 이전에는 그 차이를 몰랐다면, 이제는 그 차이를 알게 되었다. 그들의 해마가 더 커진 것이다.

처음 질문으로 돌아가 보자. 만약 학습이 신체화된다면, 물리적이고 가시적인 과정은 어떤 모습일까? 한 개인이 경험한 학습을 테이블 위에 털썩 내려놓는다면, 도파민, 잘 결합된 시냅스, 해마에서 나온 뉴런이 있을 것이다. 물론 여기에는 원자와 분자 단위로 이루어진 아주 작은 양의 물질이 싸여 있겠지만 그렇다고 해서 그 중요성이 줄어든 것은 아니다.

학습은 가상의 무형 물질인 에테르 속에서 떠다니며 분리되고 탈신체화된 것이 아니다. 학습은 우리 몸 안에 있다.

5

우리 머릿속의 디폴트 모드 네트워크

> 일상에서 우리의 머릿속은 여러 가지 생각에 사로잡혀 있다. 우리는 과거에 대한 후회와 미래에 대한 두려움에 사로잡히기도 한다. 우리는 계획, 분노, 불안 속에서 길을 잃는다. 즉, 미래에 대한 계획에 몰두하거나, 과거 또는 현재의 상황에 대해 분노를 느끼거나, 다가올 일에 대해 불안감을 느낄 수 있다. 이러한 생각은 현재 순간에 온전히 집중하는 데 방해가 될 수 있다. 그런 순간은 진정으로 우리 자신을 위해 여기에 있을 수 없다. 우리의 마음이 이러한 다양한 생각과 감정에 사로잡히면 현재의 순간에 우리 자신이나 주변 환경에 온전히 몰입할 수 없다. 즉, 우리는 사실 삶 자체에 온전히 참여하지 못하고 현재의 풍요로움과 경험을 놓칠 수 있다.
>
> —틱낫한Thich Nhat Hanh, 《당신은 여기 있다》You Are Here[01]

그것은 한 학생이 하루를 시작하면서 샤워를 하는 등 이른 시간에 시작된다. 어쩌면 그 전부터 잠에서 깨어나면서부터 바로 시작될 수도 있다. 여기서 말하는 '그것'이란 머릿속에서 들려오는 목소리를 말한다. 그것은 잔소리, 말도 안 되는 소리, 징징거림이고, 어쩌면 히스테리 같기도 하고, 자신이 부족한 사람이라고 귀에다 대고 속삭이는 것

같기도 하다. 그 목소리는 '당신은 가치가 없어요You're not worthy'라고 우기는데, 이 말은 웨인과 가스Wayne and Garth가 We're not worthy(저희 불초소생은 영광입니다)라고 말할 때처럼 익살맞은 말이 아니다. 그것은 정말이지 혼란 그 자체다. 생각들은 불안정한 원을 그리며 거칠게 돌고, 노래 가사와 얽힌 일관성 없는 생각의 무작위 조각에 의해 방해받는다. "마룬 5, 도대체 내 머릿속에서 뭐 하는 거야?"라고 어린 학습자는 절망적으로 묻는다. 이 학생의 내적 혼란이 너무 압도적이어서 머릿속에서는 마룬 5라는 밴드에 나오는 가사의 엉뚱한 생각이 떠오른다.

학생이 시리얼을 입에 듬뿍 퍼 넣거나, 마침내 도로에 서서 버스를 기다리거나, 학교에 제시간에 도착하기 위해 거리를 헤집고 걸을 때, 그 목소리는 더욱 집요해진다. 마무리하지 못한 일들, 전날 밤 엄마에게 대들던 모습, 소셜 미디어에서 일어난 친구와의 말다툼은 머릿속 영화관에서 재생되고 있고, 했던 말들이 끊임없이 꼬리에 꼬리를 물고, 다른 시나리오를 상상하며, 올바른 말을 하기 위해 기억과 상황을 편집하고 있다. 승리나 휴전을 위한 성공적인 협상을 다시 상상하고 있다. 여러 생각들이 통제할 수 없는 속도로 학생의 두개골 주위를 맴돈다. 심장 박동수가 빨라진다. 땀이 땀구멍을 적신다. 주먹을 꽉 쥐고 있어서 그 압력으로 손가락 마디에 색이 없어질 정도로 하얗게 된다. 스트레스나 좌절감의 증후로 이를 억지로 아물고 있어서 이가 갈린다.

디폴트 모드 네트워크default mode network가 제어권을 장악했다.

디폴트 모드 네트워크는 뇌가 인지적으로 어떤 작업에 관여하지 않고 휴면 상태에 있을 때 활성화되는 신경 경로와 연결의 집합체다. 과학적으로 설명하자면, 디폴트 모드 네트워크는 내측 전전두피질medial prefrontal cortex, 후대상피질/설전부posterior cingulate cortex/precuneus, 각회angular gyrus(게다가 후두엽과 같은 다른 피질)를 연결하는 네트워크다. 이러한 뇌 부위들은 충동 조절과 감정 조절뿐만 아니라 환경(외부 세계)과 몸의 내면(내적 마음 상태) 사이의 주의력 균형을 맞추는 등 많은 기능을 한다. 이 부위들의 모든 활동은 도파민과 세로토닌 같은 신경전달물질에 의해 조절된다.

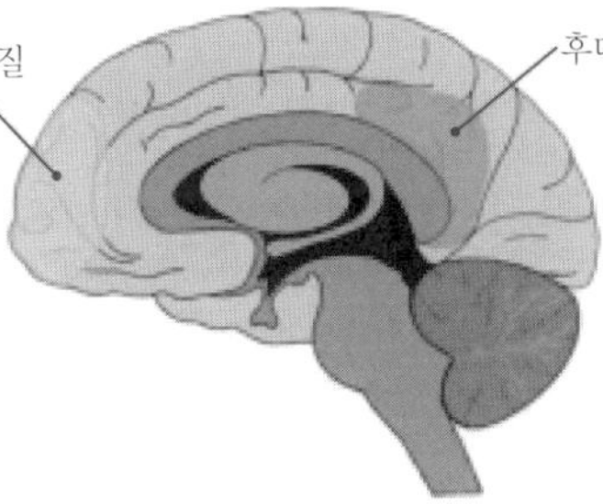

디폴트 모드 네트워크의 뇌 부위

다시 말해, 이 뇌 부위들은 몸이 의도적인 인지적 과제나 감각운동 과제에 집중하고 있지 않을 때 평하고 활성화되는 것으로 밝혀졌다. 일반적으로 많은 사람들에게 있어서 디폴트 모드 네트워크에 관여하는 상태는 스트레스를 줄 수 있다. 즉, 이는 약간 괴상한 것이다. 자기혐오, 불안, 그리고 여타 부정적인 사고 패턴이 나타날 수 있다. 이때 생각은 야생마처럼 이리저리 정신없이 질주한다. 때때로 이러한 생각들을 몰고 모아서 정리하는 데는 엄청난 노력이 필요하다.

게다가 앞서 설명한 집착과 주의산만은 신체에 실질적인 영향을 미친다. 뇌의 초점이 사라지고 디폴트 모드 네트워크가 작동하면, 스트레스는 신체적으로 나타나는 경우가 많다. 정신이 산만한 상태에 있을 때 떠오르는 생각은 문제해결이나 생산성에 도움이 되지 않는다. 사고 패턴은 뒤죽박죽이고 혼란스러워진다. 이는 침착하고 차분한 것처럼 보이는 사람들에게도 해당될 수 있다. 종종 이러한 외부 자세는 불안을 유발하는 디폴트 모드 네트워크의 효과를 감추기 위해 고안된 겉모습일 수 있다.

디폴트 모드 네트워크의 윤곽 그리기

그렇다면 디폴트 모드 네트워크는 정확히 무엇을 의미하며, 디폴트 모드 네트워크에 의해 부정적인 영향을 받는 사람의 일상생활에서 어떻게 나타나는가? 머릿속에 있는 디폴트 모드 네트워크는 무엇이고, 어떻게 뇌에 존재하게 되었는가? 디폴트 모드 네트워크는 사고가 환경을 향해 바깥쪽으로 향하기보다는 안쪽으로 향할 때 활성화되는 뇌 부위로 구성된다. 예를 들어, 고등학교 1학년 학생이 수학여행에서 산을 오르기 위해 바위 능선을 조심스럽게 오르고 있다면, 그 학생의 디폴트 모드 네트워크는 꽤 조용하고 거의 활성화되지 않을 것이다. 물살이 빠르고 격렬한 급류에서 카약을 타거나, 요가 수업에서 태양 경배자세를 익히는 중이거나, 농구 경기 중에 패스를 받거나 슛을 쏘기 위해 바스켓 가까이 있거나, 미술 시간에 줄무늬 단풍나무로 만든 나무 블록에 복잡하고 매력적인 디자인을 조각하고 있거나 물레를 사용하여 점토 화분을 만들고 있을 때에도 활성화되지 않는다.

그러나 직접적인 인지적 주의를 기울일 일이 별로 없고 뇌가 '느슨하게 풀어져서' 자유롭게 돌아다닐 때처럼, 마음속으로 무언가를 생각하고 있듯이 생각이 안쪽으로 향할 때는 디폴트 모드 네트워크에 불이 켜진다('불이 켜진다light up'는 것은 디폴트 모드 네트워크와 관련된 뇌 부위가 혈중 산소 농도에 따른 신호 변동의 증거를 보인다는 뜻으로, 신경영상학에서는 이를 흔히 BOLDblood-oxygen level-dependent; 혈류 산소 수준라고 부른다). 연구자들은 디폴트 모드 네트워크와 관련된 뇌 부위가 활성화되면 사람들이 미래 계획형 사고에 관여할 수 있다고 생각한다. 이는 마음이론theory-of-mind* 유형의 사고를 말한다. 예를 들어, 동료와의 예상되는 논쟁에 정신적으로 대비하는 것, 승리를 보장하기 위해 수사적 전략을 고안하는 것, 과거를 회상하거나 도덕적 딜레마에 대한 자기 지향적인 생각에 집중하는 것 등이 이에 해당한다.

***마음이론**

마음이론은 신념, 의도, 욕구, 감정 등의 정신 상태를 자신과 타인에게 귀속시키고, 타인이 자신과 다른 관점, 신념, 감정을 가질 수 있다는 것을 이해하는 능력을 말한다. 이는 개인의 정신 상태에 대한 이해를 바탕으로 타인의 행동을 해석하고 예측할 수 있게 해주는 중요한 인지 기술이다.

함께 불안해하자!

대학상담센터장협의회Association for University and College Counseling Center Directors에서 실시한 설문조사에 따르면, 41.6%의 학생들은 가장 심각한 정신건강 문제로 불안감을 꼽았다. 불안 치료 사업은 호황을 누리고 있다. 공황 및 불안 장애에 단연코 가장 많이 처방되는 의약품인 자낙스Xanax의 제조업체인 화이자Pfizer는 2017년에 500억 달러가 넘는 매출을 기록했다.[02] 그렇다, 500억 달러다. 사실 많은 사람들이 이러한 치료제의 도움을 받았지만, 오피오이드 전염opioid epidemic(미국에서 마약성 진통제의 처방과 중독, 과다 복용이 증가한 현상)과 너무도 유사한 한 시나리오에서, 자낙스는 전 세계 일부 젊은이들이 선택하는 약물로 빠르게 발전했으며, 심지어 릴젠Lil Xan(미국의 래퍼. 신경안정제의 일종인 자낙스Xanax에서 이름을 따왔다)과 같은 팝 영웅으로 가득 찬 음악 하위문화를 낳았다.

만성 불안은 심각한 장애가 될 수 있다. 교사와의 인터뷰 형식의 현장 경험 일화뿐만 아니라 《고등교육 연대기》Chronicle of Higher Education 등의 출판물에 실린 에세이도 이 데이터를 뒷받침한다.[03] 솔직히 많은 학생들은 새로운 수업을 듣는 것에 대한 가벼운 스트레스에서부터 정신이 쇠약해지는 공황에 이르기까지 다양한 형태의 불안에 시달리고 있다. 학생들이 온갖 종류의 정신건강 문제로 고통받지만, 불안은 가장 널리 퍼져 있거나 두드러진 것으로 나타난다는 의미에서 확실한 승자다.

스트레스 지수가 너무 높아서 에세이를 다시 써야 한다며 눈물을 흘리고, 재정 지원을 문의하는 간단한 전화 한 통도 걸지 못하며, 정기적으로 적절한 수면을 취하지 못하고, 식사를 거르고 수업을 빼먹는 학생을 바라보는 것은 가슴 아픈 일이다. 이는 모두 학생의 뇌가 스트레스로 인해 지나치게 활동적이고 잠재적으로 해로운 방식으로 기능하고 있기 때문이다. 어떤 학생들은 더 심해져 자해하거나 약물과 알코올에 의존하는 경우도 있다. 또 다른 학생들은 너덜너덜해지고 결국은 산산조각이 나서 거의 기능을 못하는 것처럼 보이기도 한다. 물론 모두가 그런 것은 아니지만, 많은 교사와 교육자의 삶에서 이런 일은 일상적인 일이 되어버렸다.

불안은 스트레스와는 다르다. 스트레스 스펙트럼의 양쪽 끝에 있는 경미한 환경적 스트레스 요인과 극심한 환경적 스트레스 요인은 인간이 대처하도록 진화해 온 방식에 비추어 볼 때 큰 문제가 되지 않는다. 인간을 포함한 영장류는 큰 회색곰 한 마리가 갑자기 시야에 나타나서 급히 도망쳐야 하는 상황에 매우 능숙하게 대처하도록 진화했다. 서열이 낮은 개코원숭가 제일 힘센 수컷에게 폭행을 당하거나, 한 학생이 대학 배구팀 주장이 겪는 사회적 시련을 받으면서도 반항적인 반 친구에게 수학 시험 준비를 도와주는 등 대인관계와 이와 관련된 모든 스트레스 요인은 매우 일반적인 일이다. 환경적 스트레스 요인은 또한 배고픔, 추위, 육체적 노력과 같이 본래 신체적인 것으로 보일 수 있다. 인간은 이러한 종류의 압력을 처리하는 데 매우 잘 적응되어 있다.

하지만 불안은 이런 유형의 스트레스와는 다르다. 불안과 스트레스는 어떤 경우에는 서로 관련이 있지만 몇 가지 뚜렷한 차이점이 있다. 큰 회색곰의 추격은 스트레스를 준다. 몸의 투쟁 또는 도피 반응이 시작되고, 몇 분 동안(탈출이나 더 끔찍한 대안이 나올 때까지) 심장이 뛰고, 정신이 멍해지고, 폐가 들썩이고, 아드레날린이 분비되어 근육의 반응성과 행동 준비성을 높이는 등 모든 것은 극도의 흥분 상태에 있다. 불안 장애는 큰 회색곰이 없지만 그런 것이 있을지도 모른다고 끊임없이 생각할 때 발생한다. 불안 장애는 부정적이고 주기적인 생각이 소용돌이치면서 세상과 그 메시지를 올바르게 해석하고 인식하는 능력이 저하되는 인지 기반의 만성 질환이다.

문제는 큰 회색곰에 대해 지속적으로 생각하면(또는 대인관계나 시험 때문에 스트레스받거나 지망 대학의 입학사정관에게 어떻게 인식될지를 두고 만성적으로 걱정하면), 몸의 스트레스 반응이 촉발된다는 것이다. 장기적인 불안이 지속되면, 인지적·감정적 부담 때문만이 아니라 지속적인 스트레스 상태가 몸의 계통에 큰 혼란을 일으키기 때문에도 몸은 쇠약해진다. 몇 가지만 언급하자면 고혈압, 소화기 문제, 비만, 천식, 조기 노화, 수면 장애 등이 발생할 수 있다.

디폴트 모드 네트워크를 어느 정도 통제하지 못하면 불안이 발생할 수 있다. 미국 전역의 많은 학생들처럼, 청소년이 인지적으로나 육체적으로 몰입하지 않는 순간에 생각이 부정적이고 자기 비하적인 비판으로 향한다면, 디폴트 모드 네트워크가 자유롭게 작동하도록 내버려두는 것은 만성 불안으로 발전할 수 있다.

#충동성

청소년과 어린이는 선천적으로 충동적인 존재다. "너는 왜 그랬지?" "너는 무슨 생각으로 그랬지?" 대부분 교사는 학생들이 생각지도 못한 행동을 한 후 이와 비슷한 질문을 해 본 적이 있을 것이다. 그러나 충동성은 복잡한 현상이다. 초등학교 3학년 학생은 충동적으로 친절할 수도 있고 충동적으로 생각 없이 행동할 수도 있다는 점을 기억하는 것이 중요하다. 사실, 진화론적 시간대에서, 충동적인 결정이 유익한 시나리오로 이어질 수 있기 때문에 약간의 충동성은 좋은 것일 수 있다. 한 어린 인류의 조상은 과감한 모험을 감행하여 자기 가족 무리를 버리고, 새로운 무리를 발견하여 그곳에서 짝을 찾는다. 마찬가지로, 한 중학교 1학년 학생은 밴드 대신 합창을 하기로 충동적으로 결정하고 결국 제2의 아델Adele*이 된다.

충동성은 정상적인 행동의 일부다. 즉, 충동성은 어린아이들에게 흔하며 정상적인 발달의 한 측면으로 간주된다. 하지만 발달적으로 인간은 충동성이 약물과 알코올 남용, 위험한 성행위, 심지어 범죄와 같은 심각한 행동 문제로 변질되기 전에 자제력을 키우고 '충동성에서 벗어나야 한다'. 넷플릭스를 몰아서 보거나 친구와 문자를 주고받으면서 닐라 웨이퍼Nilla Wafers 한 통을 게걸스럽게 먹는 것과 충동적으로 은행을 터는 것은 완전히 다른 행동이지만, 두 행동 모두 충동적이며 행동학적 관점뿐만 아니라 신경학적 관점을 통해 바라볼 수 있다.

여러 연구자는 디폴트 모드 네트워크와 충동적 행동 사이의 연관성을 규명했다. 바스크 인지, 뇌 및 언어 센터Basque Center for Cognition, Brain, and Language의 과학자들을 포함한 스페인 연구진은 자녀의 충동성을 측정하기 위해 설계된 부모 설문지를 사용한 다음 같은 아이들에게 자기공명영상MRI 스캔을 실시했다. 이는 부모들이 아이들을 매우 충동적이라고 평가한다면, 이를 뒷받침하는 관련된 뇌 활동이 있을 것이라는 생각에서였다.[04] 실제로 그랬다.

충동성이 높은 아이들은 디폴트 모드 네트워크와 행동과 관련된 뇌 부위 사이에 연결성이 있는 것으로 나타났다. 간단히 말해, 아이들에게 충동적으로 무언가를 하게 만드는 뇌 부위는 전전두피질(일반적으로 우리 머릿속에서 실행 기능을 관장하는 것으로 생각되는 일종의 신경학적 에밀리 포스트Emily Post; 1872~1960**)과 연결되어 있지 않고, 오히려 내향적이고 자기 집착적이며 종종 혼란스러운 뇌 부위인 디폴트 모드 네트워크와 더 밀접한 관계를 보여주었다. 비록 유전, 양육, 사회적 단서(눈치)가 모두 충동성에 영향을 미치지만, 만약 한 학생이 야구장 뒤에서 담배를 피우기 위해 수업을 빼먹는 생각을 하고 있다면 이는 그의 내부 디폴트 모드 네트워크와의 관계와 관련이 있을 수 있다.

*아델
본명은 아델 로리 블루 앳킨스Adele Laurie Blue Adkins로서, 1988년생인 영국의 싱어송라이터 겸 가수, 프로듀서, 연주자다.

**에밀리 포스트
에밀리 포스트는 에티켓에 관한 저술로 유명한 미국 작가로서, 적절한 매너, 사회적 행동 및 에티켓에 대한 조언을 제공하는 책과 칼럼을 썼다.

디폴트 모드 네트워크와 주요우울장애 네트워크

브라이언Brian이라는 한 대학생은 전날 자살을 시도했다. 그의 친구 셀리나Selina는 사전에 그를 말릴 수 있었지만 결국 일이 벌어졌다. 다음 날, 브라이언은 셀리나에게 괜찮으며 다시는 그런 일이 없을 거라고 약속했지만 결국은 기숙사 화장실에서 파이프에 목을 맸다. 그는 내가 근무하는 학교의 1학년 학생이었다.

나는 브라이언을 개인적으로 알지 못했지만, 내 학생들 중 몇몇은 그와 개인적인 친분이 있었다. 이 학생들은 다음날 나에게 찾아와서 일어난 일에 관한 이야기를 단편적으로 들려주었다. 나는 브라이언의 시신을 발견했을 때 셀리나로부터 걸려온 절망적이고 히스테리적인 전화, 도움을 받을 수 없다는 브라이언의 절망감, 자살의 발판을 마련하기 위해 서서히 고립된 상황으로 몰고 간 정황 등의 이야기를 조금씩 들을 수 있었다. 많은 중증 우울증 환자들이 그렇듯이, 브라이언도 실제 행동에 이르기 훨씬 전에 이미 자살을 결정했을 것이다. 우리가 알기로 브라이언은 이미 자살을 한 번 시도한 적이 있었다.

캠퍼스 커뮤니티는 충격을 받았다. 당연히 다양한 관점에서 폭넓은 토론과 대화가 폭발적으로 이어졌다. 사람들마다 그 상황에 대해 다양한 감정을 경험했다. 어떤 사람은 그 상황에 대해 혼란스러워했고, 일부는 그런 상황이나 정신건강 문제해결의 부적절함에 분노했으며, 또 어떤 사람은 자신의 취약성이나 안녕에 대한 우려를 반영한 두려움을 느꼈다. 나는 우리 학교 간행물의 지도교수였고, 브라이언과 친분이 있던 한 학생이 쓴 그의 죽음에 관한 내용이 담긴 에세이를 게재하도록 허용했다. 그러나 이런 나의 결정은 논란을 불러일으켰다. 일부 사람들은 그 에세이 내용이 무신경하고, 비슷한 문제로 어려움을 겪고 있는 다른 학생들에게 그 내용이 잠재적으로 해가 될 수 있다고 생각하여 분노했던 것이다. 에세이가 게시되고 논란이 이어지자 캠퍼스 커뮤니티 내에서 우려 사항을 해결하고 향후 유사한 상황에 대처하는 방법을 논의하기 위한 회의가 열렸고 또한 커뮤니티 구성원들 사이에서 비난이 오갔다. 그래서 우리는 그 글을 내렸다. 하지만 나는 심각한 우울증을 앓고 있는 학생을 효과적으로 돕기 위해 무엇을 해야 할까?라는 의문이 남았다.

대학들마다 대체로 정신건강을 둘러싼 오명을 해소하고 줄이기 위해 열심히 노력해왔다. 학생들이 정신건강 문제에 대해 편안하게 논의할 수 있는 환경을 조성하기 위한 공동의 노력을 대학들마다 기울였다. 하지만 우울증이 불안증에 이어 전국 대학 캠퍼스에서 둘째로 많이 발생하는 정신질환인 만큼, 그 원인, 증상, 치료법 등 우울증을 이해하는 것이 교육에서 중요한 문제라는 것은 분명하다.

우울증은 획일적이고 단일적 질환이 아니라 다양한 형태로 나타난다. 우울증은 트라우마에 대한 인지적 반응일 수도 있고, 유전될 수도 있고, 신경학적 기반이 있을 수도 있고, 환경적 요인에 의해 촉발될 수도 있고, 이 모든 요소나 몇몇 요소들이 복합적으로 작용할 수도 있다. 만성적이고 때때로 심신을 쇠약하게 만드는 우울증의 원인은 여러 가지가 있을 수 있지만, 연구자들이 밝혀낸 관련 요인 중 하나는 주요우울장애major depressive disorder와 디폴트 모드 네트워크 사이의 상관관계다. 그렇다. 디폴트 모드 네트워크가 다시 등장했다.

아마도 디폴트 모드 네트워크와 주요우울장애 사이의 관계를 다루는 것이 도움이 될 수도 있다. 그 핵심에서, 주요우울장애는 반추rumination와 떼려야 뗄 수 없는 관계에 있다. 반추란 말 그대로 낮은 자존감이나 절망감을 중심으로 반복적으로 부정적인 생각을 하는 것이다. 이러한 내적 초점은 자기 지시적이다. 즉, 주요우울장애로 고통받는 사람들은 자신의 감정을 끊임없이 분석하고 수치심이나 무가치함과 같은 부정적인 느낌에 해결의 희망 없이 머물러 있다. 이는 가령, 시리아 전쟁으로 인한 민간인 사망자 수에 대해 우울해하는 것과는 확연히 다르다. 이런 상황은 초점이 자기에게 향하지 않고 외부로 향하는 상황이다. 간단히 말해서, 사람들은 반추를 더 많이 할수록 우울증 증상을 더 많이 보인다.

여기에 디폴트 모드 네트워크가 등장한다. 앞서 설명한 바와 같이, 디폴트 모드 네트워크는 자기 지시적 계통으로서, 개인이 자신의 생각, 감정, 기억, 자아감을 깊이 생각하면서 주의를 내면으로 집중할 때 불이 켜지듯이 활성화된다. 반추가 우울증의 주요 성분이라는 점을 고려하면, 이는 디폴트 모드 네트워크와 주요우울장애 사이에 연관성이 있음을 시사한다.

이 특정한 수렁을 조사하기 전에 논의에서 한 발짝 물러서서, 왜 디폴트 모드 네트워크와 주요우울장애 사이에 이러한 상관관계가 있는지 설명하는 데 도움이 되는 기본적인 원칙을 마련하는 것이 타당할지도 모른다. 지난 수십 년 동안 신경과학이 이룩한 유용한 발전 중 하나는 우리의 뇌를 지도화mapping하고 뇌의 내재된 기능적 연결성intrinsic functional connectivity; IFC을 파악하는 능력이다. 기본적으로, IFC는 고립적으로 작동하는 뇌의 개별 덩어리가 아니라 하나의 체계로서 함께 작동하는 뇌의 여러 부위다. 게다가 연구자들이 fMRI를 사용하여 뇌의 어떤 부위가 다양한 자극, 활동, 심적 상태에 반응하는지 알아내는 시나리오가 있다. 이것은 연구자들이 뇌의 여러 부위와 그 부위들이 어떻게 서로 연결되는지를 보도록 해주는 앞서 언급한 BOLD 대조다. 이러한 계통은 약 일곱 개 정도인데, 디폴트 모드 네트워크는 그중 하나다. 간단히 말해서, 이러한 대규모 뇌 지도는 연구자들에게 우울증을 포함한 심리 상태를 신경학적 수준에서 조사할 수 있는 확실한 수단을 제공했다.

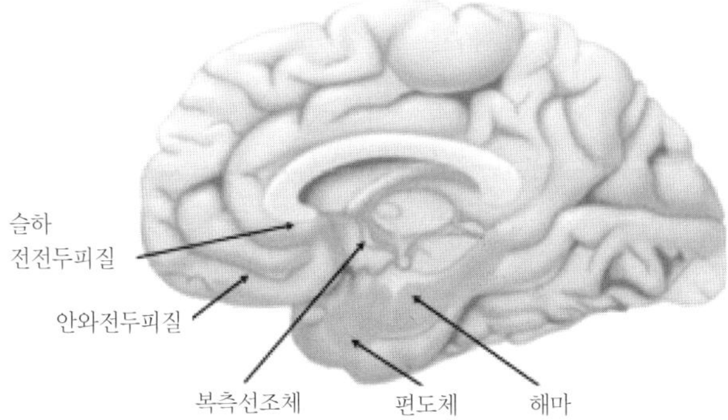

슬하 전전두피질과 기타 뇌 부위

출처: https://www.mdpi.com/1422-0067/22/17/9248

뇌연구소Laureate Institute for Brain Research의 연구에 따르면, 디폴트 모드 네트워크와 슬하 전전두피질subgenual prefrontal cortex 사이의 연결성이 증가하면 반추의 성향이 나타날 수 있다.[05] 이것이 중요한 것은, 디폴트 모드 네트워크와 슬하 전전두피질 사이의 연결성이 증가하면 이는 주요우울장애의 원인이 될 수 있기 때문이다.

슬하 전전두피질은 진화론적으로 말하면 뇌의 가장 최신 부위다. 이 부위는 또한 사회적 행동, 디즈니 월드 여행 계획, 그리고 개인들이 성격을 표현하는 방식 같은 '실행 기능'이라고 알려진 것의 상당 부분을 담당한다. 그 밖에 전전두피질이 어떤 기능을 관장하는지 추측해 보자. 동기부여와 최소한 일부 감정뿐만 아니라 심리학자들이 '위축 행동withdrawal behavior'이라고 부르는 것이 그런 기능이다. 위축 행동은 3시간의 평가 회의에 직면할 때 내가 하는 행동으로 가장 잘 묘사되는 질환이다. 위축 행동은 보통 낯선 사람들이나 상황, 심지어 불쾌한 사건에 대한 반응이고, 아이들에게서 자주 보인다. 그러나 이는 알코올 중독자, 전전두피질이 손상된 사람, 그리고 알다시피 사회적 상호작용을 피하려고 스스로를 고립시키는 경향이 있는 우울증 환자에게서 보이는 사회적 위축의 유형이기도 하다. 예를 들어, 우울증이 심한 학생에게는 수업에 들어갈 의욕이 전혀 생기지 않는다.

결정적인 시점이 다가오고 있다. 주요우울장애는 시간이 지나면서 부정적인 세계관을 축적할 수 있는 인간 뇌의 부위인 디폴트 모드 네트워크에 신경학적으로 연결된 것으로 보인다. 그러나 신경가소성이 실재한다는 사실을 기억하라. 물론, 뇌를 재구성하는 방법과 정도에는 한계가 있다.

주요우울장애를 앓고 있는 많은 사람들은 우울증으로 대표되는 절망감을 불러일으키는 어린 시절 트라우마 등의 요인을 가지고 있다. 하지만 뇌 네트워크가 행동에 영향을 미치는 것처럼 그 반대도 마찬가지다. 즉, **행동은 뇌 네트워크를 변화시킨다.** 우리가 하는 일, 즉 우리가 하는 경험, 우리의 삶을 사는 방법, 밖에 나가서 친구들과 어울릴지 아니면 방에 혼자 앉아 하루 종일 드라마 《더 오피스》를 몰아볼지는 우리 뇌의 지도 작성 방식에 직접적이고 무시할 수 없는 영향을 미친다. 우리 뇌 계통의 내재된 기능적 연결성[IFC]은 돌에 새겨지듯이 고정되거나 불변하는 것이 아니다. 그리고 우리의 머릿속에 있는 디폴트 모드 네트워크에 관한 한, 우울증의 작은 증상, 불안, 충동성과 싸우는 가장 좋은 방법은 조용히 앉아서 판단 없이 자신의 생각을 관찰하는 마음챙김이나 명상과 같은 활동에 의도적으로 참여하는 것이다.

교사는 디폴트 모드 네트워크가 학생의 행복에 영향을 미치는 방식의 현실을 적절히 다루기 위해서는 건강하지 않은 반추적 사고와 탈신체화 사이의 관계를 기본적으로 이해할 필요가 있다. 교사는 학생이 장시간 앉아있어야 하거나, 고립되어 있거나, 디폴트 모드 네트워크의 작동 방식과 유사할 수 있는 산만한 사고를 유발하는 과제를 부여받는지를 고려해야 한다. 이 모든 것은 우울증과 불안의 전조일 수 있다. 한가한 휴식 시간은 정신건강에 매우 유익하고 필요한 좋은 시간이다. 하지만 학생들에게 신체화된 평온함을 제공하지 않는다면, 한가한 휴식 시간은 실제로 부정적인 사고가 슬며시 들어오는 시점일 수 있다. 한가한 휴식 시간이 정말로 한가한 휴식 시간이 되려면, 즉 정신적 휴식의 시간이 스트레스가 아니라 편안함을 주는 시간이 되려면, 교사는 학생들이 반추의 부정적 측면을 완화할 수 있는 신체화된 마음챙김 연습을 개발할 수 있도록 도와야 한다. 요가도 좋고, 마음챙김 명상도 좋다. 춤과 숲이나 공원을 마음챙김의 일환으로 걷는 것도 좋다.

이렇게 해보라. 학생들에게 수업 내내 자신의 호흡에 주의를 기울이고, 숨을 들이마실 때는 '진정'하고 내쉴 때는 '집중'하라고 스스로에게 말하게 해보라. 학생들은 수업 토론이나 강의를 듣는 동안 또는 과제를 수행하는 동안 이렇게 하면 된다. 이러한 틈새 시간에 학생들은 단순히 호흡에 집중함으로써 자신의 몸을 능동적으로 사용할 수 있다. 연습을 통해 이런 유형의 마음챙김 호흡은 붐비는 식당이든, 자전거를 타고 등교하는 길이든, 복도를 지나 강의실로 가는 길이든 간에 어디서든 할 수 있다. 아마도 많은 사람들은 실제로 이렇게 하지 않을 것이다. 하지만 교사가 학생들의 불안을 맥락화하여 실험의 틀을 짜고 이러한 기법이 히피족의 우스갯소리가 아니라 실증적으로 검증된 유익한 활동이라는 증거를 제시한다면, 정말 도움이 필요한 학생들은 머릿속의 디폴트 모드 네트워크를 진정시키기 위해 노력할 것이다.

6

브루클린의 간달프

서양에서는 웰니스wellness*와 마음챙김의 개념을 수용하는 데 수십 년이 걸렸다. 아시아 문화, 특히 건강한 불교적 사고를 하는 문화권에서는 마음과 몸을 분리하는 것이 잘못된 이분법이라는 것을 아주 오래전부터 알고 있었다. 실제로 산스크리트어와 팔리어라는 인도어에서 유래된 나마루파namarupa, 명색(名色)라는 단어는 몸과 정신(또는 마음)을 결투하는 적수가 아니라 하나의 전체로서 결합된 것을 나타낸다. 불교 사상에서 나마루파는 끊임없이 유동하는 상태에 있고, 존재하는 유일한 '자아' 개념은 추상적 개념이 아니라 경험에 의존한다. 나마루파의 개념적 토대를 수용한다면, 몸 대 마음, 심리학 대 생리학, 건강 대 질병이라는 서양 의학의 이분법적 사고 방식에 의문이 제기된다.

하지만 지난 20년 동안 마음챙김의 개념은 다른 인기 있는 아이디어와 마찬가지로 특히 미국에서 상품화되었다. 건강식품 판매장은 이제 계산대 통로에 마음챙김 잡지를 진열해 놓고 있고, 스마트폰 앱 스토어에는 마음챙김 앱이 넘쳐나며, 상점과 아마존은 향초에서부터 명상 쿠션, 징에 이르기까지 다양한 제품을 팔아 엄청난 돈을 긁어모으고 있다. 마음챙김 철학에서 표명된 이러한 많은 제품은 잘 이해되지 않은 동양 철학을 서양에서 살짝 응용한 것이거나 점점 더 디지털화되고 정서적으로 단절된 엘리트층을 위한 상품화된 위약이다.

미국의 마케팅과 대기업이 대중에게 요가를 제대로 하려면 룰루레몬lululemon의 100달러짜리 레깅스가 필요하다고 강력하게 권유하고, 부유한 학교에서는 학생들에게 마음챙김 명상을 제공하지만, 사회경제적으로 소외된 지역사회의 학교에서는 '직업 훈련'에 중점을 두고 있다는 것은 염려스럽다. 빈곤층에게 일자리가 중요하다는 것에 이의를 제기할 사람은 아무도 없겠지만, 대부분의 부유한 백인 학생들은 웰니스 프로그램을 알고서 활용하는 반면에 소수민족과 빈곤층은 그렇지 못하다는 점은 여전히 좌절감을 낳게 한다. 마음챙김이 여러 면에서 학비가 비싼 사립학교와 교육계에서만 누릴 수 있는 또 다른 특권이 되어버린 셈이다.

그럼에도 불구하고 이 연구는 마음챙김 명상의 힘 그리고 마음챙김 명상과 인지 능력 및 건강의 관계뿐만 아니라, 치료와 상담에 대한 신체화된 접근법의 이점을 강력하게 뒷받침할 것이다. 그러므로 마음챙김과 그 중심에 있는 신체화된 수행은 학생들의 불안을 완화하고, 학업 성취도를 높이며, 숨 쉴 시간이 부족하고 성공과 경쟁에 대한 압박이 엄청나게 느껴지는 현대 학교에서 교사가 느끼는 스트레스를 일부 완화하는 방법이 될 수 있다.

웰빙에 관한 생각을 수용하려는 교육계의 움직임은 이제 막 시작되었고, 이는 미래를 위한 긍정적인 변화를 시사한다. 사실, 마음챙김 운동 내에서 사용되는 일반적인 용어 중 상당수는 실제로 실증적으로 테스트할 수 있는 신체성에 내포되어 있다. 예를 들어, '영적 건강'이라는 문구는 '내수용 자각interoceptive awareness'으로 대체될 수 있다. 후자는 실증적으로 테스트할 수 있고, 이를 뒷받침하는 탄탄한 과학적 연구가 있다. 힌두교에 내재된 '차크라chakras'라는 개념조차도 과학적으로 검증 가능한 자료 내에 상관 현상이 있다. 차크라, 즉 신체 에너지장이라는 개념은 밀교esoteric Buddhism와 힌두교에 깊이 내재되어 있다. 마음챙김의 수행자가 차크라의 개념을 받아들이든 그렇지 않든, 마음챙김 명상은 내수용감각 능력과 고유수용감각 능력에 긍정적인 영향을 미치는 것으로 나타났다.

이 절에서는 마음챙김 명상을 교육에 활용하여 학생의 인지 능력, 전반적인 건강 및 정서 상태를 개선하기 위해 할 수 있는 방법을 명시적으로 다룬다.

***웰니스**

웰빙well-being과 피트니스fitness를 결합한 말. 행복(웰빙)하고 건강(피트니스)한 삶을 뜻한.

노트 필기

존 카밧진Jon Kabat-Zinn; 1944~은 오늘날 마음챙김 커뮤니티에서 가장 저명한 인물 중 한 명이다. 수십 년 전, 카밧진은 매사추세츠대학교 의과대학University of Massachusetts Medical School에서 마음챙김 기반 스트레스 완화Mindfulness Based Stress Reduction; MBSR 클리닉을 시작하는 데 큰 역할을 했다. 이 프로그램은 마음챙김 명상을 사용하여 유매스 메모리얼 메디컬UMass Memorial Medical Center의 환자들이 만성 통증, 스트레스 및 질병을 대처할 수 있도록 돕는다. MBSR 프로그램은 그 이후로 전 세계로 확산되었고, 카밧진은 다작하는 작가이자 강연자로 활동하게 되었다. 《완전한 재난 생활》Full Catastrophe

Living(2013), 《당신이 어디를 가든지 당신은 거기에 있고》Wherever You Go, There You Are(2005), 《우리의 감각으로 오는 것》Coming to Our Senses(2005)과 같은 책은 정기적인 마음챙김 명상 수행의 가치에 관한 접근이 용이할 뿐만 아니라 실로 감탄하지 않을 수 없는 책이다.[01]

마음챙김 명상은 불교 수행법에 기반을 두고 있다. 명상은 내수용감각과 고유수용감각 모두와 깊은 관련이 있다. 왜냐하면 마음챙김을 수행하려면 내부적으로는 내수용감각 민감도의 배양을 통해 자기 몸을 인식해야 하고, 외부적으로는 마음챙김이 명상 중에 몸 위치를 인식할 때 가장 잘 이루어지기 때문에 고유수용감각을 통해 자기 몸을 예민하게 인식해야 하기 때문이다. 카밧진이 MBSR 클리닉을 통해 통증과 스트레스를 완화하는 데 이룬 성공은 MBSR 기법과 시행 이면의 과학에 대한 수십 년간의 학문적 관심을 통해 반복적으로 연구되고 검증되었다.

나는 버몬트대학University of Vermont의 아이라 앨런 채플Ira Allen Chapel에서 카밧진이 강연하는 것을 볼 기회가 있었다. 평범하게 장식된 넓은 공간인 아이라 앨런 채플에는 수백 명의 풋풋한 얼굴의 학부생과 다소 딱딱해 보이는 사회혁명가, 감정을 잘 드러내지 않는 교수 몇 명, 그리고 유기농 양털 풀오버와 파타고니아 오리털 재킷을 입은 많은 버몬트 엘리트들이 자리했다. 카밧진이 월요일 점심시간에 강연했던 것을 고려하면, 강연장에는 예상보다 많은 사람들이 모였다. 소개를 받고 강연을 시작하자 그는 브루클린의 식료품점 아저씨 같은 목소리로 마치 간달프 같은 멘토라는 인상을 주었다. 그는 재미있고 붙임성 있으며 꽤 직설적이다. 그는 마음챙김 CD에서 그리고 직접 만나서는 우리가 모두 일종의 마음챙김 명상 수행의 길을 찾으려고 할 때 직면해야 하는 '좌절'에 대해 솔직하게 이야기한다. 그는 호감이 가는 사람이다.

카밧진은 모인 청중들에게 마음챙김 명상의 여러 가지 수칙에 관해 이야기했다. 예를 들어, 애쓰지 않기, 인내, 수용 등 여러 가지가 있다. 나는 그가 말하는 동안 넋을 잃고 들으면서 열심히 노트 필기를 했다.

유감스럽게도, 카밧진은 우리를 명상으로 인도하겠다고 발언하고 난 후, 먼저 펜을 내려놓고 '노트 필기'를 그만두라고 말했다. 그는 "노트 필기를 하지 말고 주변 환경에 주목하세요"라고 말했다. 젠장, 나는 딱 걸렸다고 생각했다. 나는 수줍은 듯 노트와 펜을 옆에 내려놓고 주위를 둘러봤는데, 필기하는 사람은 아무도 없었다. 나는 맨 앞줄에 있었고, 그가 어디를 보고 있는지 정확히 알 수는 없었지만, 나를 염두에 두고 말했다는 것이 확실했다. 나는 항상 순간을 경험하는 데 그치지 않고 이 순간을 어떻게 하면 글쓰기와 교육에 활용할 수 있을까 하는 실용적 관점에서 경험을 기록하는 데 몰두하곤 한다.

하지만 그가 나를 지적하기 전에, 나는 몇 가지 흥미로운 아이디어를 빨리 적어 두었다. 그중 하나는 신체화된 인지를 간접적으로 다루는 것이었고, 다른 하나는 학습에서 몸의 역할에 대한 통찰력을 제공하는 것이었다.

카밧진은 강연에서 '무한한 산만함infinite distractibility'이 개념을 다루었다. 이는 21세기의 일상적인 혼란 속에 살아가는 사람들이 다음에 일어날 일이나 다른 곳에서 발생할 일에 너무 몰두한 나머지 자기에게 가장 가까운 곳에서 일어나는 일, 즉 자기 몸에서 일어나는 일조차 인식하지 못하는 경우가 많다는 것을 의미한다. 그는 우리에게 "여러분은 자신의 몸에 대해 알고 있기는 하나요?"라고 물었다.

물론 그 순간 내 대답이 '아니오'라는 것을 깨닫는 것은 다소 놀라웠다. 잠시 멈춰서 자신의 몸과 함께한다는 것은 꽤 놀랍고 명료한 경험이다. 이상하게도 회의나 수업 중에 특히 부적절한 순간에 배에서 꼬르륵 소리가 나서 창피한 순간이 떠오르곤 하는데, 그럴 때면 당황스럽다. 그런데 왜 그럴까? 나에게는 몸이 있다. 몸에는 내장이 있다. 이런 내장은 배고픔을 느낀다. 그것을 해결하라.

"우리가 '내 몸'이라고 말할 때, 말하는 대상은 누구일까요?"라고 카밧진이 물었다. 육체적 자아와 지적 자아 또는 인지적 자아 사이의 단절은 너무 만연해서 우리의 언어를 양분해 놓았다. 우리는 자아self와 우리 자신을 떼어놓는다. 이러한 의미에서 우리는 의식적 자아, 지각하는 자아, 생각하는 자아와 우리가 서식하는 우리의 몸, 느낌, 땀, 방귀를 떼어놓는다. 카밧진은 이러한 이중성과 그것이 우리 자신에 관한 생각에 영향을 미치는 방식, 사실은 우리의 몸이 항상 그곳에 있을 때에도 신체적 경험과 인지적 경험으로 경험을 구획하는 방식을 인식하라고 제안했다.

몸과 마음을 단절하는 이러한 경향은 교육 분야에서 특히 두드러진다. 재미있게도, 비록 그가 교육 기관에서 강연하고 있었음에도 불구하고(그리고 아마도 그 강연으로 강연비를 받는 것으로 생각되지만), 카밧진은 미국에서 일반적으로 교육에 접근하는 방식에 비판적이었다. 그는 교육을 '예방접종에 의한 교육'으로 분류하면서, 교육을 단순히 '주입'의 수단으로만 생각하는 것이 학교와 학습에 대한 잘못된 접근법이라고 말했다.

교육과 학습은 능동적이고 참여적인 상태이지 수동적이고 수용적인 상태가 아니다. 사람은 학습을 하지 않는다. 사람은 학습이다. 이는 학습이 단순한 활동이 아니라 존재의 상태라는 것을 암시한다. 내가 알기로, 이는 매우 신비롭게 들린다. 카밧진은 자신의 마음챙김 CD에서 우리가 '인간 행위human doing'라고 불러야 한다라고 농담 식으로 말한다.[02] 우리는 항상 현재에 머물기보다는 미래를 위해 준비하고 노력하고 미래를 향해 나아가고 있다. 현재에 주목하기보다는 항상 미래에 주목한다(당신 말이 맞는다는 것은 인정한다).

어떻게 하면 교육에서 이러한 주입식 접근 방식이 보다 근거가 있고 신체화되며 마음챙김이 있는 학습 방식으로 전환될 수 있을까? 이 질문에 답하는 한 가지 방법은 교육이 특히 학생들의 정체성을 어떻게 정의하는지 생각해 보는 것이다. 교육은 주로 변형적 모형이라기보다는 거래적 모형에 기반을 둔다. 학생들은 시험에서 좋은 점수를 받고, 설득력 있는 논문을 작성하며, 다양한 과제와 발표를 수행하는 등 무언가를 할 것으로 예상된다. 이 모든 것은 좋은 것들이다. 그러나 교육적 수사학에서는 학습을 받는 자아라기보다 학습을 직접 행하는 자아에 깃들도록 하는 것처럼 존재라는 개념에 대해서는 거의 이야기하지 않는다. 이것은 사소한 구분이지만 신체화된 학습 관점에서는 중요한 구분이다.

학교는 어린이와 청소년이 학생인 척하는 것이 아니라 진정으로 학생이 될 수 있는 환경을 만들어야 한다. 학습은 성적, 취업 전망, 학점 요건을 충족하기 위한 필요성 등 외부 요인에 의해 주도되는 것이 아니라, 배움에 대한 열망이 내재적이고 자연스러운 마음가짐이나 상태를 키우는 데 중점을 두어야 하듯이, 학습 자체를 위해 이루어져야 한다. 회계학 수업을 듣든 종교사 수업을 듣든, 그들 몸의 더듬이는 지식을 받을 준비가 되어 있다. 몸에 대한 인식은 경험에 대한 신체적 인식을 정교하게 조정했다. 몸의 감각은 환경을 해독하도록 독특하게 조율되어 있다.

학습은 수행이 아니라 존재의 상태다. 즉, 학습은 단순히 과제나 행동을 수행하는 것(수행)이 아니라 존재하거나 삶을 경험하는 방식(존재)이다. 마음챙김 교육에 관해 이야기하면 전통적으로 학구적인 성향이 강한 학자들이 눈살을 찌푸릴 수 있지만, 미국 전역의 캠퍼스에서 불안과 우울증이 전염병 수준으로 증가함에 따라 수천 년 동안 이어져 온 아시아 철학의 지혜를 무시하는 것은 잘못된 선택으로 보인다.

신체화된 트라우마

정신분석의 창시자이자 정신과 의사인 지그문트 프로이트Sigmund Freud; 1856~1939가 자신의 염소수염을 쓰다듬고 거의 모든 것이 억압된 성적 욕망이라고 단정한 이래로, 심리치료는 대체로 대화 치료와 동의어로 사용되었다. 대중문화에 등장하는 수많은 영화는 치료가 어떻게 진행되는지에 대한 이와 같은 광범위한 이해를 뒷받침한다. 환자는 의자에 앉아 있고(또는 《뉴요커》New Yorker 만화라면 소파에 앉아 있고), 치료사는 가까이 앉아 환자가 말하는 내용을 메모하거나 창밖을 응시하고 환자의 생각이나 행동을 관찰하는 등 보다 사색적인 활동에 참여한다. 여하튼 치료와 상담의 핵심 성분은 항상 환자가 자신의 문제와 어려움에 대해 치료사와 이야기를 나누고, 환자가 삶에서 직면하는 어려움과 장애물을 해결하고 극복하며, 건강하고 건설적인 방식으로 앞으로 나아가기 위한 전략과 계획을 구두로 논의하는 것이었다.

물론, 마음/몸 연결의 개념을 수용하는 다양한 치료 방식이 있다. 불안, 트라우마, 우울증 및 기타 정신건강 문제를 다루는 데 효과적인 것으로 밝혀진 이러한 치료법은 매우 광범위하고, 여기에는 기氣 치료와 같은 전통적인 진료도 포함된다. 트라우마를 해결하고 처리하기 위한 신체화된 접근법은 안구운동 둔감화 및 재처리eye movement desensitization and reprocessing; EMDR*로 알려져 있다.

EMDR은 1987년 미국의 심리학자 프랜신 샤피로Francine Shapiro; 1948~2019가 전통적인 인지행동치료cognitive behavioral therapy; CBT의 대안으로 개발한 것이다. CBT에서는 환자가 트라우마나 부정적인 경험을 언어화함으로써 이를 극복해 나간다. 즉, 다양한 대화 기반 수단을 통해 시간이 지남에 따라 기억이 행동에 미치는 영향을 이해하는 것을 발판으로 삼는다. 반면, EMDR은 환자가 스스로 보고한 성찰에 따라 그리고 CBT보다 짧은 기간의 다양한 연구를 통해 일부 환자들에게 효과적이었다.

EMDR의 작동 방식은 다음과 같다. 내담자는 자신이 경험한 트라우마와 관련된 불안한 기억의 특정 측면에 집중한다. 일단 환자가 스스로 기억에 몰입하면, 치료사는 '양측 자극bilateral stimulation'을 실시한다. 가장 기본적인 형태는 치료사가 내담자의 얼굴 앞에서 손가락을 앞뒤로 천천히 움직이는 것이다. 이때 내담자는 치료사의 손가락을 눈으로 따라간다. 헤드폰을 사용하여 왼쪽 귀와 오른쪽 귀에 번갈아 가며 소리를 전달하는 등 청각 신호를 통해서도 이러한 앞뒤 동작을 수행할 수 있다. 또는 내담자가 양손에 작은 물체를 들고 있고, 그 물체가 왼쪽, 오른쪽으로 가볍고 리드미컬하게 진동하는 촉각 자극을 사용할 수도 있다. 어떤 방법을 사용하든 목표는 같다. 즉, 신체적 트라우마와 심리적 트라우마의 위치를 찾기 위해 몸이 자극에 반응하도록 참여시키는 것이 그 목표다.

2001년 9월 11일의 테러 공격은 미국을 충격에 빠뜨렸다. 2001년 그

날 쌍둥이 빌딩에 비행기가 날아드는 장면은 텔레비전을 통해 본 많은 사람들의 기억에 새겨져 있지만, 그라운드 제로(뉴욕에서 2001년 9월 11일에 파괴된 세계 무역 센터가 있던 곳) 내부와 그 근처에 있던 사람들에게는 그보다 훨씬 더 큰 충격이었다. 그 테러를 직접 경험한 많은 사람들은 우울증과 불안감을 느꼈다. 가장 큰 피해를 본 사람은 비행기가 충돌했을 때 실제로 쌍둥이 빌딩 내부나 근처에 있었던 사람들이었다.

그 테러 이후 이러한 충격적인 사건으로 인해 자연스럽게 발생한 정신건강 문제를 치료하려는 노력이 광범위하게 이루어졌다. 테러 공격으로 인해 높은 수준의 외상 후 스트레스 장애post-traumatic stress disorder; PTSD 검사를 받은 65명을 치료하는 데 EMDR가 사용되었다. 《국제 스트레스 관리 저널》International Journal of Stress Management에 발표된 이 특정한 접근법의 효과에 관한 연구에 따르면, EMDR 치료를 받은 사람들의 PTSD 증상이 50%에서 61%로 감소한 것으로 나타났다.[03]

비록 EMDR의 근본적인 메커니즘 중 일부가 완전히 이해되지는 않았지만, 그 치료의 효과는 부인할 수 없는 것으로 보인다. 생화학적 상호작용에 대해서는 아직 논란의 여지가 있지만, 철저한 검증을 거친 다른 형태의 치료와 유사점이 있다. 내담자가 EMDR을 받는 세션에 앞서, 그는 더욱 전통적인 '대화' 요법을 사용하여 부정적 기억의 틀과 역사를 확립하는 여러 세션을 완료한다. 치료사가 다양한 형태의 마음챙김 명상을 통해 환자를 안내하는 것은 특이한 일이 아니다. 특히, 바디 스캔은 트라우마 기억에 반응하는 것으로 보이는 신체 부위를 찾기 위해 치료 과정의 여러 지점에서 사용된다.

교사는 많은 결과 보고서를 만들어야 하는 무거운 짐을 안고 있으며, 학생들이 경험한 트라우마를 해결하는 것은 점점 더 교사의 몫이

되고 있다. 트라우마를 겪고 있는 학생을 가르치는 것은 시시포스의 과업처럼 압도적이고 끝없는 도전처럼 느껴진다. 상식뿐만 아니라 다수의 연구는 극심한 심리적·신체적 압박 상태에서 학습하는 것이 불가능하지는 않더라도 빈혈을 일으킬 수 있다는 것을 강력하게 시사한다. 따라서 트라우마를 극복하기 위한 신체화된 접근법을 살펴보고 이를 교육과 연관시키는 것이 도움이 될 수 있다. 특히 고등교육뿐만 아니라 중등학교에서 불안, 우울 및 관련 질환이 폭발적으로 증가하고 있는 상황을 고려할 때 더욱 그러하다.

EMDR의 성공은 적어도 부분적으로 트라우마, 즉 부정적인 경험이 신체화되는 방식 때문일 가능성이 높다. 결국 EMDR은 트라우마에 대한 신체적 참여로서, 이는 순전히 인지적 경험이라기보다 감각운동적 경험이나. 이 치료의 창시자인 프랜신 샤피로는 2014년 논문에서 다음과 썼다.

> 신경학적 장애, 약물 남용 또는 뇌의 신체적 손상으로 인한 증상을 제외하고 정신질환의 주요 기초는 초기 삶의 경험에 대해 처리되지 않은 기억이다. 고통스러운 삶의 사건으로 인한 높은 수준의 각성은 원래의 감정, 신체적 감각 및 신념과 함께 기억에 저장되는 것으로 보인다.[04]

요컨대, 트라우마는 신체화되고 부호화된다. 우리는 트라우마 사건에 대한 기억을 저장할 때 신체적 상태도 저장한다. EMDR은 트라우마의 신체화된 본질을 목표로 한다. 지성에 관해서 말하자면, 트라우마와 정신건강 문제로 고통을 받는 많은 사람들은 무엇이 잘못되었는지 안다. 이들은 불안이나 우울증 에피소드를 유발한 사건을 식별할 수 있다. 그러나 지적으로나 추상적으로 그러한 것을 안다고 해서 반드시 트라우마의 근본적인 물리적 신체화를 해결하는 데 도움이 되는 것은 아니다. 알기 위해서는 먼저 마음챙김 명상을 하고 난 다음 일련의 EMDR 세션에 착수하는 신체화된 작업이 필요할 수 있다. 알기란 EMDR을 통해 과거의 트라우마를 이성적으로 처리하는 것이 아니라, 오히려 비구어적·비인지적·비언어적 과정을 통해 작용하는 것처럼 보인다.

심각한 삶의 트라우마를 가진 사람들만이 EMDR의 신체화된 접근법을 통해 혜택을 받을 수 있는 것은 아니다. 샤피로는 "일반적인 삶의 경험(가령, 관계 문제, 학업 또는 업무 문제)은 종종 트라우마보다 훨씬 더 많은 외상 후 스트레스 증상의 원인이 될 수 있다"라고 말한다.[05]

스트레스는 신체화된 현상이다. 즉, 스트레스는 인간의 섬유질과 계통에 내포되어 있다. 따라서 가장 일반적인 의미에서 마음챙김 명상과 공통적인 측면을 공유하는 EMDR은 스트레스와 관련된 많은 병리학적 질환에 사용될 수 있다.

아마 틀림없이 대학 캠퍼스는 정신건강 문제의 유행에 직면하고 있다. 전국의 상담사들은 점점 더 많은 학생이 스트레스 치료를 받고 있다고 보고한다. 상담 센터는 우울증, 불안, 약물 남용, 사회 갈등으로 힘들어하는 학생들로 넘쳐나고 있다. 이러한 학생들의 정신건강뿐만 아니라 샤피로가 말하는 '사회정서적 행동 문제와 인지적 결함'에 대한 연결고리를 살펴보는 것도 도움이 된다. 이러한 사회정서적 행동을 지지하는 바로 그 신체화된 구조가 스트레스와 트라우마에 의해 손상되면 학생들은 학습에 집중하지 못하고 긍정적인 관계를 제대로 유지하지도 못한다.

인간은 기억을 물리적인 방식으로 저장한다. 특정 냄새가 향수를 불러일으키는 순간이 가장 좋은 예다. 초등학교 바닥 왁스 냄새를 맡으면 3학년 때의 기억이 떠오르고, 2행정 엔진 배기가스 냄새를 맡으면 고등학교 때 여름에 조경 일을 하던 시절로 거슬러 올라간다. 트라우마도 마찬가지지만, 트라우마 기억이 결코 물리적으로 처리되지 않았기 때문에 환경 자극을 통해 해당하는 트라우마 기억이 촉발되면 그 사람은 과거의 트라우마를 마치 지금 일어나고 있는 것처럼 경험하게 된다. 현재에 대한 감각운동 지각은 처리되지 않은 트라우마와 스트레스로부터 영향을 받는다.

마음/몸 연속성의 개념을 뒷받침하는 매우 유익한 사실은 이런 연속성이 감정적 트라우마만이 아니라는 것이다. 만성 통증 환자도 잠재적으로 EMDR로부터 도움을 받을 수 있다. 샤피로는 만성 통증으로 고통받는 사람들이 "원래의 체성 지각으로 부호화된 처리되지 않은 기억unprocessed memory** 때문에 실제로 쇠약해질 수 있다"[06]라고 지적한다.

몸에는 과거의 고통이 담겨있다. 샤피로는 "처리되지 않은 기억에는 사건 당시 경험한 신체적 감각이 담겨있다"[07]라고 말한다. 이러한 개념이 트라우마, 처리되지 않은 기억, 사회정서적 성분, 느낌을 포함하는 감정적 과정이 행동을 지시하고 명령한다는 안토니오 디미지오의 '신체 표지 가설'과 직접적으로 일치한다는 것을 명심하라.[08] 그러므로 신체화된 트라우마의 바로 그 물리적 실재는 감정을 조직하고, 이는 다시 부분적으로 행동을 좌우한다. 이는 다음과 같이 보인다.

트라우마와 처리되지 않은 기억 > 감정과 느낌 > 행동 발달 과정 내내 트라우마나 부정적 자극에 노출된 학생들에게 쟁점은, 치료되지 않은 트라우마나 학대와 같은 불운한 취급에 대한 처리되지 않은 기억이 약물 남용, 비만, 심한 우울증, 불안 등 여러 가지 문제를 일으킨다는 연구결과가 있다는 것이다. 신체적 상관관계도 있다. 어린 시절에 트라우마를 경험한 사람은 심장, 폐, 간 질환을 앓을 가능성이 크고 특정 형태의 암에 취약하다.

교사는 무엇을 해야 할까? 어린 시절뿐만 아니라 대학 캠퍼스에서 자기 보고식 불안과 우울증의 비율이 증가하고, 많은 교사가 결손 가정과 트라우마 환경으로 인한 스트레스로 고통받는 아이들을 가르치고 있으므로 부담감을 느낄 수 있다. 어쨌든 교사는 이차방정식을 가르치거나 플라톤의 동굴 우화를 설명하도록 교육받지만, 치료사 자격을 갖춘 교사는 드물다. 하지만 지식은 교사가 점점 더 어려워지는 이 난관을 헤쳐나가는 데 도움이 될 수 있다. 재편성하자면 다음과 같다.

1. 트라우마와 나쁜 기억은 신체화된다.
2. 과거에 불운한 경험으로 고통받는 사람들에게 CBT가 효과적인 치료법이지만 EMDR도 마찬가지다.
3. EMDR은 마음챙김 명상과 동일한 일반 원칙에 따라 작동한다. 즉, 심령 상태를 재조정하는 과정은 몸을 재조정하는 것에서 시작된다.
4. 학생들이 감정적 트라우마로 인해 신체적으로 고통받는다는 것을 생각해 보는 것도 도움이 된다.

많은 교사들은 불안, 우울증, 자해의 징후를 고백하거나 그러한 증상이 보이는 학생들, 즉 걸어 다니는 부상자가 너무 많아서 압도당하는 느낌을 받았다고 말한다. EMDR은 학습에 대한 신체화된 접근법의 힘을 보여주는 한 가지 예다. 학습과 치유가 몸을 통해 일어난다는 것을 인식하는 것은 학생 경험의 신체화된 본질을 고려하는 교육 철학을 개발하는 데 있어서 필수적인 성분이다. 만약 학생들이 발달 중에 일어난 획기적인 사건을 경험하고, 세상에서 감각운동 경험을 통해 상처를 받는다면, 교사로서 신체화된 마음챙김 운동을 교실에 도입하는 것은 좋은 생각이다.

중간고사 시간은 오전 9시 30분이다. 학생들은 부은 얼굴로 하품을 하고 발을 질질 끌면서 교실로 들어온다. 내가 "다들 어때요?"라고 물으면, 열에 아홉은 "피곤하고 스트레스를 받아요"라는 대답을 한다. 그래서 나는 조명을 어둡게 하고 간단한 바디 스캔 명상으로 학생들을 안내한다. 숨을 들이마신 다음 발가락, 발, 발목, 종아리, 그리고 몸 전체에 집중한다. 숨을 내쉴 때마다 집중하고 있는 신체 부위의 긴장을 풀라고 요청한다. 학생들은 들숨에 '강하다'라는 단어를 스스로에게 말하며 거대한 참나무처럼 대지에 단단히 뿌리를 내린 자신을 상상하고, 날숨에 '평온하다'라는 단어를 스스로에게 말하며 어깨가 버터처럼 이완되고 녹는다고 상상하는 몇 차례의 호흡으로 끝을 맺는다. 몇 번 숨을 들이마시고 교실로 돌아오면 끝이다. 6, 7분 정도면 된다.

나는 수십 년의 명상 경력을 가진 선승은 아니다. 넷플릭스에서 《기묘한 이야기》를 몰아보면서 칩을 우거적우거적 씹고 버몬트 수제 맥주를 꿀꺽꿀꺽 마시는 선승은 많지 않을 것이다. 하지만 한 학기가 15주이므로 나는 각 학생 그룹과 총 40시간 가까이 시간을 같이 보내게 된다. 긴 시간이다. 나는 매일 학생들의 어려움에 직면한다. 학습의 신체화된 본질, 학습의 신체적 상관관계, 감각운동 지각이

'자아'감에 영향을 미치는 방식을 조금이라도 인정하려고 하지 않는다면, 나는 학생들에게 해를 끼치는 것이 된다.

학생들은 짧은 마음챙김 운동을 마친 후 다시 현실로 돌아온다. 8년간의 해군 복무를 마치고 대학에 복학한 스물여덟 살의 한 학생이 "손스트롬 교수님은 정기적으로 명상을 하세요?"라고 나에게 묻는다. 나는 선의의 거짓말을 할 수도 있다. 새벽 4시 30분에 일찍 일어나서 한 시간 동안 명상을 한 다음, 아들의 점심 도시락을 싸주면서 사랑스러운 분위기를 풍긴다고 말을 할 수 있다. 하지만 나는 거짓말을 하지 않는다.

"노력은 합니다. 하지만 대부분 실패하죠"라고 나는 말한다.

그는 낄낄 웃으면서 "노력한다고요?"라고 말한다.

나는 어깨를 으쓱한다. 그것이 당신이 할 수 있는 전부다.

***안구운동 둔감화 및 재처리EDMR**

EMDR은 주로 트라우마 기억과 관련된 고통을 완화하는 데 사용된다. 이 치료에는 치료사가 내담자가 고통스러운 이미지나 기억을 떠올리도록 안내하는 동시에 눈동자의 움직임을 지시하는 8단계의 구조화된 접근 방식이 포함된다. 이는 종종 진자를 따라가는 것처럼 내담자가 치료사의 손가락을 앞뒤로 움직이는 것을 추적하도록 하는 방식으로 이루어진다. EMDR의 이론에 따르면, 외상 경험이 뇌의 정보 처리 시스템에 고착되어 회상, 악몽, 불안과 같은 증상을 유발할 수 있다. 외상성 기억을 회상하는 동안 양방향 자극을 받으면 뇌가 감정적 강도를 줄이고 기억을 보다 적응적으로 통합할 수 있는 방식으로 정보를 재처리할 수 있다. EMDR은 많은 연구에서 외상 후 스트레스 장애 및 기타 트라우마 관련 증상을 완화하는 데 효과적인 것으로 밝혀졌다. 또한 불안, 우울증, 공포증 등 다양한 심리적 문제를 해결하는 데도 사용된다.

**처리되지 않은 기억

처리되지 않은 기억이란 개인의 장기기억에 적절하게 저장되거나 통합되지 않은 기억을 말한다. 이는 정보나 경험이 효과적으로 유지되고 회상되는 데 필요한 정상적인 부호화 및 통합 과정을 거치지 않았음을 의미한다. 처리되지 않은 기억은 제대로 정리되지 않았거나 다른 기억과 연결되지 않았기 때문에 덧없거나 단편적이거나 접근하기 어려울 수 있다. 심리학에서 처리되지 않은 기억은 사건 당시 충분한 주의를 기울이지 않았거나 정서적으로 중요하지 않은 경험과 관련이 있는 경우가 많다. 이러한 기억은 나중에 기억을 떠올리려고 할 때 잊혀지거나 간과되거나 검색하기 어려울 수 있다. 이 용어는 트라우마 및 외상 후 스트레스 장애의 맥락에서 자주 사용되며, 특정 고통스러운 기억이 처리되지 않은 채 남아 고통과 방해가 되는 증상을 계속 유발할 수 있다.

7

문학의 신체화된 인지

읽기라는 행위는 대단히 복잡하다. 특정한 문화적 렌즈를 통해 볼 때 읽기는 성실한 학습과 부지런한 학구열의 상징이지만 다른 틀에서는 급진적인 전복적 행위로 간주될 수도 있다. 교복을 입은 남학생이 고개를 숙여 책에 깊이 몰두하는 모습과 수면 부족 상태고 격렬한 감정으로 눈가가 빨갛게 충혈된 난폭한 급진주의자가 소련 치하의 자가 출판물로부터 자신의 혁명적 견해를 뒷받침하는 자료를 읽으면서 수집하는 모습은 대조된다.

읽기에 관한 지킬 앤 하이드Jekyll-and-Hyde의 이중성은 학교 도서관에서 가장 극명하게 드러난다. 책은 교과과정의 일부로 읽도록 지정되고 체계적으로 목록화되며, 때로는 논란의 여지가 있는 내용 때문에 금지되기도 한다. 읽기는 5, 6세 전후의 어린이가 리처드 스캐리Richard Scarry나 수스 박사Dr. Seus와 같은 작가가 쓴 책을 통해 몰입하고 발전해 나가듯이 교육의 근본적인 핵심이기도 하고, 푸코Foucault와 데리다Derrida의 밀도 높은 텍스트를 심도 있게 분석하며, 세계에서 가장 길고 존경받는 서사시 중 하나인 《마하바라타》의 심오하고 방대한 내용을 접하거나 탐구하고, 제임스 볼드윈James Baldwin의 에세이에 담긴 무수한 의미의 층위를 비판적으로 분석하고 성찰하는 학습자의 지적 삶의 정점이기도 하다.

역사적으로 독서는 상상할 수 있는 가장 고독하고 사적인 행위일 수 있고, 때로는 수백만 명이 공유하는 경험일 수도 있다. 어떤 사람들은 완전히 내적인 경험에 집중하려고 의도적으로 외부 환경과 단절하는 은둔의 행위로서 독서를 하지만, 또 어떤 사람들은 북클럽, 작가와의 만남을 통한 작가 낭독회, 그리고 대부분 학교를 통해 책을 풍부한 우정과 공유된 경험의 통로로 활용하기도 한다.

그러나 읽기에 대한 모순적인 다양한 관점에도 불구하고, 읽기가 수세기 동안 상상력(정신적 이미지를 창조하는 능력)과 지성(이해와 추론 능력)이 모두 관여하는 정신적 과정으로 정의되어 온 방식보다 더 통찰력이 있는 것은 없을 것이다. 즉, 읽기는 독자가 텍스트를 흡수하여 마음속에 무형의 그림을 만들어내는 영묘한 행위라는 것이다. 읽기는 페이지에 있는 단어와 독자의 마음 사이에서 일어나는 순전히 이성적이고 추상적인 거래다. 즉, 인지적 활동의 수증기다. '수증기'라는 말에서 인지적 활동인 읽기가 무형적이고 덧없는 특성을 가리키며 마음에 미묘하면서도 심오한 영향을 미칠 수 있다는 것을 알 수 있다. 그리고 이 글을 읽으면서 실제로 이렇게 느낄 수 있듯이, 읽기를 이러한 관점에서 볼 수 있지만, 읽기의 현실은 상당히 다르고 오히려 놀라울 정도로 정반대다.

읽기는 가장 신체화된 학습 경험이다.

GLIBLABBERFLUXAMATE

읽기는 신체화된다라는 이 심오한 현실이 함축하는 바와 이것이 교육에 의미하는 바를 이해하려면, 읽기를 서로 관련된 인지적 시나리오와 환경적 시나리오 안에 배치할 필요가 있다. 즉, 읽기는 단순한 정신적 과정이 아니라 신체 및 읽기가 일어나는 환경과도 연결되어 있다는 것이다. 첫째, 읽기는 경험의 결과다. 아이에게 '개'라는 단어를 읽도록 가르친다면, 아이가 '개'를 이해할 수 있는 '개의 성질'에 대한 경험이 있다는 것이 암시된다. 그런데 아이는 실제 개를 보지 못했을 수도 있지만, 동물, 애완동물, 그리고 다른 생명체가 있다는 것을 어느 정도 이해하므로 '개'라는 단어를 맥락 안에 배치할 수 있다.

예를 들어, 학생이 'milfoil(서양톱풀)'의 의미를 모르는 상태에서 'milfoil'의 철자를 읽고 외우라고 한다면, 그 단어는 본질적으로 무의미할 것이다. 지금부터 이틀 후에 'gliblabberfluxumate'라는 단어를 외우라고 하면 그 단어를 모르고 그 의미를 맥락에서 파악할 수 없기 때문에(그리고 실제로 그런 단어가 없기 때문에) 외우지 못할 가능성이 크다.

반면에, 'milfoil'이 호주에서 유래했지만 지금은 북미의 강과 호수에서 생명력이 끈질기고 온전히 터를 잡은 외래종인 수생 담수 식물이라고 학생에게 설명하면, 그 학생은 백합이나 해초에 대한 지식 또는 물에서 자라는 식물에 대한 다른 경험을 바탕으로 'milfoil'의 의미를 어느 정도 이해할 수 있다. 다른 식물에 대한 학생의 경험은 이전에 알려지지 않은 단어에 의미를 부여했다. 이런 의미란 이제 특정 장소에서 'milfoil'을 굳건히 해서 기억하고 회상하고 재사용하는 것을 더 쉽게 만드는 연상의 집합체를 말한다.

읽기에 대해 생각하는 둘째 방법은 읽기가 행위, 신체적 사건, 몸으로 하는 경험이라는 것을 깨닫는 것이다. 당신은 **지금 당장** 그것을 경험하고 있다. 당신이 R-I-G-H-T N-O-W를 읽을 때, 그것은 단지 인지적 행위가 아니라 신체화된 행위다. 연구자 안네 망엔Anne Mangen은 이렇게 말한다. "읽기와 쓰기는 복잡한 지각적 감각운동 회로와 연결에 의존하는 다중감각적 인지 과정이다."[01]

직접적인 경험, 읽기, 언어 처리 사이에는 연관성이 있다. 다시 말해, 읽기는 유형의 물리적 현실에 대한 이해와 추측적 또는 추상적 사고 사이의 간극을 메우는 구심점으로 존재한다. 심지어 추상적 사고도 탈신체화된 개념적 영역이라기보다는 오히려 독자가 세상에 물리적으로 존재하는 데서 비롯된 이해에 기초하고 이를 통해 주입되거나 스며든다. 네덜란드 출신의 미치엘 반 엘크Michiel van Elk라는 연구자는 읽기를 우리가 평가하고 행동하는 방식이라고 묘사한다. "언어 이해는 우리가 공유된 물리적 세계에서 다른 사람들과 상호작용하도록 해주는 절차적 지식으로 묘사될 수 있다. 절차적 지식이란 어떤 것이 존재하거나 참이라는 것을 아는 것이 아니라 어떤 일을 하는 방법(이 경우에는 언어를 이해하고 사용하는 방법)을 아는 것을 말한다."[02]

다시 말하지만, 여기서 직접적인 경험이 중요한 역할을 한다. 의지할 수 있는 경험이 없다면, 읽기 이해에 부정적인 영향을 미칠 수 있다. 다양한 경험으로 가득 찬 충만한 삶은 텍스트를 더 원활하고 깊이 있게 이해하는 데 기여한다.

나무가 없는 영구 동토층의 땅에 살기 때문에 나무를 지칭하는 단어는 없지만 눈을 지칭하는 단어는 꽤나 다양한 이누이트족의 옛이야기를 통해 언어의 신체화에 대해 생각해 보는 것도 한 가지 방법이다. 이누이트족의 언어는 자신들의 삶의 경험에 기반을 두고 있다.

구식 레고

몸과 읽기 이해 사이에 이러한 연관성이 있는 이유는 생물학적 실체인 인간이 교체형 구식 레고로 만들어졌다는 사실에 기반을 둔다. 인간은 반드시 멋진 특수 장비만을 장착한 것은 아니다. 인간은 약 5억 3천만 년 전에 아주 기본적인 물과 같은 환경에서 기어 나온 것과 동일한 계통으로 작동해야 한다. 다시 말해서, 인간은 활용해야 하는 기본적인 구성 요소와 신체적·근골격계·신경학적 구조로 되어 있다. 한 종으로서 인간은 새로운 행동을 개발할 수 있는 특수 장비를 장착하고 있지 않다. 즉, 인간은 다른 관련 종들이 환경에 대처하기 위해 진화해 온 것과 동일한 기본 요소를 가지고 있다. 따라서 인간은 마음의 작업을 형성하기 위해 몸의 도구를 사용해야 한다. 몸은 정신적 과정의 기초가 되며, 우리의 감각적 경험과 세상 간의 신체적 상호작용은 인지 발달과 이해에 기여한다.

몸은 대부분의 다른 복잡한 유기체와 동일한 기본 설계도를 바탕으로 만들어지지만, 구조와 계층은 매우 다양하다. 진화 과정에서 몸의 여러 부위와 계통은 새로운 기술을 위해 활용된다. 인간은 한 종으로서 주변 환경을 감지하고, 시공간에서 몸을 인식하는 신체적 능력을 적응해 키워나갔다. 이는 역동적이고 미묘한 환경 자극을 인식하고 그에 따라 행동하는 능력을 말한다. 수풀 뒤에서 검치호랑이가 뛰어나오는 것이 보이는가? 도망가라. 맛있게 익어가는 망고 냄새가 나는가? 향기를 따라가서 먹어보라. 졸졸 흐르는 물소리가 들리고, 피부가 시원해지는 안개가 느껴지는가? 가서 한 모금 마시고 몸을 담궈보라. 후각, 시각, 촉각, 그리고 그로 인한 신체적 반응의 상호 연결된 관계는 흔히 '감각운동 경험sensorimotor experience'이라고 부른다.

읽기와의 연결은 감각을 강하게 연상시키는 단어를 읽는 경험을 통해 가장 잘 요약된다. 예를 들어, '양파'와 '바닐라' 같은 단어를 읽으면 일반적으로 지각에 관여하는 신경계의 부위가 실제로 작동한다. 다시 말해서, '양파'라는 단어를 읽으면, 당신 몸의 감각운동계가 반응하여 당신은 그 냄새를 맡게 된다. 눈으로 단어를 읽든, 코로 자극적인 냄새를 맡든, 같은 뇌 부위가 활성화된다.

다시 말해서, 행동, 의사결정, 쓰기와 관련된 신체화된 인지의 다른 이론들처럼(몇 가지만 언급한 것이지만 목록은 계속 늘어날 수 있다), 감각운동 경험으로서 읽기도 동일한 기본 원리에 기반을 둔다. 즉, 언어를 읽고 처리하면 지각과 반응 동안 사용되는 것과 동일한 생물학적·신경학적 경로와 구조가 자동적으로 관여한다. 이러한 지각과 반응은 다른 식으로는 경험으로 알려져 있다.

마지막 예를 생각해 보자. "문을 열어라"와 같은 문장을 읽을 때, 실제 문을 열기 위해 사용되는 것과 동일한 신경 구조가 작동하고 활성화된다. 따라서 우리는 살아온 삶이 길고 더 직접적이고 다양한 경험을 많이 할수록, 읽기 이해에 신경계(실제로 몸 전체)를 더 쉽게 동원할 수 있다.

교실에 미치는 영향은 심오하다. 읽기의 신체화된 본질을 암묵적으로 이해하면 현재 주류로 서서히 자리 잡은 여러 가지 진행 중인 교육적 접근 방식에 당연히 의문을 제기하게 된다. 태블릿과 노트북을 이용한 읽기와 웹을 문해력을 키우는 주요 수단으로 사용하는 것이 그런 접근 방식이다.

디지털 화면은 보기보다 더 비열하다

읽기는 신체적 행위이므로 텍스트를 담고 있고 읽고 쥐고 조작하고 휴대하는 기판이나 표면이 중요하다. 미국 내에서 정보 전달의 주요 수단으로 디지털 화면이 널리 보급된 것은 의심의 여지가 없다. 초등학교 6학년에 입학하는 내 아들은 교실에 '자기만의' 크롬북이 있다. 크롬북은 이야기를 쓰고, 수학 게임을 하고, 레골라스가 화살로 괴물을 꿰뚫는 화면보호기를 내려받는 데 사용한다. 태블릿과 노트북이 책과 종이 등의 오래된 기술을 대체하고 있다는 것은 분명해졌다. 학교 도서관은 여전히 책 읽는 사람들로 북적거리고 있으므로 완전히 그런 것은 아니지만, 디지털 화면 기반 교육이 교육 현장을 잠식하고 있는 것은 부인할 수 없는 사실이다.

문해력 개발 과정이 책 페이지에서 태블릿이나 노트북 화면으로 옮겨가면 교육은 무엇을 잃게 될까? 연구에 따르면 읽기에서 가장 중요한 측면이 영향을 받는다는 사실이 밝혀지고 있다. 읽기는 신체적 행위이므로 읽는 사람과 읽는 대상 간의 관계는 경험에 부차적이지 않다.

책은 무엇보다도 먼저 손에 쥐고 있어야 한다. 대부분의 디지털 화면은 아이패드iPad나 킨들Kindle의 랩톱을 꼭 터치하지 않고도 읽을 수 있다(물론 대부분의 전자책 단말기는 어떤 방식으로든 들고 있어야 한다). 책의 경우, 읽는 사람은 책과 직접 물리적으로 접촉해야 한다. 읽는 사람은 책을 집어 들고 페이지를 넘기고 더 잘 보이도록 각도를 조절하고 표지를 확인하고 중단한 부분을 찾고 심지어 여백에 메모한다.

일반적으로 퀴퀴하고 백발이 성성한 사람들의 주장은 책을 읽음으로써 독서의 역사적 측면과 접촉을 유지하면서 이러한 전통을 보존하자는 것과 맥을 같이 한다. 일부 비평가들은 출판 산업을 지원하기 위해 책을 구매하는 것이 독자의 시민적 의무라고 주장하기도 한다. 이는 모두 타당한 주장이지만, 실제로 책을 읽는 것의 이점은 훨씬 더 깊고 심오하다.

전자책에 비해 책의 중요성을 제대로 인식하기 위해 이해해야 할 읽기의 본질적인 계보가 있다.

- 언어는 은유적이다.
- 은유는 대개 신체화되어 있다.
- 읽기 이해는 주로 우리 몸과의 관계를 기반으로 한다.
- 우리 몸과의 관계는 경험을 기반으로 한다.

신체화된 은유

언어는 글말과 입말 모두 대개 상징적이다. 'bang'과 'sploosh' 같은 멋진 의성어를 제외한 단어들 대부분의 경우 의미와 소리는 거의 관련이 없다. 또한 단어는 그것이 묘사하는 사물처럼 보이지도 않는다.

만약 누군가가 'sneaker'라는 단어를 쓴다면, 이 단어는 다른 단어와 마찬가지로 나이키 신발처럼 보이지 않는다. 그러므로 가장 기본적인 점에서, 어떤 수준에서든 언어를 이해하는 것은 한 가지가 다른 무언가를 나타내는 상징적 본질을 이해하는 것이다.

가장 고도로 진화한 형태의 언어적 미끼 상술은 물론 은유로서, 은유는 언어의 가장 기본적인 의미구성 부분이라고 주장할 수 있다. 은유적 언어는 메소포타미아인들이 설형문자를 사용해 왕의 행적뿐만 아니라 가축 거래를 기록하기 시작한 이래로 사용되었다. 우리는 항상 은유(또는 그 자매인 직유)를 사용하여 우리 자신의 경험뿐만 아니라 주변 세계를 묘사한다. "이 토스트는 돌덩이처럼 딱딱해!" "나 오늘 불붙었어!", "숀스트롬의 산문을 읽는 것은 녹은 치즈 천 갤런을 헤쳐나가는 것만큼 불편해!" 언어에서 은유를 사용하는 것이 당연해 보이지만, 글쓰기의 신체화된 본질을 고려하면, 우리 주변 세계를 이해하는 이 은유적 접근법은 새로운 중요성을 띠게 된다.

마크 존슨과 조지 레이코프의 획기적인 연구가 보여주듯이, 은유는 대체로 신체화된다.[03] 대부분의 은유에는 우리 몸에 대한 내재적 참조가 내포되어 있다. 즉, 우리 몸이 우리 자신 및 우리 환경과 관계되는 방식에 대한 내재적 참조가 내포되어 있다. 본질적으로 글을 읽는 사람들은 자신의 삶을 이해하기 위해 신체화된 경험을 사용한다. 가장 기본적인 신체화된 은유는 우리 삶의 어린 시절부터 나온다. 이 시기에 인간은 따뜻함과 가까움(부모가 아기를 안아주는 것을 생각해 보라)을 긍정적 속성과 동일시하기 시작한다. 그러므로 '가까운' 친구는 믿을 수 있는 친구고, 우정의 '따뜻함'을 느끼는 것은 좋은 것이지 임박한 불꽃의 신호가 아니다. 시련과 고난에 관해 이야기할 때도 일반적인 언어는 짐을 지는 것에 기반한 신체적 은유를 사용한다. 그래서 근심에 '짓눌린다'라는 표현을 사용한다. 우리는 분명히 부정적인 신체화된 경험을 사용하여 추상적 개념을 부정적으로 묘사한다. 그래서 컴퓨터는 '충돌하고', 경제가 이번 주에 '급락했다'라고 말한다.

언어의 일차성은 은유고, 은유가 우리 몸과의 관계에서 대개 비롯된다는 레이코프와 존슨의 주장을 고려하면, 몸을 이해하는 것은 언어를 이해하는 것과 연결되어야 한다는 결론이 나온다. 그리고 이는 사실로 밝혀졌다.

체험적 언어 이해 101

읽기 이해는 신체적 경험과 통합될 때 확실히 향상되는 것으로 나타났다. 다시 말하지만, 만약 당신이 호수에서 수영하다가 갑자기 호수 잡초의 끈적끈적한 덩굴손이 다리를 감싸고 있고, 누군가가 당신에게 침습적 '서양톱풀' 종의 개념을 소개한다면, 당신은 그 호수의 차가운 물속으로 뛰어든 적이 없는 사람보다 이해력이 더 높을 것이다. 하지만 그 밖에도, 스포츠나 움직임 중심의 활동을 통해 고유수용감각과 내수용감각이 발달하고, 자신의 신체성과 미세하게 조정된 관계를 맺는 학생이라면, 레이코프와 존슨의 신체화된 은유가 더 깊고 진실하고 명확하게 울려 퍼질 것이다. 교통이 '혼잡하고' 비행기가 '연착될' 때, 육체적 경험과 밀접하게 관련된 언어를 심오하고 자연스럽게 이해하는 사람은 그렇지 않은 사람과 달리 언어 표현에서 미묘한 의미를 인식하고 직감할 수 있다.

경험, 은유, 언어 이해 사이의 이러한 관계는 나이와 관계없이 유치원생뿐만 아니라 우리 모두를 위한 체험 기반적 교과과정을 강력하게 지지한다. 이 모든 것이 무엇을 의미하는지 파악하기 위해 이를 매우 단순하고 비과학적인 방정식으로 환원해 보자.

신체화된 경험 + 신체화된 은유 = 읽기 이해

다시 당신이 특히 좋아하는 전자책 단말기인 킨들이나 아이패드로 돌아가 보자. 학생들이 무엇으로 읽는지가 중요하다. 그 이유는 전통적인 독서 방법에 대한 향수에 젖어 더 좋았던 시절을 아련한 그리움으로 되돌아보기 때문만이 아니라, 읽기는 신체적 행위이므로 신체적으로 실행되어야 하기 때문이다. 다른 말로 하자면, 읽기에 관한 모든 것은 물리적 세계에서 실제하는 물리적 인간이 되는 구체적이고 촉각적인 경험에 기반을 두고 있다.

화면 기반의 텍스트 인터페이스는 읽기의 신체적·촉각적 관계를 제한한다. 책에서 페이지를 넘기는 것은 책 자체의 내러티브를 강화한다. 전자 인터페이스는 이야기의 흐름(또는 이야기의 내러티브 구조)과 동일한 상호작용을 허용하지 않는다. 이야기의 흐름이란 책의 내용뿐만 아니라 책을 읽는 경험 모두와 관련된 경험의 궤적을 말한다. 사실, 학습 자체가 내러티브며, 전자책 단말기가 할 수 없는 방식으로 발달 여정의 은유적 의미를 담고 있는 책의 우위성을 약화시킴으로써 문해력과 독해력을 키우는 데 사용되는 디지털 인터페이스가 단순히 긍정적인 선택이 아니라 교육이 학생의 자아감에 미치는 잠재적 영향을 감소시키고 있다고 주장할 수 있다.

단어의 달콤함

유대인 아이들이 세 살 무렵에 학교에 다니기 시작하면 알파벳 글자를 인식하는 방법도 배운다. 랍비(유대교의 교사)는 종종 알파벳 글자에 꿀을 살짝 발라 놓았기 때문에 어린 학생들은 율법을 달콤한 맛과 연관시킨다. 여호와의 말씀과 율법은 아이의 마음속에서 즐거운 단어로 자리 잡게 된다.

단어를 신체적으로 섭취하는 이러한 행위는 신체화된 인지과학을 언어 이해 교과과정에 통합하는 방법에 대한 훌륭한 출발점이 된다. 책 페이지에서 꿀을 핥는 행위는 책 읽기의 신체적 본질을 상기시키는 멋진 방법이다. 즉, 읽기와 언어 이해는 단순히 몸의 움직임이나 몸으로 하는 작업으로부터 도움을 받는 것이 아니라, 몸에서 살고 우리의 신체적 자아에 통합되어 그곳에서 살아 숨 쉰다. 교실에서 이를 가장 확실하게 활용하는 한 가지 방법은 학생들이 자리에서 일어나 소리 내어 읽도록 하는 것이다.

스피치 수업이 기억나는가? 나는 가만히 서서 손을 옆구리에 대고 꼼지락거리지 않고 3분간 전자레인지 같은 연설(음식을 재빨리 데워서 먹는 것처럼 신선함이나 자연스러움이 부족한 연설)을 하라는 지시를 받았다. 그 당시에는 나를 촬영할 수 있는 휴대용 카메라 기술이 발달하지 않아 다행이었지만, 마치 애니메이션 시체가 말하는 모습을 보는 것 같았을 것이다.

이제 나는 교사이기 때문에 돈을 받고 강의하며, 가만히 서 있는 경우는 거의 없다. 실제로 컴퓨터로 좋은 TED 강연을 찾아보면 강연자들이 얼마나 많이 움직이는지 알아차릴 수 있다. 매력적이고 흥미롭고 재미있는 정말 좋은 강연을 하는 사람들은 주변을 돌아다닌다. 그들은 무대를 가로질러 성큼성큼 걷고 빈번히 몸짓을 섞고 가리키고 이리저리 움직인다. 즉, 그들은 몸을 움직인다. 물론 모든 강연자가 다 그런 것은 아니다. 울타리 기둥처럼 서서 예리한 시선으로 우리를 통제할 수 있는 강연자도 있지만, 내가 본 대부분의 역동적인 강연자는 몸을 움직인다. 그것도 많이 움직인다.

이제 이런 궁금증이 생긴다. 왜 아이들에게 책상에 앉아 책을 읽으라고 하는 '조용한' 독서 시간이 있을까? 걸어 다니면서 큰 소리로 책을 읽으면 어떨까? 내 아들은 항상 책을 읽는데, 종종 걸으면서 읽기도 하고, 바닥에 누워 다리를 흔들기도 하면서 읽는다. 그는 끊임없이 움직인다. 누군가가 텍스트에 몰두하는 모습을 보면 종종 자동적인 것처럼 보이는 신체화된 행동이 수반되는 경우가 종종 있다. 머리를 돌리고 입술을 씹고 발을 두드리고 혀를 내밀기도 한다. 랍비의 말이 맞았다. 읽기는 텍스트를 섭취하는 것이다. 읽기는 단어의 본질과 의미를 우리 몸으로 가져가는 것과 다름없다.

소리 내어 읽으면 많은 이점이 있다. 아이들에게 소리 내어 읽게 하면 이해력이 높아진다. 조용히 읽기나 텍스트 자체는 감정 표현이 다소 밋밋하다. 구두점은 일종의 음악 표기법으로서 의미, 감정, 강조를 더욱 명확히 하는 역할을 한다. 실제로 영어는 음성 매체로 구성되어 있다. 아이들이 소리 내어 읽게 되면 언어에 대한 신체화된 접근법은 이해력을 높일 뿐만 아니라 뉘앙스도 파악할 수 있게 된다. 아이들과 함께 읽는 것의 힘에 관한 최근 책인《나와 함께 읽기》Read with Me에서, 수잔 클리버와 먼로 리차드슨Susan Cleaver & Munro Richardson은 아이들에게 있어서 소리 내어 읽는 것의 중요성을 지적하고, '아이들에게 책을 읽어주는 것과 아이들과 함께 읽는 것' 사이에 차이가 있다고 덧붙인다.[04] 서로에게 소리 내어 책을 읽어주면 어조, 분위기, 맥락, 의미가 믿을 수 없을 정도로 잘 전달된다. 나는 지금도 대학생들에게 책을 읽어주고 있는데, 그 효과는 매번 똑같다. 이해력이 높아지고 질문이 많아지고 흥미는 최고조에 달한다. 이는 부분적으로 소리 내어 읽는 것이 우리 내러티브 자아의 중심 원리를 활용하기 때문이다. 우리의 내러티브 자아란, 우리 인간이 본질적으로 이야기와 내러티브를 좋아한다는 뜻이다. 즉, 이야기에 몰입하고 매료되는 것은 인간의 본성이다. 초등학생을 모아놓고 '옛날 옛적에, 어두운 숲속에서…'라고 읊조리면 모두 집중한다. 우리는 이야기를 듣고 이야기에 참여하도록 설계되었으며, 이야기를 전달하는 방법과 그 의미와 맥락을 구현하는 방식이 모든 차이를 만들어 우리의 경험에 큰 영향을 미친다.

율법에서 꿀을 핥는다는 이야기를 해 준 유대인 친구가 들려준 재미있는 농담을 예로 들어보자. 어느 날 한 청년과 유대인 할아버지가 해변으로 향한다. 해변에 다다르자 표지판이 하나 보인다. 청년은 발걸음을 멈추지만, 할아버지는 표지판을 바로 지나 해변으로 내려가 신발을 벗고 수영복을 입고서 물속으로 뛰어든다. 물놀이를 마치고 물 밖으로 나온 할아버지에게 청년은 “표지판을 못 보셨나요?”라고 묻는다.

“봤지”라고 유대인 할아버지가 대답한다.

“그런데 해변 폐쇄라고 적혀 있었어요”라고 청년이 말했다.

그들은 다시 표지판으로 걸어갔고, 표지판에는 이렇게 적혀 있었다.

Beach Closed
No Swimming Allowed
해변 폐쇄
수영 금지

“봤죠?”라고 청년이 말한다.

할아버지는 청년을 보고 저 표지판에 “해변 폐쇄? 안돼! 수영 허용 Beach Closed? No! Swimming Allowed”이라고 적혀 있다고 말한다.

내 친구가 할아버지의 진한 브루클린 억양으로 말하는 것이 더 웃겼지만, 당신은 이것이 무슨 뜻인지 알 것이다. 억양과 읽기 운율은 중요하다. 언어는 음악과 밀접한 관련이 있으며, 실제로 소리 내어 읽으면 음악과 관련된 작업을 할 때 활성화되는 뇌 부위와 동일한 부위도 과도

하게 활성화된다. 이것은 읽기가 신체화되는 또 다른 방식이다. 피아노를 연주할 때와 소리 내어 책을 읽을 때 동일한 뇌 부위가 활성화된다면, 이는 우리가 의사소통에 참여할 때 손가락이든 입이든 우리 몸을 움직이는 두 방식 사이에 깊은 수준의 상호 연결성이 있음을 암시한다.

이것이 읽기를 배우는 아이들에게 어떤 의미인지를 폴라 슈와넨플루겔Paula Schwanenflugel(소리 내어 읽기에 그 자체로 재미있는 단어)이라는 멋진 이름의 연구자는 가장 명확하게 표현한다. 그는 다양한 연구 프로젝트에서 읽기 이해가 읽기 운율과 밀접한 관련이 있다고 지적한다.[05] 읽기를 처음 배우는 아이는 운율이 좋지 않은 상태에서 읽는다. 사실 단어만 제대로 알아듣는 것만으로도 충분하다. 그러나 읽기 이해가 향상됨에 따라 아이들은 자연스럽게 책을 소리 내어 잘 읽는 사람과 연상되는 읽기의 수행적 측면을 발달시킨다. 즉, "공원에 갈 거니?"와 같이 질문이 끝날 때 억양을 올리고, "아니, 내 자전거가 고장이 났어"와 같은 문장 끝에서는 억양을 낮추고 단조롭게 한다.

소리 내어 읽으면서 텍스트를 신체화하면 이해력이 향상될 뿐만 아니라 읽은 내용을 기억하는 능력도 향상된다. 소리 없이 읽을 때는 시각 경로를 이용하여 단어를 기억한다. 우리가 문장과 이야기, 정보를 기억하는 것은 그것이 우리가 본 것이기 때문이다.

예를 들어, 만약 당신이 '끈적한 거미 자전거sticky spider bicycles'라는 단어를 눈으로 읽는다면 부분적으로는 그 단어에 대한 연상 때문에 그것을 기억하지만, 실제로 그 세 단어를 보고 그것에 대한 시각적 기억을 창조했기 때문이기도 하다. 이는 머릿속에 사진을 찍듯 상세히 기억하는 정확한 기억력을 가진 사람들에 의해 예시된다. 그들은 읽고 있는 소설의 주인공을 기억하지 못하는 우리보다 정보와 관련된 더 강력한 시각 경로를 가지고 있다. 그러나 '끈적한 거미 자전거'를 소리 내어 읽으면 입과 입술을 사용하여 이해력을 신체화하고, 따라서 그 문구에 대한 근육 기억을 만들며, 또한 기억으로 가는 청각 경로도 만든다. 이 과정은 '생산 효과production effect'*라고 부른다.

콜린 맥레오드, 나이젤 고피, 캐슬린 후리한, 카렌 니어리, 제이슨 오즈브코Colin MacLeod, Nigel Gopie, Kathleen Hourihan, Karen Neary, Jason Ozubko가 《실험심리학 저널: 학습, 기억, 인지》의 2010년 5월호에서 상세히 기술한 연구는 소리 내어 읽으면 기억력이 향상된다는 생각을 뒷받침한다.[06] 하지만 그 이유는 흥미롭다. 예를 들어, 우리는 소리 내어 읽을 때 이름 목록의 특징이 무엇인지 더 잘 알아차리는 경향이 있다. 소리 내지 않고 눈으로 읽을 때, '끈적한 거미 자전거'는 단어들을 무작위로 배열한 것에 불과하지만, 소리 내어 읽으면 그 기괴함은 두드러진 특징이 된다. (만약 내가 스스로 그렇게 말한다면) 그것의 시적인 구성은 소리 내어 읽을 때 비로소 분명해진다. 처음 두 단어의 두운, 음절의 리듬, 'spider'와 'bicycles'에서 'i'의 내적 운율은 소리 내어 읽을 때 비로소 살아 움직이고 우리의 뇌 속에 깊이 간직된다.

소리 내어 읽는 것은 이해력과 기억력을 모두 신체화한다. 우리는 육체적 과제를 수행할 때 '근육 기억'**에 대해 이야기하지만, 실제로는 신체화된 인지는 모든 기억이 읽기를 포함해 근육 기억이라는 생각을 뒷받침한다.

읽기는 공상이나 몽상과는 다르다. 물론 이 둘은 밀접한 관련이 있고, 확실히 읽기는 이 두 가지 상태 모두를 유발할 수 있다. 그러나 읽기는 고도로 몰입적이고 신체적인 경험이다. 늦은 밤 스릴러 소설을 읽다가 미스터리의 핵심에 도달할 때, 몸이 긴장되고 호흡이 얕아지고 눈이 평소보다 조금 더 크게 떠질지도 모른다. 당신은 신체화된 반응을 하고 있는 것이다. 이는 읽기 경험과의 지속적이고 복잡한 신체적 상호작용을 말한다.

교사가 아이들과 함께 소리 내어 읽고, 텍스트에 재미있게 참여하며, 책과 역동적이고 양방향적인 경험을 만들어낸다면, 학생들은 독해력 측면에서 큰 도움을 받게 된다. 게다가, 전자책 단말기 대신 실제 종이책을 기본으로 선택해서 사용하는 교사는 읽는 사람과 텍스트의 촉각적 상호작용을 가능하게 한다. 아이들은 이야기를 따라가면서 책 속을 물리적으로 이동한다. 진행 상황이 표시되고 기록된다. 이는 디지털 리더기의 평평한 심연에서는 잃어버리는 여행이다. 그리고 마지막으로, 읽기 이해는 많은 경험에 기반을 두고 있다. 교사가 학생들을 세상 밖으로 나오게 하여 그들의 학습을 더욱더 신체화하면 할수록, 교실에서 책은 더욱더 활기를 띨 것이다.

***생산 효과**

생산 효과는 개인이 학습하거나 기억하고자 하는 정보를 적극적으로 생산하거나 소리 내어 말할 때 정보에 대한 기억력이 향상되는 인지심리학 현상을 말한다. 즉, 텍스트를 소리 내어 읽거나 개념을 설명하거나 자가 테스트를 하는 등 정보를 생성하는 데 적극적으로 참여하면 같은 정보를 수동적으로 받거나 읽었을 때보다 더 잘 기억하는 경향이 있다. 생산 효과는 '능동적 학습active learning'이라는 개념과 관련이 있다. 이는 정보를 말하거나 생산하는 행위가 기억에 더 강한 흔적을 남기는 데 도움이 되어 나중에 정보를 더 쉽게 회수할 수 있다는 것을 시사한다. 이는 학습 과정에 적극적으로 참여하고 몰입하면 학습과 기억력을 향상시킬 수 있다는 것을 암시한다. 예를 들어, 학생이 교과서의 한 구절을 소리 내어 읽거나 다른 사람에게 개념을 가르치면 단순히 조용히 읽을 때보다 그 내용을 기억할 가능성이 더 크다. 이러한 생산 효과는 학습 과정에 적극적으로 참여하면 주제를 더 잘 기억하고 이해할 수 있다는 점을 강조한다.

**근육 기억

절차 기억 또는 운동 기억이라고도 하는 근육 기억은 학습한 신체 작업이나 활동을 의식적인 생각 없이 자동으로 수행할 수 있는 능력을 포함하는 장기 기억의 한 형태다. 근육 기억은 근육에만 국한되지 않고 움직임, 행동, 기술 등 신체의 운동 기능 전체에 적용된다. 근육 기억은 악기 연주, 타이핑, 자전거 타기, 다양한 스포츠 및 무용 루틴을 능숙하게 수행하는 등의 활동을 실행하는 능력을 담당한다. 근육 기억의 작동 원리를 살펴보자. 먼저, 근육 기억은 반복적인 연습을 통해 구축된다. 신체 작업을 반복적으로 수행하면 뇌는 해당 작업과 관련된 신경 경로를 생성하고 강화된다. 다음으로, 연습하면 뇌는 과제를 효과적으로 수행하는 데 필요한 특정 동작과 순서를 학습한다. 즉, 근육의 조정과 움직임의 타이밍을 미세하게 조정한다. 마지막으로, 시간이 지남에 따라 충분한 연습을 통해 과정이 자동화된다. 더 이상 각 단계에 대해 의식적으로 생각할 필요가 없다. 각 동작을 의식적으로 처리할 필요 없이 신체가 동작을 수행하는 방법을 기억한다.

8

평온한 산문

글쓰기는 마법의 행위다. 세속적인 동시에 초월적인 글쓰기 행위에는 신비로운 무언가가 있다. 실제로 완성된 글이 나오기 전 단계에서 생각이란 무엇일까? 생각은 무작위로 떠오르는 대사나 문장, 정제되지 않은 뭉툭한 기억, 잘 정의된 개념이나 이론 이상의 느낌일 수도 있다. 때때로 이중 어떤 것도 아니고, 오히려 정체불명의 절박함일 수도 있다. 그래서 연필로 종이 표면을 가로질러 무언가를 적어 내려가면, 무언가가 나올 것이라는 희망이 밝게 타오른다.

물론 학생들에게는 적절한 생각이 떠오르고 그 생각을 온전히 글로 옮길 수 있을 때도 있다. 그러나 그러한 순간은 드물다. 머릿속에 문장, 단락, 심지어 페이지 전체를 하나로 엮어내고, 그런 다음 앉아서 한 줄 한 줄 명쾌한 생각을 유려하게 쏟아내는 능력을 갖춘 작가도 있다. 버지니아 울프와 같은 작가는 바로 그렇게 할 수 있는 고도로 진화한 능력을 갖추고 있는 것 같다. 버지니아 울프는 런던의 거리를 거닐며 끝없이 울려 퍼지는 문장들을 마치 뜨개질한 스카프의 줄처럼 한 줄 한 줄 실로 묶어 페이지 위에 한 폭의 그림처럼 통째로 올려놓는 것 같다.

글쓰기는 다른 형태의 어떤 창작물보다 어쩌면 춤과 더 닮아 있는 신체화된 실행이다. 훌륭한 에세이인 〈작가를 위한 무용 수업〉Dance Lessons for Writers에서 재디 스미스Zadie Smith; 1975~는 이 두 형식 사이의 연관성을 단호하게 드러낸다.[01] 글쓰기는 무용과 비슷하고 작가도 특정 무용수와 비슷할 뿐만 아니라, 어떤 면에서 글쓰기와 무용은 단순히 같은 표현 예술의 다른 버전처럼 보인다.

종이 위에 연필이 움직이기 전에 이야기는 가능성으로 웅얼거리지만 움직임은 없는 비활성 상태다. 그리고 무용수가 무대 양옆에서 순서를 기다리면서 팔다리와 몸통, 머리와 발의 움직임을 통해 이야기에 생명을 불어넣을 준비를 하듯이, 작가는 연필의 움직임을 이용하여 무에서 생명을 선명하게 그려낸다. 즉, 신체화된 움직임을 통해 느낌과 생각이 존재하게 한다.

이는 다소 시적인 비유일 수도 있다. 결국, 글쓰기와 무용은 모두 몇 시간, 며칠, 몇 년의 준비와 리허설, 초안 작성, 그리고 실패가 수반된다. 그리고 솔직히 글을 쓰는 과정은 대개 단조롭고 지루하고 답답하고 시간을 잡아먹고 다소 실망스러운 때도 있다. 사무엘 베케트Samuel Beckett; 1906~1989는 "다시 실패해 보세요. 더 잘 실패하세요"라고 촉구했을 때 이미 무언가를 알고 있었는지도 모른다. 즉, 그는 실패를 창작 과정의 일부로 기꺼이 받아들이는 자세를 장려하고, 매번이 실패가 개선으로 이어질 수 있다고 주장한다.

그러나 글을 쓰기 위해 앉을 때마다 천사의 나팔이 불지 않더라도 그 행위는 조금 신비로울 수 있다. 작가들이 글쓰기와 창의성에 대해 글을 쓰는 한 가지 이유(예를 들어, 스티븐 킹Stephen King의 《유혹하는 글쓰기》On Writing[02] 또는 엘리자베스 길버트Elizabeth Gilbert의 《빅매직》Big Magic[03])는 글쓰기와 창의성이 해석의 여지가 많은 매우 모호한 작업이고 불가사의하고 이해하기 힘들고 정확히 집어내기 어렵기 때문이다. 하지만 한 가지 확실한 것은 글쓰기에 생명을 불어 넣기 위해서는 신체적 행위가 필수라는 것이다.

독후감을 쓰기 위해 고군분투하던 중학교 2학년 학생이든, 버지니아 울프와 같은 유명 작가든, 작가는 물리적으로 어딘가에 글을 내려놓고, 허공에서 사고와 시구詩句, 아이디어를 떠올려 페이지에 옮겨야 한다. 이는 신체화된 과정이고, 감각운동 기능, 지각, 인지적 기어 회전(정신적 노력과 사고), 미세 운동 조절(펜을 잡거나 키보드로 타이핑할 때와 같이 작은 근육의 움직임을 정밀하게 조정하는 것), 심지어는 대근육 운동(책상에 앉거나 생각하면서 움직일 때와 같이 글쓰기 과정에 포함될 수 있는 큰 신체 움직임) 사이의 상호작용이다. 어떤 사람에게는 엄청난 양의 커피가 필요할 수도 있다.

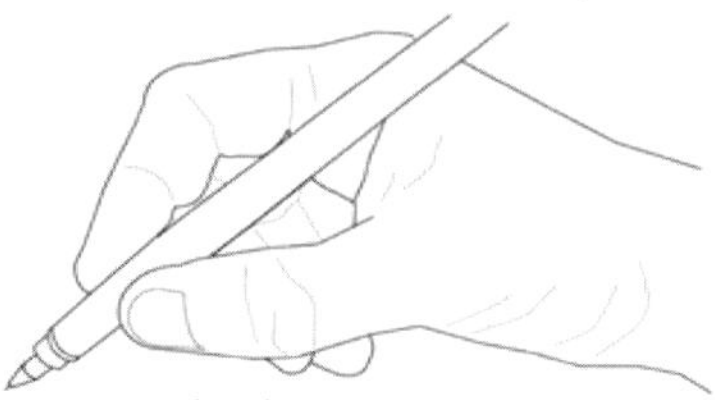
역동적 3손가락 파지법

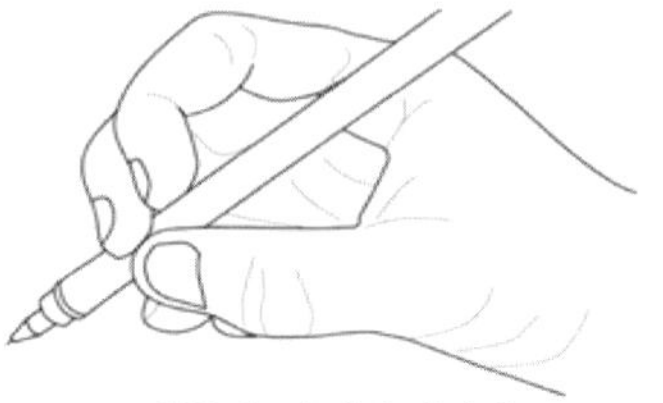
역동적 4손가락 파지법

측면적 3손가락 파지법

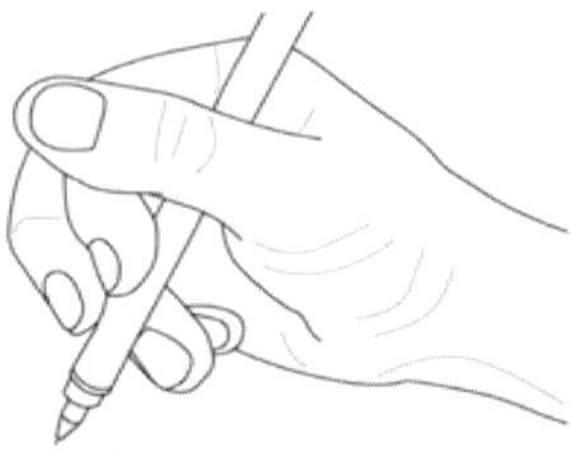
측면적 4손가락 파지법

연필 파지법의 유형

나는 연필을 손에 쥐고 있다. 나는 고전적인 집게 그립을 사용하여, 엄지와 집게손가락을 아치형으로 구부려서 연필심 끝 바로 위에 핀셋처럼 잡고, 두 손가락을 노란색 연필 몸통이 흑연처럼 가늘어지는 원뿔형으로 깎은 나무에 닿는 곳에 둔다. 가운뎃손가락은 연필을 지탱하는 셋째 받침대이지만 약간 아래로 말려있고 연필은 마지막 손가락 관절 옆에 놓여 있다. 구체적인 세부 사항에 열광하는 사람들을 위해 설명하자면, 작업치료사occupational therapist*는 이를 역동적 4손가락 파지법dynamic quadrupod grip이라고 부른다.

나는 보통 테이블에 앉아 발을 바닥에 평평하게 딛고 고개를 앞으로 기울여 종이를 바라본다. 이 장의 초안을 쓰고 있는 지금 나는 오전 7시 55분에 이미 피곤한 상태로 팔걸이에 기대어 다리를 쿠션 위에 쭉 뻗은 채로 서재 소파에 앉아 있다. 이 시간에 이렇게 피곤한 이유는 점심 도시락 싸기, 오트밀 만들기, 달걀 스크램블, 버스 기다리기 등 교외의 평범한 일과와 학교생활의 일반적인 불협화음과 혼돈을 겪었기 때문이다.

글을 쓸 때 연필 흑연이 종이에 긁히는 소리가 들린다. 이 소리는 영화에서 전보 보내는 소리와 전혀 다른 것은 아니다. 속사포 같은 연속적인 긁힘이 있고, 이런 긁힘은 정신적으로 단어를 찾거나 생각을 완성하기 위해 주기적으로 멈출 때만 중단된다. "에릭은 글을 쓰려고 한다. STOP. 너무 느리게 진행되고 있다. STOP. 차라리 《천국의 독신남》을 몰아보는 것이 낫겠다. STOP."

내 손글씨는 끔찍한 수준이다. 필요할 때는 초등학교 3학년 교사가 판서하듯이 선명하고 반듯하고 고른 글씨를 쓸 수 있다. 하지만 지금은 오전 9시 30분 수업 전에 글을 끝내야 하기 때문에 급한 마음에 글씨를 쓰다 보니 닭이 흙을 긁어 만든 불규칙하고 거의 알아보기 힘든 자국을 닮아 있다. 선이 비뚤어지고 평소처럼 글씨는 작고 짙게 시작하지만, 피로가 쌓이거나 서둘러 글씨를 완성하려 하고, 연필심의 날카로움이 닳아 없어지면서 글자가 커지고 간격이 벌어진다. 글씨의 전반적인 품질이 상당히 엉망이다. 인쇄하고서 아직 읽지 않은 요가 호흡에 관한 연구 논문의 뒷면에 내 생각을 적고 있었기 때문에 글씨가 전체적으로 엉망진창이다. 이처럼 글쓰기 표면의 선택도 글씨의 혼란을 일으키는 역할을 한다.

하지만 이 모든 것은 매우 인간적인 일이며, 나 자신의 글쓰기 과정은 교사들이 학창 시절에 학생들에게 주입하려는 글쓰기 과정과 여러 면에서 유사하다. 글쓰기는 여러 가지 면에서 이전 단계를 반복하거나 이전 단계로 돌아간다는 점에서 재귀적 경험이고, 물리적이고 펜으로 글을 쓰듯이 신체의 행동과 연결되어 있다는 점에서 신체화된 경험이다. 학생들은 글을 쓰는 동안 자신이 무엇을 쓰고 있는지 생각해야 한다. 모든 일은 펜을 움직여 페이지를 넘기는 촉각적 경험에 의존한다. 이렇게 해서 글자의 모양뿐 아니라 순서까지 떠올리며, 완전히 깨어 있지 않은 상태에서 atrocious(흉악한)라는 단어의 철자를 맞추기 위해 기억력과 분석력을 모두 동원한다.

내 옆에는 커피 테이블 위에 위협적이고 압박감을 내뿜는 노트북 컴퓨터가 놓여 있다. 이것은 미국 학생들이 타이핑 테스트, 디지털 프로젝트, 그리고 기술 교육에 완전히 몰입하는 것을 통해 사용할 준비가 된 것과 동일한 기술이다. 교육 기술은 대학뿐만 아니라 초중고 교육에서도 매우 널리 보급되어 교육의 모든 측면에 자연스럽게 스며들었다.

현재 대부분의 학교는 교사와 교수가 과제와 읽을거리를 업로드하고 학생의 과제를 디지털 방식으로 수집할 수 있는 '학습 관리 시스템'learning management system; LMS을 기반으로 운영된다. 많은 LMS 플랫폼은 채팅과 토론 게시판 기능, 비디오 피드백 도구, 성적부 및 출석부를 제공한다. 학생은 실시간으로 자신의 성적과 완료했거나 미완성 상태로 남겨둔 과제 수를 정확히 확인할 수 있다. 어떤 학생은 이 디지털 조직이 도움이 된다고 말하고, 다른 학생은 그것이 지속적인 불안감을 유발한다고 말한다. 분명한 것은 한때 교육의 중심 교리 중 하나였고, **r**eading(읽기), w**r**iting(쓰기), a**r**ithmetic(수학)이라는 3개의 R 중 하나인 글쓰기 작업이 이제 거의 전적으로 가상적이고 전자식이 되었다는 부인할 수 없는 대규모의 문화적 기대가 있다는 것이다.

바로 이런 식으로 글쓰기의 근본적인 신체화된 본질이 기술적 대안들로부터 포위당하고 있다. 비록 어떤 기술 장치는 학생들에게 도움이 될 수 있지만, 다른 기술 장치는 학생들이 단어와 상호작용하는 방식을 변화시킬지도 모르고, 어떤 시점에서 디지털 매체가 학생들의 개인적·지적 발전 측면에서 교사들이 하려는 것에 해를 끼칠 수 있다.

***작업치료사**

작업치료사는 개인이 일상생활과 업무에 필요한 기술을 개발, 회복 또는 유지하도록 전문적으로 돕는 의료 전문가다. 작업치료사는 신체적 · 발달적 · 정서적 · 인지적 문제를 겪고 있는 모든 연령대의 사람들을 위해 일한다. 작업치료의 주요 목표는 일상 업무를 수행하고 자신에게 의미 있는 활동에 참여할 수 있는 능력을 향상시키는 것이다.

학생의 미즈 앙 플라스

인터넷이 생기기 전, 종이와 펜과 연필이라는 아날로그 형태의 글쓰기는 순수한 뇌 활동이라기보다는 요리사가 바쁜 레스토랑 주방에서 아침 식사를 준비하는 것처럼 육체적으로 힘들고 빠르게 진행되는 주방 일처럼 느껴질 수 있다. 빵을 만드는 것이 상상할 수 있는 가장 기본적인 요리법이지만 또한 발효라는 놀라운 연금술 마법이 깃들어 있는 것처럼, 글쓰기는 종이에 단어를 적는 매우 간단한 일처럼 보일 수 있지만 여기에는 변형적 요소가 있다.

요리사는 자신의 미즈 앙 플라스mise en place에 관해 이야기하는데, 이는 요리사가 요리를 시작하기 전에 필요한 모든 재료, 도구 및 장비를 정리하고 배치하는 시스템을 지칭하는 프랑스어 어구다. 요리를 잘하려면, 올바른 재료와 도구를 필요한 곳에 정확하게 배치하는 것이 중요하다. 요리사와 셰프는 "식당에서 주문이 밀려 북새통이다being in the weeds"라고 이야기하는데, 이는 몹시 바쁜 주방 상태를 나타내는 표현이다. 레스토랑이 꽉 차고 주문이 쏟아지는 바쁜 서비스 중에 집게나 주걱과 같은 필수 주방용품을 찾는 일은 요리사가 경험할 수 있는 최악의 상황이다.

요리사는 '미즈 앙 플라스'에 광적으로 집착하고, 특정한 도마, 구멍 뚫린 스푼(슬로티드 스푼), 프라이팬에 집착에 가까울 정도로 애착을 갖는다. 요리가 어떻게 진정으로 신체화된 경험인지에 대한 유머러스한 해석에 대해 앤소니 부르댕Anthony Bourdain; 1956~2018의 《키친 컨피덴셜》Kitchen Confidential은 요리의 육체적이고 고된 본질을 설명한다. 글쓰기는 여러 가지 면에서 글쓰기를 잘하기 위한 올바른 도구와 물리적 공간을 개발하는 과정과 유사하다.

디지털 매체의 위험성 중 하나는 글쓰기 과정에 직접 신체적으로 참여해야 하는 글쓰기의 물리적 측면을 줄이거나 제거한다는 점이다. 전자레인지의 버튼을 누르는 것과 손가락으로 찌르면서 스테이크가 제대로 익었는지 확인하는 것이 다르듯이, 자판을 두드리는 것과 손으로 직접 쓰는 것은 다르다. 요리와 글쓰기(그리고 많은 다른 신체적 활동)의 핵심은 몸과 도구의 관계 및 도구가 몸의 활동과 행동을 형성할 수 있는 방식이다.

진화생물학자들은 인류 진화 역사에서 인간이 가장 기술적으로 진보하고 복잡한 종이 된 특정 요인이 무엇인지 밝혀내기 위해 끊임없이 노력하고 있다. 큰 뇌와 불, 사회적 조정, 도구 사용, 끈질긴 사냥, 그리고 다른 손가락과 마주 볼 수 있는 엄지손가락 등은 100파운드(45kg)의 이족보행 인류의 조상이 지구를 식민지화하고 변화시킬 수 있는 대담함을 갖게 해 준 것으로 칭해졌다. 이는 인간 행동을 이해하는 목표에 도달하는 데 있어 풍부하고 도움이 되는 주장이다. 만약 당신이 다른 학자들을 대상으로 한 동료심사 논문에서 비꼬는 말을 찾는 것을 좋아한다면, 그 발전 과정을 따라가는 것도 재미있을 것이다.

이 책의 개요는 특정 학문 분야에서 일어나는 구체적인 논쟁이나 토론과는 거리가 멀지만, 글쓰기가 신체화된 인지의 초기 증거의 연장선일 수 있다는 점은 분명해 보인다. 도구 사용과 신경화학의 발달은 서로 연계되어 발전한 것으로 보이는 방식에서 특히 그러하다. 즉, 인간이 도구를 개발하고 사용하면서 뇌와 신경화학적 과정이 동시에 진화했다는 것이다. 적어도 신체적 행동을 통한 우리 환경의 조작, 감각운동 정보의 수신, 인지 사이의 관계는 자세히 살펴볼 필요가 있다.

망치를 든 사람에게는 모든 것이 못처럼 보인다

돌을 두드려 창촉을 만들고, 뼈송곳으로 가죽에 구멍을 뚫고, 화살대를 조각하는 등 도구 사용은 인지 발달, 학습, 그리고 잠재적으로는 언어 발달과 밀접한 관련이 있다. 손 활동이 인지 발달로 이어지는 방식을 가장 훌륭하게 다룬 연구는 프랭크 윌슨Frank Wilson의 저서 《손》The Hand이다.[04] 윌슨은 인간이 손으로 주변 세계를 조작하는 능력이 인지 과정을 일으키고, 그러한 인지 과정이 다시 오늘날과 같은 복잡한 사회로 나아가는 길을 열었다고 주장한다. 이러한 의미에서 손이 말 그대로 개념을 움켜쥐어 파악하고(말장난이 의도됨) 그 정보를 뇌에 전달했으므로 학습은 신체화되었다.

우리가 세상과 물리적으로 상호작용하는 방식은 경험을 인지적으로 처리하는 방식과 직접적으로 연결된다. 다시 말해, 경험은 추상적이고 정신적인 그림이나 일련의 상상된 사건이 아니라, 우리 몸과 환경의 상호작용이다. 우리 몸과 우리가 사용하는 도구 사이의 인터페이스가 중요하다. 오래된 속담이 시사하듯이, 망치를 든 사람에게는 모든 것이 못처럼 보인다*.

현재 책 페이지 기반 문화에서 화면 기반 문화로 진행 중인 전환은 아무리 강조해도 지나치지 않을 만큼 매우 중요하고 영향력이 크다. 1400년대 중반에 요하네스 구텐베르크Johannes Gutenberg, 약 1393~1468가 인쇄기를 발명했다는 점에서 책이 상대적으로 최근에 등장한 것이긴 하지만, 책은 문해력이 있는 세계에서 빠르게 지식의 저장소가 되었다. 웹에서 더 많은 텍스트와 정보를 매일 사용할 수 있게 되면서 이는 분명 변화하고 있다.

디지털 리터러시(문해력)를 연구하는 학자인 기호학자 군터 크레스Gunther Kress; 1940~2019는 이를 이렇게 설명한다.

> 이미지 모드와 화면 매체의 지배력이 글쓰기에 미치는 영향이 결합하여 글쓰기의 형식과 기능에 큰 변화를 가져올 것이다. 이는 결국 세계에 대한 인간의 인지적/정서적·문화적·신체적 참여 그리고 지식의 형식과 모양에 심오한 영향을 미칠 것이다.[05]

많은 일상 상황에서는 페이지 기반에서 화면 기반 커뮤니케이션으로의 전환이 중요하지 않거나 눈에 띄는 영향을 미치지 않을 수 있다. 키보드를 사용하여 연극 연습에 브라우니를 가져가는 데 동의하는 내용이 담긴 간단한 이메일을 학부모-교사 단체에 보내더라도 손으로 직접 작성하거나 다른 형식으로 전달할 때와 비교하여 메시지의 성격이나 내용이 근본적으로 달라지지는 않는다. 그러나 군터 크레스의 충고를 마음에 새기고, 디지털 화면과 키보드를 사용하는 것이 학습자의 '세상 참여'에 '심오한 영향을 미칠 것'이라는 생각을 받아들인다면, 그러한 영향이 무엇인지 철저히 탐구하고 이해해야 할 필요가 있다.

부라우니 과자에 대한 학부모-교사 단체의 까다로운 요구에 굴복한 약간 짜증 섞인 이메일은 제쳐두고, 소통과 연결의 형태인 글쓰기는 현대 생활의 거의 모든 영역의 발전에 결정적인 역할을 해왔다. 각각 노르웨이와 프랑스의 연구원인 앤 망겐Anne Mangen과 장 뤽 벨레이Jean Luc Velay는 글쓰기에 대해 다음과 같이 적절하게 정의한다. "글쓰기는 우리의 생각을 외부화하고, 과거의 기억뿐만 아니라 미래의 계획과 꿈을 구체화하며, 우리의 이야기를 공유하고, 감정과 애정을 전달하는 매우 정교하고 포괄적인 방법이다."[06]

학술 연구가 사람들에게 영감을 주거나 깊은 감동을 주는 것은 드문 일이지만, 글쓰기에 대한 망겐과 벨레이의 설명에서는 심장을 울리는 것과 같은 강력하고 긍정적인 감정 반응을 불러일으키는 무언가를 발견할 수 있다. 글쓰기가 중요한 이유는, 고대 수메르의 귀족이 소유한 염소 수를 나열하거나 280자짜리 트윗으로 재앙에 가까운 외교정책 결정을 기술하고 있기 때문이 아니라, 꿈에 형상을 부여하고, 다른 사람에게 우리 경험의 무한한 내면을 열어주며, 우리 일상에 의미를 부여하는 이야기를 들려주고, 우리의 애정을 전달하는 데 사용될 수 있기 때문이다. 그러한 것은 가치 있는 삶을 위해 꼭 필요한 일처럼 보인다.

그러나 군터 크레스는 이러한 이야기를 엮는 데 어떤 기술을 사용하느냐에 따라 '지식의 형태와 모양'에 큰 영향을 미칠 것이라고 주장한다.[07] 이러한 형태가 인간의 경험에 대해 서로에게 들려주는 이야기이자 애정과 이해를 표현하는 수단이라면 그 효과는 매우 클 것이다.

현재 미국의 많은 초등학생은 손으로 펜과 종이를 사용하여 글을 쓰는 것보다 노트북을 사용하여 학업과 활동을 하는 데 더 많은 시간을 보낸다. 이러한 변화는 미국의 교육 시스템 안에서뿐만 아니라 전 세계적으로 널리 퍼져 있다. 사람들은 점점 손으로 글을 쓰는 일이 줄어들고, 스타벅스에 들어가면 모두가 몸을 구부려 노트북으로 다양한 글쓰기 작업을 하는 모습을 쉽게 볼 수 있다. 손글씨에서 노트북으로 하는 타이핑으로의 전환에 따른 전반적인 영향이 불확실하지만, 사회 전체가 전통적인 필기, 인쇄, 디지털 화면 기반 텍스트를 포함한 다양한 형태의 서면 콘텐츠를 사회가 인식하고 상호작용하는 방식에는 변화가 있을 것이다. 하지만 군터 크레스의 또 다른 관찰은 이러한 기술의 변화가 '세상과의 신체적 참여'에도 영향을 미친다는 점이다.[08] 즉, 디지털 기술로의 전환이 우리가 글을 쓰고 읽는 방식뿐만 아니라 주변 세계와 물리적으로 소통하는 방식에도 영향을 미친다는 것이다.

한 특정 연구는 손으로 쓰는 전통적인 필기에서 디지털 화면 기반 필기로의 전환이 미치는 영향을 연구하는 연구자들의 의견이 증가하고 있음을 강조한다. 학술지 《심리과학》Psychological Science에 발표된 한 연구에 따르면, 키보드로 필기하는 학생보다 손으로 필기하는 학생이 개념을 더 잘 이해하는 것으로 나타났다.[09] 손으로 필기한 학생은 수업이 끝날 무렵에 노트 필기량이 더 적었는데, 이는 손으로 쓰는 것보다 타이핑하는 것이 더 빠르므로 놀랍지 않은 결과다. 하지만 이후 시험에서는 이 학생이 추상적인 개념과 생각을 더 명확하게 이해한 것으로 나타났다.

이 연구는 데이터를 더욱 세분화한다. 즉각적인 사실 기억력에서는 키보드로 필기하는 학생 그룹과 손으로 필기하는 학생 그룹 간에 거의 차이가 없는 것으로 나타났지만, 장기간에 걸쳐 정보를 유지하는 데는 결과가 상당히 달랐다. 손으로 필기한 학생은 정보를 더 오래 기억했다. 손으로 장시간 필기할 때 학생이 개념을 더 잘 이해하고 기억력이 향상되었다는 이 두 가지 핵심 결과는 특히 주목할 만하다.

손으로 오래 필기를 하면 어떤 일이 일어날까? 손으로 글을 쓸 때는 모든 단어와 세부 사항을 말한 그대로 정확하게 포착할 수 있을 만큼 빠르게 쓸 수 없으므로 글쓰기는 변형을 수반한다는 점에서 '연금술'과도 같다. 아이디어를 단편적인 정보로 잘라내야 한다. 강의를 들을 때 필기자는 생각과 아이디어를 종합하고, 장황한 이야기를 간결한 핵심 요점으로 압축하여 필기할 수 있어야 한다. 강연자의 생생한 경험, 사고와 몸짓, 그들이 하는 이야기의 생각과 개념적 토대를 가져와서 간결하고 핵심적인 정보로 변환하는 것은 결코 쉬운 일이 아니다.

노트 필기에서 매혹적인 특성은 노트 필기자가 친절한 편집자와 비슷한 역할을 하듯 기록하는 내용을 부드럽게 수정하고 구체화한다는 것이다. 즉, "아니, 당신이 말하고자 하는 것이 바로 이것인 것 같다고 난 생각한다." 그리고 당신은 사건에 대해 자신이 해석하고 이해한 바를 기록하고, 이야기를 자신만의 것으로 선택하며, 자신만의 말로 이야기를 만들어낸다. 그렇게 함으로써, 당신은 정보에 대한 소유권을 갖게 되고, 자신의 의지에 따라 이야기와 사실을 형성하고 조절할 수 있는 권한을 갖게 된다.

한편으로 이것은 편의성을 위한 것이기도 하다. 당신은 모든 것을 다 파악할 수 있을 만큼 빨리 쓸 수는 없다. 다른 한편으로는 글쓰기를 통해 환경적 내러티브(우리 주변에서 일어나는 일)를 통제하고 자신의 독특한 관점에 맞는 방식으로 재구성할 수 있기 때문이다. 이 연구의 저자는 이를 '콘텐츠 종합 및 요약'이라고 부른다.[10]

시간이 흐른 뒤 노트를 펼쳐서 지나온 날들의 기록을 되돌아보는 것은 신비로운 일이기도 하다. 잉크나 흑연으로 구현된 노트에는 예전 자아에 대한 인식이 휘갈겨 있다. 노트를 되돌아보며 특정 순간에 필기자가 어떤 상태였는지 확인하는 것은 매우 흥미로운 일이다. 많은 학생들(그리고 성인 학습자)이 세부 사항과 정보를 기억하는 데 어려움을 겪기 때문에, 학습자가 특정 경험에 관한 생각을 복습할 수 있다는 점은 깊은 매력과 함께 유용성을 지니고 있다. '종합'이라는 과정을 거쳐 얻은 결과물은 재가공된 사건의 버전, 즉 자신이 직접 만든 당신 자신의 역사의 내러티브다.

디지털 노트는 과거와 경험을 들여다볼 수 있는 동일한 창을 제공할 수 없다. 그리고 자아에 대한 이러한 이해와 통찰력은 물리적 노트 필기의 형태를 한 학습의 신체화로부터 나온다. 물리적 공간에 손으로 직접 새기는 것 말고는 지나간 날과 보낸 시간을 표시할 수 있는 다른 방법이 있을까?

인류가 거주하기 시작한 초기부터 인간은 날씨, 조수, 인간의 마음을 기록하기 위해 동굴 벽에 그림을 그리고 미친 듯이 낙서를 해왔다. 디지털 매체를 지지하는 사람들은 이러한 작업이 온라인에서만 계속된다고 말할 것이다. 이는 하루에 인터넷에 업로드되는 정보가 상상을 초월할 정도로 많다고 주장하는 일종의 디지털 격찬이다. 이는 의심할 여지 없이 사실이지만, 물리적 기록은 전혀 다른 것이다. 물리적 기록은 경험을 산문으로 변환하는 '내러티브 자아'가 현실화되는 것이다. 경험을 페이지로 옮기는 이 과정을 통해 당신은 수동적인 사건의 기록자가 아닌 그 이상의 존재가 된다. 당신은 내러티브를 형성한다. 당신은 스토리텔러가 되는 것이다.

***망치를 든 사람에게는 모든 것이 못처럼 보인다**

상황에 대한 사람의 관점이나 접근 방식이 도구, 기술 또는 전문지식에 의해 크게 영향을 받을 수 있다는 생각을 전달하는 속담이다. 특정 도구나 방법을 사용하는 데 특별히 숙련되거나 경험이 많은 사람은 그 도구나 방법이 가장 적절하거나 효과적인 해결책이 아닐지라도 다양한 문제나 상황에 적용하는 경향이 있을 수 있다. 즉, 이 속담은 문제해결에 있어 획일적인 접근 방식을 취하는 것에 대해 경고한다. 한 가지 방법이나 도구에 지나치게 집착하지 말고 다양한 해결책을 고려하는 열린 자세를 가져야 한다는 의미다. 이는 다양한 문제를 효과적으로 해결하기 위한 적응력과 다양한 기술 및 접근 방식의 중요성을 강조한다. 예를 들어, 못 박기와 같은 작업에 망치를 매우 능숙하게 사용하는 사람을 상상해 보자. 이 사람은 못과 관련이 없는 문제에 직면하더라도 자신에게 가장 익숙한 망치를 사용하여 문제를 해결하고자 한다. 이는 차선책이나 부적절한 해결책으로 이어질 수 있다. 이 속담은 문제해결에 있어 열린 마음과 유연성을 유지하고 한 가지 도구나 접근 방식에 지나치게 의존하지 말라는 경각심을 일깨워 준다.

9

해체적 비평

초등학교부터 고등학교(초중고)와 대학 및 그 이후의 교육(고등 교육)에 이르기까지 교육에서 많은 부분은 학생들에게 피드백을 제공하는 데 중점을 두고 있다. 특히 글쓰기 교사가 제공하는 피드백 과정은 학생들이 글을 쓰면서 명확하고 이해하기 쉬운 목소리를 개발하도록 돕는 데 매우 유용하다. 하지만 학생들이 피드백을 듣는 데 어려움을 겪을 때가 있다. 특히 피드백이 자기 작업의 단점을 지적하거나 개선을 위한 제안을 제시하는 경우에 특히 그렇다. 학생들은 "나는 부정적인 비판을 견디지 못해요. 차라리 듣고 싶지 않아요"라고 말하기도 한다.

교육의 목표 중 하나는 학생들이 설득력 있고 탄탄한 논거를 개발하도록 돕는 것이고, 이 점에서 건설적인 비판은 필수적인 부분이다. 때때로, 특히 많은 학생들은 소셜 미디어를 통해 끊임없는 긍정에 익숙해져 있는 상황에서 비판을 듣고 받아들이는 것을 점점 더 어려워하는 것 같다. 그러나 글쓰기 그리고 더 큰 규모에서 대중적 수사학은 그런 식으로 작동하지 않는다. 인생은 그런 식으로 돌아가지 않는다. 효과적인 글쓰기와 공적 담론에 참여하려면 비판과 다양한 관점을 다룰 수 있는 능력이 필요한 것이 현실이다. 합리적인 사람들은 의견이 다를 수 있고 다를 것이고 달라야 한다. 하지만 몸이 부정적인 자극을 해석하는 신체적 방식과 특정 학생의 발달 단계에 대해 생각해 보면 상황은 조금 더 복잡해진다. 비판의 수용은 스트레스에 대한 생물학적 반응과 개인의 인지적 또는 정서적 발달 단계와 같은 요인에 의해 영향을 받을 수 있는 것이다.

밀레니얼 세대와 Z세대가 비판을 받아들이지 못한다는 이유로 그들을 공격하고 비난하는 것은 인기 있는 취미나 오락이 되었다. 너무 예민하고, 반향실echo chamber*과 같은 온라인 소셜 및 디지털 환경을 통해 피드백을 받는 데 너무 익숙해져 있으며, 헬리콥터 부모에게 너무 애지중지하게 자랐다는 비난을 자주 받는다. 사람들은 밀레니얼 세대와 Z세대에 대한 가혹하고 부정적인 비판을 다양하게 하고 있으며, 자신의 주장이나 관점에 맞는 비판을 선택할 수 있다. 이러한 의견이나 비판에 어느 정도 다당성이 있을 수 있지만, 적어도 본질상으로는 이전 세대가 모든 신세대를 대상으로 비슷한 비판을 해왔다는 점을 기억하는 것이 중요하다.

지금쯤이면 기성세대가 젊은 세대를 의지력이 약하고 연약하다고 비난하는 것은 약간의 자기반성적 감수성만 있으면 누구나 알 수 있는 사실이다. 이러한 현상은 주기적으로 일어나며, 나이 든 사람이 젊은 사람에게 실제 또는 상상 속의 사소한 불만을 토로할 때마다 발생한다. 학생들이 투덜거리면서 불만을 제기하거나 불만을 표현하기 시작할 때, 아무리 강인한 태도를 보이거나 영향을 받지 않으려 해도 독창적인 작품을 만드는 작가나 창작자도 부정적인 비판을 받는 것을 좋아하지 않는다는 것을 깨달아야 한다.

그러나 교육에 적극적으로 참여하는 학생들에게는 비판을 통해 배울 수 있는 능력을 키우는 것이 중요하며, 잘못 쓴 에세이로 인해 비난을 받는 것은 작가와 사상가로서 기술을 개발하는 과정에서 필요한 과정이라는 것을 인정해야 한다. 부정적인 비판은 어떤 의미에서 통과의례다. 학생들이 작품을 발표하고 비평 토론에 들어가면 그 작품은 공적 대화의 부분이 된다. 그리고 더 중요한 것은 학생들이 자신의 주장을 방어하는 과정에서 분석적 사고자에게 필수적인 둘째 단계의 기술인 주장을 다듬고 설명을 제공하고 더 넓은 대화에서 자신의 작업을 맥락화하는 기술을 개발한다는 점이다.

하지만 젊은 작가가 비평을 통해 자신의 작품이 진지하게 받아들여지고 있다는 사실 자체가 자신의 노력을 입증한다는 것을 인식할 수 있다고 해도, 작가가 되었다는 기분 좋은 감정은 흔히 오래 지속되지 않는다. 학생, 작가, 교사 등 누구에게나 피드백을 받는다는 것은 따끔하고 감정적으로 고통스럽다.

사실, 부정적인 평가나 비판을 받을 때 이를 신체적 감각으로 느끼는 것은 드문 일이 아니다. 한 방 맞아서 몸에서 공기가 모두 빠져나가 숨이 턱턱 막히는 느낌처럼 시험이나 과제에서 나쁜 점수를 받았을 때 느끼는 감정의 목록은 끝이 없다. 에세이나 연구 논문은 다른 야심 찬 대형 창작 프로젝트와 마찬가지로 수백 또는 수천 시간의 노력이 물리적으로 표출된 결과물이다.

대부분의 경우 교사는 학생들에게 개인적인 일화와 신념을 바탕으로 연구를 엮어 에세이 형식의 작품을 쓰도록 요구한다. 따라서 학생들이 작성하는 작품에는 이러한 요소가 많이 포함된 경우가 많다. J.K. 롤링J. K. Rowling의 볼드모트Voldemort처럼 학생들은 자신의 영혼의 일부를 작품에 불어넣는다(그것을 진지하게 받아들인다면 말이다). 학생의 작품은 자신의 페르소나의 일부가 담긴 호크룩스horcrux**가 된다. 이처럼 학생들은 자신의 작품이 자신의 정체성이나 개인적 본질의 중요한 측면을 담고 있다고 생각한다. 자신의 작품을 공격하는 것은 자신에게 상처를 주는 것으로 생각된다. 학생들이 느끼는 것은 육체적 고통이다. 즉, 자신을 드러내고 자신을 취약하게 만든 후 배신당했다는 실제 느낌이다. 한 방 먹은 기분이다.

인기 철학자(이 두 단어는 자주 함께 쓰이지 않는 단어다) 알랭 드 보통Alain de Botton; 1969~은 자신의 책 《직장의 희로애락》The Pleasures and Sorrows of Work에 대해 부정적인 논평을 쓴 《뉴욕타임스》New York Times의 케일럽 크레인Caleb Crain을 향해 폭언을 퍼부은 것으로 유명하다.[01] "죽을 때까지 당신을 증오할 것이다"라고 드 보통은 그 비평가의 블로그에 글을 올렸다. 이후 가볍게 사과하고 약간 부끄러워했지만, 드 보통은 적어도 부분적으로는 자신의 입장을 고수하며, 특히 《뉴욕타임스》와 같은 영향력 있는 출판물에 글을 써서 투고할 때 책의 성공을 좌우할 수 있는 논평가에게 화를 낼 권리를 옹호했다.[02]

'손상injury', '모욕insult', '상처hurt'와 같이 비판에 대응하는 데 사용되는 단어의 핵심은 신체적 은유다. 사실, insult(모욕)의 어원은 '껑충 뛰다, 도약하다'를 뜻하는 라틴어 단어 saltire로 거슬러 올라간다. 모욕을 당한다는 것은 에세이를 채점하는 심사자나 비평가 또는 교사에게 신체적으로 덮쳐지는 것이다.

***반향실**

개인이 자신의 견해를 강화하는 정보나 의견에 주로 노출되고 다른 관점에는 거의 노출되지 않는 환경을 말한다. 이 용어는 밀폐된 공간에서 소리가 울려 퍼진다는 개념에서 유래한 것으로, 이러한 환경의 사람들은 자신의 생각과 일치하는 것만 듣고 이를 효과적으로 증폭하고 강화한다.

**호크룩스
해리 포터의 가상의 세계에서 호크룩스는 어둠의 마법사나 마녀가 불멸을 얻기 위해 영혼의 조각을 숨겨둔 물건이다. 영혼을 쪼개어 호크룩스라는 물건에 넣으면 육체가 파괴되더라도 영혼의 일부가 인간 세계에 묶여 있어 진정한 죽음을 막을 수 있다.

난공불락

미국은 비판이나 피드백과 관련하여 문화적 전환을 경험하고 있다. 부분적으로는 소셜 미디어에 책임이 있다. 어떤 경우에는 인터넷이 부정성, 사이버 괴롭힘, 적대적인 댓글이 가득한 독설의 소굴이지만, 많은 젊은이들에게는 '좋아요'와 긍정의 끊임없는 흐름이기도 하다. 매일 쏟아지는 소셜 미디어 피드백은 태도가 돌변하여 정신에 피상적인 위안을 제공하거나, 잔인한 욕설과 비인격적인 모욕을 주기도 하므로 이 기묘한 이중성은 아무리 자신감 넘치는 사람이라도 균형을 잃게 만든다. 하지만 인터넷의 반향실 너머에는 비판과 비평에 관한 생각과 이를 받아들이는 능력이 변화하고 있는 다른 방법도 있다.

미국 대중 중에서 시선을 가장 많이 사로잡는 대표인 미국의 대통령은 비판을 받아들이지 못한다. 도널드 트럼프Donald Trump; 1946~는 비판을 받으면 분노로 응수하고 비판자를 비하하거나 사실, 증거, 물증을 제시할 때도 비판자의 글이 '가짜 뉴스'라고 단정한다. 언론을 악마화하는 것은 정치인들 사이에서 오래된 전통이지만, 트럼프가 비판자들을 향해 보이는 격렬함과 경멸은 최근 역사에서 볼 수 없었던 사례다.

CNN 로고가 머리 위에 덧씌워진 한 남성을 트럼프 자신이 잔인하게 구타하는 변조된 동영상을 리트윗하는 것[03]은 물론 만화 같은 괴롭힘의 기괴한 자세지만, 괴롭힘의 표면적인 모습 너머에 트럼프의 행동에 더 심오하고 불안한 측면이 있으며, 이는 매우 문제가 되고 있다. 이는 더 깊은 수준에서 보면 실존적으로도 소름 끼치는 일이다. 트럼프의 모든 막말, 외국에 대한 명백한 인종차별적 발언, '장벽', 반이민 정책, 뮬러 특검 보고서Mueller Report에 대한 도전, 스토미 대니얼스Stormy Daniels 스캔들, 마이클 코헨 사태, 독설적인 트윗은 모두 같은 유형에 해당한다. 이는 모두 실제보다 더 크고 더 지배적이거나 더 강력한 것처럼 보이기 위해 가슴을 부풀리는 자세고, 통제를 벗어난 반발이며, 부끄러운 보복적인 태도다. 즉, 허풍떨고 보복적인 행동 패턴의 일부로, 실질적인 가치가 부족하고 강하고 도전적으로 보이고자 하는 욕망에 의해 주도되는 행동들이다. 결국, 선기 방해 음모와 사법 방해 혐의가 있다는 의혹만으로 기소되는 것은 매우 심각한 비판이다. 즉, 트럼프 대통령을 향한 일부 비판이 암시나 제안에 불과하더라도 상당히 심각한 수준이고, 선거 개입 및 사법 방해와 관련된 비난은 사소한 문제가 아니다. 민주주의의 일부로서 기본적인 수준의 의견 불일치가 존중되지 않는다면 그것은 민주주의가 아니다. 독재정치, 선동정치, 뭐라 부르든 그것은 다른 것이다. 민주주의 원칙이 훼손되어 권위주의적이거나 선동적인 통치로 이어질 수 있다.

비판을 받아들이지 않는 트럼프의 태도는 지지자들로부터 찬사를 받는다. 비판자들과 소통하지 않으려는 트럼프의 태도는 일종의 미국식 허세에 비유되기도 한다. 트럼프는 엘리트 언론인들과 그들이 기고하는 신문사, 법조계 전문가, 과학자, 군사 전문가 등 엘리트 기관의 권위나 신뢰성을 무시하면서, 모든 사람이 불쾌한 구체적인 증거를 거부할 수 있는 권리가 있다고 강력하게 주장한다. 이는 '네가 하고 싶은 대로 하세요you do you'에서처럼 외부의 비판이나 결과를 고려하지 않고 자신의 이익을 위해 행동하거나 자신이 원하는 대로 행동하는 것을 허용하는 것이다. 이는 작가 콜슨 화이트헤드Colson Whitehead가 제안하기로 '점점 더 복잡해지는 나르시시즘'의 증거라고 말한 표현이다. 결과에 대한 걱정 없이 마음대로 행동하는 것이 일부 사람들에게는 안도감으로 보일 수 있다. 또한 의학적인 정의에 따르면 나르시시즘은 소시오패스 성향의 징후기도 하다.

두려운 것은 이러한 불통이 나머지 국민에게도 퍼진다는 점이다. 이것이 새로운 표준이라면 건설적인 피드백은 과거의 일이 되어 사라질 것이다. 우리 몸에서 어떤 특징 때문에 어떤 사람은 비판을 받아들여 건설적으로 처리하고 그것으로부터 배울 수 있지만, 어떤 사람은 부정적인 피드백에 직면하면 얼어붙게 되고 비판을 받으면 이를 수용하지 못하고 헐크처럼 공격적으로 반응하는가?

소셜 미디어와 휴대전화를 손에 쥐고 자란 디지털 세대가 부정적인 이야기를 듣지 못하는 것은 의심의 여지가 없어 보인다. 하지만 자신이 한 행동, 글, 말 등이 그다지 좋지 않다는 의견을 접하게 되면 실제로 어떤 일이 벌어질까? 어떤 메커니즘이 작동할까? 그리고 교육에 대한 신체화된 접근법이 어떻게 학생들이 에세이, 연구 논문 또는 과제에 대한 비판을 받아들이는 방식을 고려할 수 있을까?

몸 신경증 환자

비판에 더 민감하게 반응하는 사람은 대개 신경증 수치가 높은 사람이다. 신경증의 주요 증상 중 하나는 감정적 반응성이 증폭되는 것이다. 사무실에 출근했는데 누군가가 책상 위가 지저분하다고 지적하면, 당신은 커피잔을 제때 씻지 못하고 채점 중인 보고서를 침착하게 쌓아 놓지 못한 것에 화가 나거나 불안에 시달리면서 아침을 보낸다. 신경증 수치가 높은 사람은 자극에 비례하지 않는 스트레스 반응을 보일 뿐만 아니라 우울증과 불안에 시달릴 가능성이 더 크다. 이들은 비판을 나쁘게 받아들이고, 설상가상으로 자신을 가혹하게 비판하는 경향도 있다.

부정적인 비판을 받으면 뇌와 몸에 정확히 어떤 일이 일어날까? 이는 사소하거나 가볍게 넘길 문제가 아니다. 학교는 피드백, 평가, 검토의 끝없는 순환이 아니라면 아무것도 아니다. 심지어 교사와 교수도 학장과 직원들로부터 등급과 평가를 받으니 누구도 안전할 수 없다. 심지어 인터넷에서도 '나의 교수 평가하기' 같은 논평 사이트가 있다 (이 사이트에 따르면 나는 '존 스튜어트의 씁쓸한 교수 버전'인데, 이는 매일 자존감 탱크가 얼마나 가득 차 있느냐에 따라 모욕적이거나 명예의 훈장이 될 수 있다).

다른 환경적 요인 및 자극과 관련하여 비판이 무엇인지 한층 더 정의하는 것이 도움이 된다. 예를 들어, 일반적인 스트레스 반응은 가장 두드러지게 우리의 내분비계endocrine system, 특히 부신adrenal gland을 통해 우리 몸의 투쟁 또는 도피 메커니즘을 수반한다. 즉각적이고 갑작스러운 스트레스는 심박수를 높이고, 인지 부하를 줄이며, 도피를 위해 혈액을 큰 다리 근육으로 보내는 등 몸의 다양한 화학 반응에 의해 매우 쉽게 대처할 수 있다. 스트레스 자극에 반응하는 일련의 호르몬 중 글루코코르티코이드glucocorticoid는 다가오는 사자나 성난 풋볼 훌리건과 대적할 때 끝장날 때까지 싸우거나 도망가기 위해 즉각적으로 몸을 준비시키는 데 중요한 역할을 한다.

비판도 환경적 스트레스 요인이지만, 비판이 반드시 몸의 스트레스 네트워크를 이용하는 것은 아니다. 물론 이용할 수도 있다. 몸이 부정적인 환경 자극에 반응하는 방식이 생사가 달린 문제와 보고서를 제때 끝내지 못하면 상사가 어떻게 소리를 지를지 걱정하는 것 사이에서 명확하게 구분되지 않는다는 점에 주목할 필요가 있다. 우리가 자란 환경, 적절한 영양 섭취 정도, 유전, 문화 등 매우 다양한 요인이 작용하고 있어서, 비판에 대한 몸의 반응과 직접적인 환경 스트레스 요인(사자, 호랑이, 칼을 휘두르는 핼러윈 가면을 쓰고 칼을 휘두르는 사이코패스 등)에 대한 우리 몸의 반응이 완전히 다르다고 말하는 것은 부정확한 것이다.

인간의 몸에는 환경에 적응하고 대응하기 위해 사용할 수 있는 유한한 수의 계통이 있다. 비판 반응은 개인의 역사와 유전적 성향에 따라 다양한 방식으로 스트레스와 맞물려 나타나는 경우가 많다. 간단히 말해서, 비판, 스트레스, 신체적 반응 사이의 관계는 매우 복잡하고 쉽게 이해되지 않는다. 우리가 보고 있는 것은 분명히 피드백이 교육에서 신체화되는 방식을 더 잘 파악하기 위해 검토할 퍼즐의 한 협소한 조각일 뿐이다.

대면 비판을 받는 사람에게서는 여러 가지 반응이 일어난다. 이러한 반응의 기초는 비판받는 사람이 비판하는 사람의 몸짓, 제스처, 행동을 자세히 관찰하듯이 그를 감각운동적으로 관찰하는 것이다.

스마일! 당신은 《캉디드》 카메라에 찍혔어요!

프랑스의 작가이자 철학자인 볼테르Voltaire; 1694~1778의 냉소적인 18세기 소설인 《캉디드》Candide는 무한한 낙관주의로 가득 찬 순진한 이상주의자로 시작하지만, 점차 세상의 가혹하고 덜 이상적인 면에 직면하고 고뇌하는 주인공 캉디드의 모험을 중심으로 이야기가 전개된다. 18세기의 다른 책과 마찬가지로, 언어와 문체의 차이로 현대 독자들에게 이 소설은 읽기가 어려울 수 있지만, 이 소설의 주목할 만한 측면 중 하나는 몸의 모독과 정신의 모독이 서로 연결되는 방식이다. 이 책에서 몸은 끔찍한 취급을 받는다. 몸은 '둥지 언덕에 던져지고', 놀라울 정도로 자주 칼에 '찔리고', 무엇보다도 최악의 경우 두 명의 벌거벗은 소녀가 길을 따라 걸어가고 있는데, "원숭이 두 마리가 두 소녀를 쫓아와 엉덩이를 물어뜯는다." 이러한 육체적 고통은 더 깊은 상처를 상징한다. 캉디드는 이야기를 통해 세상이 꽤 엉망일 수 있으며 자신의 낙관주의가 잘못된 것일 수 있다는 사실을 서서히 깨닫게 된다.

육체적 고통과 감정적 고통의 결합은 몸이 환경과 상호작용하는 방식에 단단히 연결되어 있다. 한 개인이 대담자와 마주 앉아 성과에 대한 안 좋은 소식을 접할 때, 비평가와 비평받는 사람 사이에는 복잡한 상호작용이 일어나는데, 이런 상호작용은 몸에 대한 지각으로 시작된다.

내재된 문제는 한 사람의 작업에 대한 비판이 그 사람에 대한 비판과 동일시되는 경우가 많다는 것이다. 이는 트럼프가 겪는 일이다. 모든 공격은 개인적이며 복수는 그에 따라 이루어져야 한다는 것이다. 그러나 이것은 정확히 하지 말아야 할 일이다.

불교 철학과 수행은 이러한 상황을 직접적으로 다루며, 비판을 받는 순간에 자신을 조금이라도 주의 깊게 알아차리는 것이 그렇게 나쁜 것이 아니라는 교훈을 준다. 미국의 저술가 브렛 앤서니 존스턴Bret Anthony Johnston; 1971~이 말하듯이, "이야기는 사물에 관한 것이 아니다. 이야기는 사물이다."[04] 바로 그 사물성은 비판을 받는 누군가가 자신의 창작물로부터 적절한 거리를 두는 데 도움이 될 수 있으며, 건강한 관점의 숨통을 틔울 수 있는 여지를 제공한다. 이는 학생들이 기능적인 사상가이자 인간으로 성장하기 위해 교사가 학생들에게 제공해야 하는 것의 일부다.

그렇다면, 사람들은 나쁜 평가를 받으면 어떻게 해야 할까? 실제로 발생하는 신체화된 대응에는 어떤 것이 있으며, 어떤 대안이 있을까? 삐치거나 우울해하면서 침묵하는 것은 약간의 위안은 되지만 장기적인 해결책은 될 수 없다. 드 보통이 했던 것처럼 종말론적으로 화를 내는 것도 대응책으로 사용할 수 있지만, 물론 드 보통은 사과하고 마음을 추스르고 궁극적으로 자신의 감정 폭발을 합리화하려고 노력해야 했다. 이는 대가는 거의 없으면서 일만 많은 것이다. 즉, 최소한의 수익으로 큰 노력을 기울여야 하는 일이고, 오히려 비생산적이고 대중의 이미지에 손상을 줄 수 있다. 화를 내는 것은 상쾌한 카타르시스를 주기는 하지만, 공인으로서 성공하기 위한 전략을 개발하는 데는 특별히 도움이 되지 않는다. 작가로서도 마찬가지다. 비판을 극복하고 전문적으로 성공하려면 보다 건설적인 전략이 필요하다.

부정적인 논평 또는 더 일반적으로 비판에 적어도 약간 품위를 유지하면서 정중하고 사려 깊은 방식으로 대응하는 현실은 특별히 매력적이거나 역동적이지 않아서 흥미진진하지 않고 시선을 끌지 못할 수 있다. 작가, 정치인, 또는 학생은 부정적인 피드백에 직면할 때 자신을 방어하려는 자연스러운 성향인 주관적 방어심을 가라앉히고 단순히 내용과 타당성에 따라 그 논평을 객관적으로 평가해야 한다. 그 논평에 진실이 숨어 있지 않겠는가?

자기 밥값을 하는 경험이 풍부한 논평가는 자기 일을 진지하게 받아들인다. 상대에게 굴욕을 주려고 침을 질질 흘리면서 고의로 악의적인 논평을 하러 나온 논평가는 거의 없다. 논평가의 의견을 읽고, 타당성이 있는 부분을 취해 생각해 보는 것은 도움이 된다. 결국 수스 박사Dr. Seuss도 악평을 받은 적이 있다. 충분한 이유가 있다면 동의하지 않을 권리를 보유하라. 일시적으로 자책감에 빠질 수도 있다. 어쨌든 당신은 나무로 만들어진 존재가 아니다. 그런 다음 준비가 되면 다시 일터로 돌아가 더 나은 성과를 내도록 노력하라.

부정적 피드백에 대한 신체화된 반응이 있다는 점을 고려하면, 부정적 감정이 신체화된 반응으로 나타나지 않도록 방향을 전환하거나 완화하는 방법도 있다. 바디 스캔이든 이완 운동이든 마음챙김 운동은 결정적으로 스트레스를 줄여준다. 또한 지속적인 명상 수행의 결과는 환경적 상황을 개인적으로 받아들이지 않는 능력을 개발하는 것이다. 그렇다, 이런 일이 일어나고 있지만 나에게 일어나는 일이 아니라고 말할 수 있다. 그것은 그냥 일어나는 일이다. 불교의 명상과 철학은 반복해서 이 점을 거듭 강조하고, 비판을 흡수하는 수단으로써 중요하다. 마음챙김 수행은 실제로 스트레스 수준을 낮추며, 피드백이 스트레스를 주는 경우 정기적인 마음챙김 명상을 통해 부정적 비판에 대한 신체적 반응을 완화할 수 있다.

정말 복수하고 싶다면, 비판에 대해 장문의 글을 작성하여 부정적인 논평을 긍정적인 이득으로 바꾸면 된다.

자아 부정

기존의 통념에 따르면, 교육 환경에서 비판을 수용하려면 건강한 자존감과 환경에 대한 암묵적 이해만 있으면 되는 것처럼 보인다. 물론 학생은 자신이 비판을 받고 있지만, 이는 전체 '학습' 과정의 일부라고 말한다. 그것은 나에 대한 비판이 아니라 학업 성취도에 대한 비판이다. 그러나 매우 비판적인 환경에 처해 본 사람이라면 비판으로부터 객관적인 거리를 유지하는 것이 말처럼 쉬운 일은 아니다. 교사는 부정적 피드백이 어떻게 학생과 교사 자신에게 감정적으로 영향을 미칠 수 있는지 잘 알고 있다. 일을 형편없이 하고 있다는 말을 듣고서 기분이 좋아지는 사람은 아무도 없다.

마음챙김 명상이 실제로 이 시나리오에 어떻게 도움이 될까? 먼저, 불교의 마음챙김 수행자가 실제로 어떻게 '자아'를 확인하는지 그리고 그 특별한 '자아'가 누구인지 파악하는 것이 유용하다.

일반적으로 사람들은 마음 상태, 감정, 느낌을 다소 탈신체화된 심리적 방식으로 평가한다. "어떻게 지내세요?"라는 질문에 답할 때 최근에 있었던 일을 나열한다. "꽤 좋았어요, 사실 학생들이 오늘 제가 가르친 수업에 정말 집중하는 것 같았어요." 또는 "별로였어요, 과제를 제시간에 완료하지 못해서 선생님께서 엄청 화를 내셨어요"가 그런 대답이다. 이러한 시나리오가 우리가 허공에서 짠 사건과 인과관계에 대한 내러티브를 대표한다는 것을 인식해야 한다. 즉, 경험적 현실로 존재하지 않는다는 의미에서 탈신체화되어 있다. 이러한 내러티브는 개인에게 중요하지만, 반드시 경험적 현실에 근거한 것은 아니며 실제 물리적 경험과는 다소 단절되어 있다.

하지만 자신의 몸에서 나오는 감각과 신호를 인식하고 이해하는 능력인 내수용 자각은 이러한 역학 관계에서 완화 요인이다. 마음챙김 명상은 내수용 자각의 적극적인 신체화로서, 자신의 신체 감각과 신호에 의도적으로 집중하고 알아차리는 것을 포함한다. 다시 말해, 자신이 어떻게 느끼는지 정말로 알고 싶다면 자신의 육체적 자아를 '확인'할 수 있는 능력을 개발하는 것이 이를 달성하는 방법이다. 당신이 발견할 수 있는 것은 놀라운 것으로서, 명상을 통해 자신에 대한 놀라운 통찰력을 발견할 수 있다.

부정적인 환경 자극을 받았을 때 느끼는 감정은 내수용 능력을 개발함으로써 완화하거나 대응할 수 있다. 자기 생각이 어리석다는 말을 듣는 것은 가슴 아픈 일이지만, 마음챙김과 함께 제공되는 자아 인식 행위는 그러한 이야기를 완화하고 상쇄한다. 하지만 인지적이고 분석적인 방식으로는 그렇게 하지 않는다. 마거릿 애트우드Margaret Atwood; 1939~의 말을 빌리자면, 마음챙김 명상을 규칙적으로 실천하는 것만으로도 즉각적인 감정 반응에서 한 발짝 물러나 외부의 비판이나 스트레스 요인에 과도하게 영향을 받지 않을 수 있다.

학생들은 이러한 능력을 개발하면 도움이 될 것이다. 현대의 교육 환경은 부정적인 자극의 연속이다. 내수용 자각을 강화함으로써 학생들은 부정적 피드백의 고통을 제거하고, 자신의 상황을 보다 적절하고 정확하게 파악하여 합당한 방식으로 앞으로 나아갈 수 있다. 사실 비판과 부정적 피드백을 장점으로 활용하는 것은 마음챙김 명상과 유사한 다양한 분야의 핵심이다.

20세기 초 우에시바 모리헤이Morihei Ueshiba; 1883~1969가 개발한 일본 무술인 합기도는 바로 이러한 철학적 접근 방식에 기반을 두고 있는 한 가지 분야다. 합기도의 가장 큰 매력은 이 무술의 철학적 토대다. 다른 격투 스타일과 조화를 이루면서 동시에 그것들과 대조적으로 발전한 합기도의 핵심 교리 중 하나는 상대방에게 해를 끼치지 않는 것이다. 오히려 수련자는 상대방의 힘을 이용하고 가능한 한 비대결적인 방식으로 신체적·정서적 공격을 모두 처리한다. 합기도 사범은 종종 작은 일화를 들려주거나, 합기도가 인생에서 어떻게 작용하는지에 대한 비유를 제시한다. 예를 들어, 버스에서 자리를 두고 다투는 상황은 합기도의 철학을 활용하기에 완벽한 장소다.

'합기도'라는 단어는 대략 '화합 정신의 길'로 번역된다. 합기도는 선불교에서 볼 수 있는 마음챙김 몸 인식의 많은 기술을 포함하며, 어느 연습장에서나 사범은 항상 균형에 관해 이야기한다. 즉, 혼돈의 중심에서 얻을 수 있는 평온함에 관해 이야기한다.

합기도 교육에서 가장 주목할 만한 측면 중 하나는 학생들에게 분노가 어떻게 몸을 일으켜 세우는지에 대해 가르치는 방식이다. 예를 들어, 합기도 훈련의 대부분은 공격을 방어하는 데 사용되는 기술인 던지기와 누르기throw and pin를 중심으로 이루어진다. 이러한 모든 기술의 핵심 원칙은 넓은 자세로 단단히 균형을 잡고 동작에 필요한 일련의 동작을 완성하는 것이 중요하다는 것이다. 이러한 기술을 가르칠 때 사범은 분노, 두려움, 원한이 어떻게 몸을 일으켜 세우는지, 흥분과 분노, 원한이 어떻게 몸을 균형이 잡히지 않아 곧 넘어지게 하는 자세에 놓는지 관찰할 것이다. 이것은 신체적 평온과 대조될 수 있다. 신체적 평온의 경우에 개인은 땅에 뿌리를 내리고 침착하고 빈틈이 없으며 단단하고 넓은 자세로 준비되어 있는 상태다.

마음은 몸을 따른다. 이는 공격에 대처하기 위해 마음이 침착해야 하는 합기도뿐만 아니라, 마음이 피드백의 건설적인 요소를 받아들일 수 있을 때에만 부정적 피드백을 통합하는 것이 효과가 있는 교육에서도 마찬가지다. 공격에 적절히 대처하려면 몸과 마음이 평온해야 한다. 학생들을 '현실 세계'에 대비시키는 것이 한 가지 목표라면 교사는 감정이 격해지는 순간이 조화를 깨뜨리고 균형을 잃을 수 있는 학교, 직장, 인간관계 등 다양한 맥락을 인정해야 하고, 중심을 되찾고 뿌리를 내리는 꾸준한 신체적 노력이 실제로 어떻게 삶의 다음 순간을 평온한 마음으로 살아갈 수 있게 하는지를 인식해야 한다.

10

그냥 보는 대로 모방하여 배우다

교육이 가치 있는 것으로 간주되는 한 가지 이유는 교육이 학생들에게 '사회화socialization'*를 제공하기 때문이다. 이는 어떤 면에서는 정확하지만 다른 면에서는 오해의 소지가 있다. 표준 형태의 의무 교육은 대부분의 학교 교육을 위해 같은 나이대의 아이들을 한데 모아놓는다. 공동체이든 가족이든 직장이든 간에 삶에서 이러한 비정상적인 헤게모니 구조**는 거의 찾아볼 수 없다. 살아가면서 특별한 목적을 위해 형성되고 재형성되는 대부분의 조직과 담론 집단은 다양한 나이와 배경을 가진 개인들로 구성된다. 발달상으로 볼 때, 학생이 열세 살이라고 해서 기초 대수학을 배울 준비가 되었다거나 열아홉 살이 된 대학교 1학년 학생이 종합적인 주석이 달린 참고문헌을 작성할 준비가 되었다는 것은 분명하지 않다. 하지만 인간 발달이 매끄럽고 연속적인 과정이 아니라 빠른 발전의 시기와 느린 발전 또는 좌절의 시기로 특징지어진다는 사실에도 불구하고, 현대의 교육 제도는 모든 학생이 그렇게 할 준비가 되어 있다고 전제한다.

게다가 학생들을 교육 기간 내내 같은 나이대의 집단에 배치하는 것의 또 다른 단점은 사회화의 부정적인 발달 측면을 강화할 수 있다는 점이다. 특히 청소년기에는 이렇게 하면 스트레스가 많은 환경이 조성될 수 있다.

어린 시절부터 성인에 이르기까지 한 사람의 발달 과정에서 청소년기만큼 사회적 규범을 따르고 또래에게 인정받고자 하는 욕구가 강한 시기는 없다. 이는 진화론적 관점에서 보면 당연한 일이다. 현대 영장류는 인류학자들이 생각하듯이 인류의 영장류 조상이 그랬던 것과 유사한 사회 집단을 형성한다. 이러한 집단에 속한 개인은 청소년기에 접어들면 생존을 위해 집단에 적응해야 한다. 신체화된 관점에서 볼 때, 군중 속에 있다는 것은 보호와 소속감, 짝을 찾을 가능성을 의미한다. 또래 집단에서 벗어난 영장류는 포식자에게 공격당하기 쉽고 집단 활동에 온전히 참여하는 데 필요한 사회적 유대감을 형성할 가능성이 작아진다.

교사는 학생들이 의도치 않게 서로를 모방하는 수업 토론과 수업 과제 중에 이를 자주 목격하게 된다. 이는 여러 레벨에서 발생할 수 있다. 예를 들어, 한 그룹의 학생이 과제에 사용할 파워포인트를 디자인하기로 하면 다른 많은 그룹이 이를 따르게 된다. 학급 토론 중에 사회적으로 지위가 높은 학생(인기 있는 학생)이 그날의 주제에 대해 의견을 제시하면 다른 학생들도 금방 동조하고 동의할 가능성이 크다. 특히 청소년의 경우, 사회적 단서***가 많은 행동에 영향을 미치는 방식을 쉽게 볼 수 있다. 이러한 경향은 덧없고 종종 충동적인 청소년의 변덕을 대변하는 일종의 반향실인 소셜 미디어를 통해 기하급수적으로 강화된다.

수업 중에 학생들에게서 나타나는 방해가 되거나 부적절한 행동인 품행 불량은 단체 활동으로 이루어지거나, 좋든 나쁘든 사회적 효과를 위해 고안된 것이다. 여하튼 전통적인 교실에서는 행동과 계급, 포용성과 배타성이 끊임없이 상호작용하고 있다. 교육 기관이 추구하는 것이 혁신적인 사상가와 독창적인 창작자를 양성하는 것이라고 대중을 설득하려는 노력에도 불구하고, 전통적인 학교 환경에서는 학생들에게 순종이나 복종을 원하는 경우가 많다.

행동 관점에서의 순종은 신체적 모방에 기반한다. 순종은 초기 인간 발달 동안에 일어나는 학습에 대한 신체화된 표현이다. 영어를 사용하는 부모의 영아는 프랑스어를 사용하는 부모의 자녀와 출생 후 몇 시간 내에 다르게 호흡하는데, 이는 주변 언어를 듣는 것만으로도 호흡의 신체화가 달라지기 때문이다. 인간은 영아기 때 대부분의 발달이 고유수용감각 경험에서 비롯된다. 신생아는 아직 손으로 얼굴과 눈을 긁지 못하도록 하는 고유수용 자각이 발달하지 않았기 때문에 많은 신생아 부모가 아기 손에 부드러운 장갑이나 양말을 씌운다. 그러나 이 시기는 금방 지나가고, 영아, 특히 유아는 매우 짧은 기간 내에 주변 세계에 대한 단서를 찾기 시작한다.

이 발달 단계에서 영유아와 특히 어린이는 주변 사람을 모방하기 시작한다. 물론 이것은 진화의 관점에서 볼 때 현명한 행동이다. 영장류 무리가 갑자기 공포에 질려 울부짖기 시작하면 모두가 나무로 뛰어올라가고, 이를 따르지 않는 영장류는 결국 사자의 먹이가 되고 만다. 이처럼 모방은 생존에 덕이 된다.

이런 식으로 학습한 행동 패턴을 바꾸거나 그 패턴에서 벗어나기란 쉽지 않다. 즉, 순종을 피하는 것은 매우 어렵다. 특정 관점에서 보면 이러한 순종은 강렬하게 신체화되어 있다. 가장 극명한 한 가지 예는 제도적 공간이 움직임을 제한하도록 설계되는 방식이다. 특히 학교는 많은 학생들이 하루 종일 가능한 한 질서정연하게 이동하도록 설계되어 있다. 현대 교육 건축에서 건물 내에서 자유로운 이동, 자율성, 신체 운동을 강화하는 것은 거의 없으며, 몸의 참여는 교육 구조물에서 분리되어 운동장으로 옮겨졌다. 그리고 교사와 교직원 등 학교에 소속된 사람들이 순종을 신체화하고 있다고 처음에는 말하고 싶지는 않지만, 사실은 그렇게 하고 있다.

전통적인 학교 환경에 참여하는 개인은 이동하고 환경과 상호작용하는 방법에 관한 매우 엄격한 사회적 지침을 준수하고 있다. 이런 학교는 학생들이 걷고 앉고 움직이는 방식이 단순히 일을 처리하기 위해 몸의 방향을 잡는 가장 효율적인 방법을 찾는 형태학(신체적 특징)의 결과라고 반론할 수도 있다. 그러나 반쯤 자유로워진 초등학교 3학년 교실을 방문하면 신체화된 학습에 대해 매우 다른 시각을 갖게 된다. 자유가 주어진다면 학생들은 소파 등받이에 몸을 걸치고 머리를 옆으로 늘어뜨린 채 책을 읽거나, 바닥에 뒹굴고, 구구단을 외우면서 카펫의 무늬 위를 걸으며, 개가 눈밭에서 구르는 것처럼 카펫 위에서 뒹굴고, 책상 밑에 웅크리고 앉아 《주니비존스》Junie B. Jones를 읽는 등 일반적으로 엄격한 일과를 따르고, 전문적으로 옷을 입고, 규율에 맞게 행동해야 하는 사무실 환경에서 일하는 사람들보다 축 늘어져 있는 개코원숭이를 닮은 모습이다.

하지만 순종은 신체적 모방 그 이상이다. 여러 연구 실험은 인간이 심리적으로 권위자의 명령이나 지시에 복종하고 따르려는 성향이 있다는 생각을 강력하게 뒷받침한다. 그중 가장 유명한 실험은 1960년대 예일대학교의 스탠리 밀그램Stanley Milgram; 1933~1984 박사가 수행한 밀그램 실험이다. 이 실험의 참가자들은 다른 방에 있는 사람들에게 전기를 사용하여 질문에 틀린 답을 할 때마다 고통스러운 전기 충격을 가했다. 전기 충격을 받은 사람들은 실제로 전기 충격을 받은 것이 아니라 시늉만 한 것이었지만, 질문을 하고 전기 충격을 가하는 사람은 그 사실을 전혀 몰랐다. 점점 더 많은 질문을 던질수록 전기 충격의 강도는 점점 더 강해졌고, 실험을 진행한 연구자는 피실험자에게 전기 충격의 최종 수위가 치명적일 수 있다고 말했다.

정상적이고 점잖은 대부분의 사람들은 다른 방에서 비명과 애원하는 소리가 들리더라도 강한 전기 충격을 가하는 것을 꺼리지 않았다. 많은 사람들이 비명과 애원하는 소리 때문에 자신의 행동에 대해 감정적으로 괴로워하고 속상해했지만, 이중 절반 이상은 흰색 실험복을 입은 연구원의 지시에 따라 전혀 모르는 피실험자에게 강도 높은 전기 충격을 가했다.

***사회화**

사회화란 개인이 자신이 속한 사회나 문화의 가치, 규범, 관습, 행동 양식을 배우고 내면화하는 평생의 과정이다. 사회화는 인간 발달의 근본적인 측면이며 개인의 정체성, 성격, 사회적 상호작용을 형성하는 데 중요한 역할을 한다.

****헤게모니 구조**

헤게모니 구조라는 개념은 일반적으로 한 집단이나 단체가 다른 집단이나 단체에 대해 지배적인 힘과 통제권을 가지고 자신의 이익을 위해 사회적 · 정치적 · 경제적 · 문화적 환경을 형성하는 체제를 말한다.

*****사회적 단서**

사회적 단서는 사람들이 사회적 상호작용에서 정보를 전달하기 위해 사용하는 비언어적 신호다. 이러한 단서에는 제스처, 표정, 몸짓언어, 목소리 톤, 명시적인 언어적 표현에 의존하지 않는 기타 형태의 의사소통이 포함될 수 있다.

순종하라!

사회적 순응은 몸에서 시작된다. 중학교에 다니는 청소년들이 자신의 외모와 냄새, 몸의 크고 작음, 뚱뚱하고 마른 정도 등 자신의 몸에 지나칠 정도로 예민하게 의식하는 것은 놀라운 일이 아니다. 인간은 눈에 띄는 것이 아니라 적응하는 존재다.

흰색 버팔로가 되는 것은 도움이 되지 않는다. 그렇게 되면 포식자에게 쉽게 눈에 띄기만 한다. 진화적 적응은 각 종에게 생존을 극대화하거나 적어도 번식 성공을 가능하게 하는 행동을 부여했다. 이러한 신체적 행동을 바꾸는 것은 진화적으로 위험한 일이다. 평소 눈에 잘 띄지 않고 위장을 잘하는 먹잇감 동물인데, 눈에 띄는 행동을 하면서 건들건들 주변을 돌아다니면 포식자에게 잡힐 확률이 높아지므로 그렇게 하는 것은 도움이 되지 않는다(큰 산쑥들꿩이나 공작새 같은 일부 동물이 그렇게 한다는 사실은 성적 과시의 위험과 보상에 대한 또 다른 이야기이지만, 이는 이 책의 주제에서 벗어난 이야기다).

다시 말해, 아직 풋내나는 사자나 원숭이, 인간과 같은 사회적 동물이 위계 집단에서 자신의 서열을 찾으려 할 때 주변 동물, 특히 집단에서 서열이 높은 동물의 리드를 따르는 것이 가장 현명한 일이다.

다리를 굽히지 않고 높이 들면서 행진하는 나치의 오래된 흑백 비디오는 보기 불편하고 넘어질까 봐 아슬아슬해 보이기도 하며 심지어 오싹한 기분도 든다. 나치 군대는 완벽하게 동시에 행진하면서 긴 장화를 신고 완벽한 걸음걸이로 걷는다. 하지만 이 장면은 학자들이 홀로코스트(나치스의 유대인 대학살)의 끔찍함을 어떻게 설명하려고 했는지를 상징적으로 보여준다. 독일 나치는 명령에 복종했을 뿐이며 오로지 순종적이었다. 다니엘 골드하겐Daniel Goldhagen; 1959~의 저서 《히틀러의 열렬한 사형 집행인》Hitler's Willing Executioners01에서 이 개념은 설득력 있게 설명된다. 발달 초기 단계에 주변 사람의 신체적 행동을 신체화하는 인간의 선천적인 행동 적응 그리고 위계와 규칙 준수를 기반으로 하는 문화는 겉보기에 정상적으로 보이는 사람들이 끔찍한 활동에 가담하는 이유를 설명하는 데 많은 도움이 된다.

이 논의는 학생들이 혁신, 창의성, '새로운' 아이디어를 발휘해 주기를 우리가 얼마나 많이 원하는지를 이야기할 때 특히 적절해진다. 순종에서 벗어나는 것은 생각보다 어렵다.

집단에 순응하거나 적응하려는 인간의 욕구는 상당 부분 진화적 역사에서 비롯된 것이다. 즉, 인류의 역사를 통틀어 다른 사람들과 협력하고 조율하는 것에는 적응적 이점이 있다는 것이다. 사회적 동물인 우리 인간은 다른 무리 구성원이 무엇을 하고 있는지 끊임없이 관찰하고 평가하며 그에 따라 행동하거나 반응하며, 이러한 인식 대부분은 신체적 상태에 관한 것이다.

사회적 지능

청소년기만큼 사회적 지위가 중요하게 여겨지는 시기는 없다. 이 발달 단계에서는 '적응'이라는 개념이 가장 중요해지며, 아이들은 주어진 상황의 사회적 규칙을 파악하여 자신만의 사회적 틈새를 찾기 위해 엄청난 에너지를 소비한다. 그 방법은 사람마다 다르지만, 일반적으로 인간은 다른 사람의 움직임과 행동을 신체적으로 모방하거나 재현하는 등 모방에 뛰어나다.

다른 사람의 몸짓과 움직임을 읽을 때 엄청난 양의 인지적 처리가 일어난다. 신체화된 움직임으로부터 의도와 성격을 파악하고 분석하는 것은 어렵지만, 우리는 진화적 역사 내내 그렇게 하는 경향이 있었다. 개가 엉덩이를 공중에 치켜들고 머리와 어깨를 땅에 내리고 꼬리를 흔들며 얼굴은 웃는 '플레이 바우play bow'를 할 때, 그 개는 다른 이들에게 공격적이지 않은 놀이를 제안하는 것이며, 여기에는 인간도 포함된다. 이처럼 서로 다른 종 간의 관계에서도 신체적 움직임은 끊임없이 서로 주고받으며 소통하고 있다.

사회적 상호작용을 원활하게 하기 위해 타인을 신체적으로 모방하는 현상에 대한 잠재의식적인 이해가 있기는 하지만, 인간은 언어적 동물이기 때문에 다른 형태의 지능과 동일한 기준으로 이런 현상을 평가하지 않는다. 우리 대부분은 신체적으로 전달되는 정보보다는 음성 정보에 의존한다. 하지만 우리가 인식하든 인식하지 못하든, 사회적 상호작용을 하는 동안 엄청난 양의 정보가 사람들 사이에서 전달된다.

이러한 육체수용감각 능력은 인간관계, 특히 학습의 작동 방식과 관련하여 무엇을 의미할까? 예를 들어, 많은 교사는 감성 지능emotional intelligence에 관해 이야기하는 것이 타당하다는 것을 인정하고 있다. 그런데 교사가 학생의 능력을 측정하는 방법의 계속 늘어나는 목록에 '신체 지능bodily intelligence'을 추가할 수 있을까?

몸짓언어는 중요하다. 인기 없는 한 아이가 인기가 많고 영향력이 있는 아이들과 어울려 이들의 일거수일투족을 지켜보며, 이들의 몸에서 나오는 언어를 빨아들이는 시나리오를 상상해 보라. 말하자면, 신체적 위계에 섞여 그 움직임 패턴에 스스로 통합됨으로써 '아웃사이더'인 아이는 더 많은 사회적 자본*을 가진 학생들에게 받아들여질 가능성이 더 커진다. 그 그룹에 속하고 그 일원이 되려는 욕구는 매우 깊숙이 내재되어 있으므로 그것이 교육에 미치는 영향을 부정하는 것은 어리석어 보인다.

연구에 따르면, 개인이 신체적 움직임을 잘 읽는 정도와 그것을 잘 재현하는 정도 사이에 직접적인 상관관계가 있다는 것이 입증되었다. 2018년 미국 공공과학도서관Public Library of Science 학술지 《플로스 원》PLOS One에 발표된 연구에 따르면, 개인이 다른 사람의 신체적 동작을 얼마나 잘 읽고 모방할 수 있는지는 사회적 지능과 직접적인 관련이 있다고 한다.[02] 실제로 신체적 동작을 모방하는 능력도 중요하지만, 이 연구에서는 참가자들이 지켜보는 사람이 행동을 시작하기도 전에 먼저 행동을 시작하는 '예상 행동anticipated action'**에 참여한다는 사실에도 주목했다. 모방 능력에서 높은 점수를 받은 연구 참가자는 사회적 정보 처리 능력에서도 높은 점수를 받았다. 이들은 다른 사람의 행동을 능숙하게 모방할 뿐만 아니라 비언어적 단서(가령, 얼굴표정)를 바탕으로 행동을 직관하고 예측할 수 있었다.

사회적으로 얼마나 잘 지내는지는 인생 전반에 걸쳐 엄청난 영향을 미친다. 초등학교 모래 놀이터부터 대학 강의실까지 학교에서 인격과 일반적인 존중이라는 개념은 중요하게 다루어지지만, 교육은 개인의 행동 발달에는 많은 에너지를 쏟지 않는다. 물론 인지 과정과 기술 습득에 관심을 기울이기는 하지만, 유명한 에티켓 전문가 에밀리 포스트Emily Post; 1872~1960 스타일의 전통적인 에티켓 학교를 통해 학생을 교육하는 것은 대부분 교사가 원하지 않는 일이다. 그러나 교사가 학생들이 건강한 사회적 관계를 유지하고 사회적 자본을 극대화하는 방식으로 사회 집단에 참여하는 능력을 방해할 수 있는 한 가지 방법이 있다. 일반적으로 교육은 학생들의 내수용감각 능력을 개발하는 데 도움이 되지 않고 있다.

마음챙김을 우선시하는 교과과정을 만드는 것은 신체화된 반응이 아동 발달에 어떤 역할을 하는지를 다루는 데 있어서 중요한 한 가지 단계다. 그 이유는 마음챙김이 내수용감각 능력을 향상시킨다는 사실이 밝혀졌기 때문이다. 마음챙김 명상에 능숙해질수록 감정과 직접적으로 연결된 자신의 내수용감각 상태와 더 많이 '접촉'하게 된다. 따라서 마음챙김 명상 수행자는 성공적인 사회적 상호작용의 핵심 요소인 **감정 조절**을 더 잘하게 된다.

《심리학 프론티어》Frontiers in Psychology에 실린 캐롤 후벤과 신시아 J. 프라이스Carole Hooven & Cynthia J. Price의 연구에서 신체적 자각과 감정 조절 그리고 사람들이 주어진 상황에 잘 대응할 수 있는 정도 사이의 관계가 명확히 밝혀졌다.

> 감정 조절은 자아와의 일관된 관계, 특히 몸과 마음, 느낌 간의 효과적인 의사소통을 통해 자신 안에서 조화로운 연결을 구축하는 것이다. 효과적인 감정 조절에는 스트레스성 사건에 대한 생리적 반응과 관련된 단서를 정확하게 감지하고 평가하는 능력을 포함하고, 여기에는 감정 반응을 완화하고 영향을 미치는 적절한 조절 전략이 수반된다.[03]

학생들이 사회적 상황을 성공적으로 탐색하고, 다른 사람의 신체적 신호에 반응하며, 주변 사람의 비언어적 표현을 읽고, 그 행동을 적절하게 반영하는 방법은 모두 내수용 자각에 달려 있다. 친구가 끔찍한 일을 겪은 이야기를 하는 상황을 가정해 보자. 일반적으로 당신은 말하는 사람과 비슷한 괴로움이나 고통의 표정을 짓게 되는데, 이러한 공감적 반응은 말하는 사람이 자신의 이야기를 잘 듣고 있다고 느끼게 한다. 말하는 사람의 얼굴 반응을 예상하고 표정을 따라 하지 않는 등 적절하게 반응하지 않으면 무감각하고 반사회적인 사람으로 보일 수 있다. 이렇게 하면 사회적 자본을 늘리거나 친구를 사귀거나 다른 사람들이 당신에게 마음을 털어놓도록 유도하지 못한다.

어떤 사회적 상황에서도 집단의 구성원들은 비언어적 신호, 몸짓, 말하는 내용, 말하는 어조, 말의 복잡성 등 수많은 신호를 격렬하게 받게 된다. 모든 사회 집단의 구성원은 의식하든 의식하지 않든 항상 이 모든 신호에 반응한다. 신체적 움직임에서 의미를 해석하고 그에 따라 반응하는 데 능숙한 사람은 사회적으로 더 성공하며, 사회 지능 처리 능력에서 더 높은 점수를 받는다. 감정적으로 적절하게 반응하는 능력은 내수용 자각 능력에 크게 좌우된다. 감정은 몸에서 시작되고 몸에서 신호를 보내므로 상황에 따라 적절하게 조절하는 것은 내부 상태의 민감도에 달려 있다.

이상하게도 대부분의 학교에서는 학생들을 책상이나 테이블에 일렬로 앉히는 것이 기본 모드기 때문에 운동감각을 이용한 대화가 일어날 가능성이 차단된다. 정상적인 인간 상호작용에서 발생하는 움직임과 신체적 신호가 교실에서는 음소거 되어 아이들이 의미를 해석하고 주변 사람의 행동과 감정을 예측하고 그에 따라 대응하는 중요한 기술을 연마할 기회를 박탈당한다. 교사가 학생들을 정적인 학습 모델에서 벗어나 움직임에 참여할 수 있도록 노력을 기울일수록 더 좋은 결과를 얻을 수 있다.

사실, 사교성이 뛰어난 학생(일에 집중하지는 못하지만, 호감도가 높고 사회적으로 잘 연결되는 사교성이 좋은 사람, 즉 인싸를 생각해 보라)은 자신에게 유리하게 그 기술을 활용할 기회가 주어지지 않고, 전통적인 학습 방식에 적합한 것으로 간주되는 좁은 범위의 과제를 수행하도록 강요받는다. 하지만 뒷줄에 앉아서 모두를 웃게 만드는 매력 넘치는 아이는 장기적으로 봤을 때 어떤 특정 수업보다 훨씬 더 유익한 여러 가지 유형의 신체화된 지능을 가질 수 있다.

***사회적 자본**

사회적 자본은 개인이나 그룹이 사회적 관계와 네트워크를 통해 얻는 가치와 혜택을 말한다.

****예상 행동**

예상 행동이란 미래의 행동에 대한 기대 또는 예측을 말한다. 여기에는 과거의 행동, 맥락 또는 알려진 패턴 등 다양한 요인을 바탕으로 상대방이 무엇을 할 가능성이 있는지 또는 상황이 어떻게 전개될지 예측하는 것이 포함된다. 인간 상호작용의 맥락에서 예상 행동을 이해하는 것은 매우 유용할 수 있다. 예를 들어, 상대방의 성격과 습관을 잘 파악하고 있다면 주어진 상황에서 상대방의 반응이나 행동을 예상할 수 있다.

11

내장적 본능

감정과 느낌은 고립적이거나 독립적인 실체가 아니라 다양한 요인으로부터 영향을 받아서 형성된다. 기분과 감정 상태가 표출되는 방식은 몸에서 발생하는 일에 맥락적으로 의존하고, 아마도 가장 중요한 신체적 연결은 뇌brain와 내장gut 사이의 연결*이다. 감정 상태를 단순히 내부 생리적 조건이 표출된 것만이 아니라 더 광범위한 생물학적 과정과 밀접하게 얽혀 있는 것으로 이해하는 것이 중요하다. 감정을 신체적 상태의 '표출'로 분류할 때 수반되는 위험은 이러한 특정 개념화가 단방향의 인과관계를 만들어내지만 실제로는 그 효과가 양방향으로 작용한다는 것이다. 감정이 표출되는 방식은 주로 몸속의 신체적 조건에 기반할 수 있지만, 마찬가지로 인지 과정으로부터 비롯되는 인지적 감정 상태도 내부의 생물학적 조건에 영향을 미칠 수 있다.

내부의 생리적 상태와 감정의 외부 표출 사이의 관계는 배고픈 상태에서 스트레스가 많은 상황을 잘 처리해야 했던 경험이 있는 사람이라면 누구나 알 수 있다. 한 학생이 학교에 조금 늦게 도착했고, 바쁘고 정신없는 아침에 시간이 부족해서 서두르다 보니 아침 식사를 걸렀다. 학교에서는 이 학생에게 한꺼번에 여러 가지 일을 요구하고 있다. 정오에 국제학과의 과제 마감일이 다가오는데, 누군가의 인스타그램 게시물에 무심코 올린 댓글로 인해 스트레스가 심한 사회적 논쟁에 휘말리게 된다. 과제를 마무리하기 위해 도서관에서 몇 분이라도 쪼개서 자료를 검토하고 있는데, 반 친구 중 한 명이 책상을 가로질러 그 학생 쪽으로 몸을 기울여 재미있는 연애 실수, 단체 문자, 상급생에 관한 시시콜콜한 별 의미 없는 이야기를 성가시게 늘어놓고 있다. 당황스럽고 화가 난 그 학생은 좌절감을 느끼고 짜증이 나서 친구에게 막말을 하며 기분이 나빠지면서도 자신의 반응을 억제하지 못한다. 평소 같으면 그렇게 논쟁거리가 되지 않았을 일에 대한 감정적 반응은 혈류에 포도당이 부족하기 때문일 가능성이 크다. 아침 식사를 거르면서 사회적 불안이 심화되고, 대인관계가 복잡해졌으며, 국제학과의 과제로 인해 코티솔 수치가 급격히 상승했던 것이다.

극심한 스트레스와 활동량이 많을 시기에는 근육과 뇌에 포도당을 공급해야 한다. 인간의 몸은 연료를 연소하는 방법을 알아내는 데 능숙하다. 운동할 때 혈류의 포도당은 곧바로 근육 세포에 전력을 공급하는 데 사용된다. 에너지를 소비하지 않으면 포도당은 지방에 저장된다. 활동 중에는 포도당을 근육으로 보내고 에너지가 즉시 필요하지 않을 때는 지방으로 저장함으로써 신체는 칼로리의 효용을 극대화하여 에너지 자원의 균형 있고 효율적인 사용을 보장한다. 이 시스템을 통해 신체는 다양한 에너지 수요에 적응하고 기능적 균형을 유지할 수 있다.

인간은 실제로 에너지를 저장할 수 있으며, 이는 매우 놀라운 일이다. 하지만 문제는 에너지를 처리하고 저장하는 방법을 포함한 인체의 신진대사 과정이 인류의 진화 조상들이 매우 다른 생활 방식을 가지고 살았던 긴 시간 동안 발전했다는 것이다. 지구상에는 여전히 수렵채집

생활을 하는 부족이 소수 존재하지만, 산업화된 사회에 사는 대부분의 사람들은 슈퍼마켓에서 손쉽게 식량을 구할 수 있다. 이러한 풍요로움은 종종 에너지 섭취량(입력)과 에너지 소비량(출력) 사이의 불균형을 초래한다. 사람들은 소모하는 칼로리보다 더 많은 칼로리를 소비하여 체중 증가와 관련 건강 문제를 유발한다. 따라서 비만, 당뇨병 및 현대의 산업식 식단과 관련된 다양한 건강 문제가 발생했다.

느낌, 행동, 감정, 사고 능력, 행동은 모두 음식 및 몸이 음식을 처리하는 방식과 불가분의 관계에 있다. 어려운 환경에서 채집이나 사냥을 통해 음식을 찾는 것이 인류 진화 역사에서 가장 중요한 관심사였기 때문에, 배고픔, 포만감, 감정, 에너지 소비량, 느낌 등을 조절하고 이에 반응하는 몸의 다른 많은 계통이 음식에 대한 접근과 연관되어 있다는 것은 당연한 일이다. 실제로 사람들이 흔히 '스트레스성 폭식stress eating'을 설명하기 위해 농담처럼 사용하는 '내 감정을 먹는다eating my feelings'라는 표현은 감정과 음식이 서로 얽혀 있는 방식을 적절하게 묘사한 것이다.

당신은 우울하고 기분이 나쁘고 좌절감이 들기 때문에 앉아서 초콜릿으로 뒤덮인 프렛즐 한 봉지를 뜯어 먹는다. 배우자에게 발각되면 "내 감정을 먹고 있는 중입니다Just over here, eating my feelings"라고 변변찮게 농담을 건넨다. 사실 감정 상태는 주로 장과 뇌 사이의 신경 경로인 미주신경vagus nerve**을 통해 그리고 뇌가 포도당 형태의 엄청난 양의 에너지를 요구하는 방식을 통해 배고픔-포만감 순환기와 연결되어 있다.

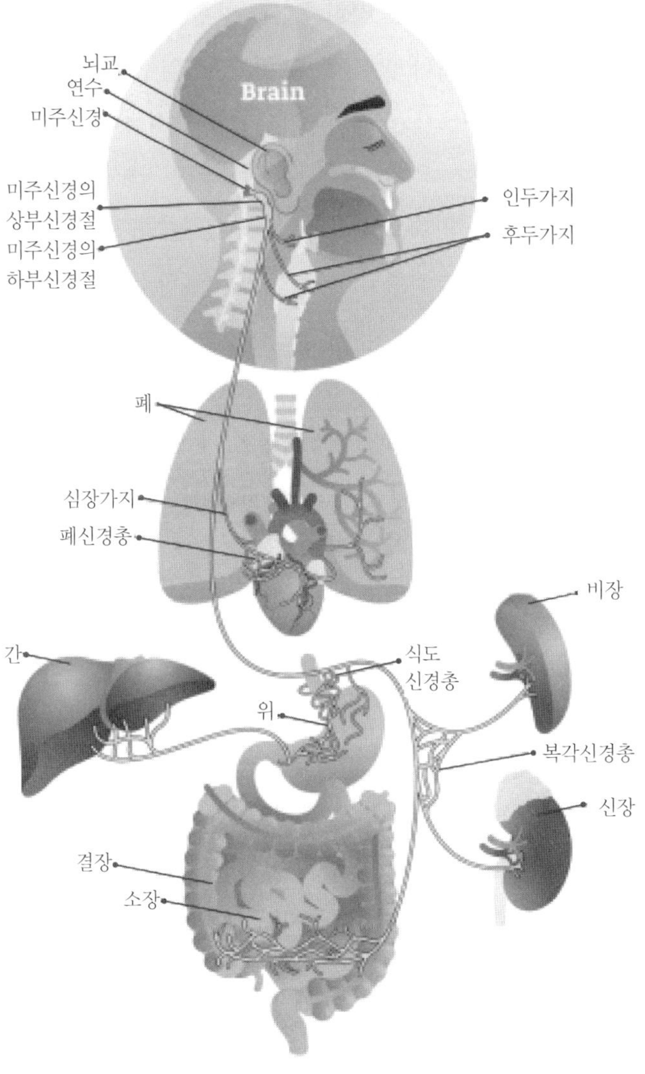

미주신경

몸이 평상시 균형 잡힌 상태나 안정된 상태가 아닌 항상성에서 벗어난 배고픈 상태에서는 내수용감각 능력이 조정되어 뇌에 신호를 보내고 그에 따라 행동하게 된다. 격렬한 활동을 할 때 포도당은 좋은 것이다. 주어진 시간에 얼마나 많은 칼로리가 당신의 계통을 휘젓고 있는지에 관해 신체 상태는 기분, 기억, 학습 능력에 직접적인 영향을 미친다. 신체에 충분한 칼로리와 에너지가 공급되면 인지 기능이 최적화되는 경향이 있지만, 반대로 칼로리 섭취가 부족하거나 에너지 대사의 불균형은 기분 변화, 기억력 장애, 효과적인 학습 능력 저하로 이어질 수 있다.

장거리 달리기 선수는 설탕이 듬뿍 들어간 쿠키를 먹고, 다른 지구력 운동선수는 경기 전에 빵과 파스타를 먹어 '탄수화물 비축carbo load'을 한다. 저탄수화물 고단백 식단을 고수하는 선수, 경기 전 낮잠을 자는 선수, 시즌 내내 운동복을 세탁하지 않는 선수 등 식단과 훈련 방식은 그 어느 때보다 다양하지만, 한 가지 공통점은 음식이 경기력과 직결된다는 것이다. 미국 교육 제도에서 이룩한 가장 근본적으로 도움이 되는 교육 인프라의 발전 중 하나는 초등학교 학생들에게 아침에 무료급식을 제공하는 것이다.

식습관과 학습이 행동과 밀접한 관련이 있는 이유 중 하나는 인간의 몸에 서식하는 39조 개의 미생물, 그중에서도 장에 가장 많이 서식하는 미생물의 균형 또는 불균형 때문이다. 최근의 수많은 연구는 마이크로바이옴microbiome***의 건강이 우리의 건강과 웰빙에 중요한 역할을 한다는 개념을 강력하게 뒷받침하고 있다.

***뇌와 내장 사이의 연결**

이러한 연결은 장-뇌 축gut–brain axis이라고 불리며, 감정 상태를 조절하는 데 중요한 역할을 한다.

**미주신경

이 신경 연결은 소화계의 상태에 대한 정보를 뇌에 전달하여 감정과 기타 신체 기능에 영향을 미치는 데 중요한 역할을 한다.

***마이크로바이옴

인간의 몸에 서식하며 공생하는 미생물 군집을 의미하는 마이크로바이오타microbiota와 한 개체의 모든 유전 정보를 의미하는 유전체genome의 합성어로서, 특정 환경이나 숙주 유기체에 서식하는 박테리아, 바이러스, 곰팡이, 기타 미생물을 포함한 미생물 군집을 말한다. 최근 들어서는 미생물인 'microbe'와 생태계를 뜻하는 'biome'의 합성어로, 몸속에 사는 미생물인 인체 마이크로바이옴을 말하고 있다.

배를 터뜨리는 장내 미생물군집

최근 인간의 몸에 관한 새로운 과학이 등장하고 있지만, 장내 마이크로바이옴gut microbiome만큼 큰 관심을 받고 있는 분야는 없다. 장내 마이크로바이옴은 사람에게 있는 소화기 생태계를 말한다. 지역, 식단 및 기타 요인에 따라 지구상의 모든 사람은 주로 대장에 있는 박테리아 및 기타 미생물로 구성된 복잡한 생태계의 숙주다. 이러한 유기체, 즉 마이크로바이옴은 음식과 환경을 위해 숙주인 인간에게 의존한다. 요컨대, 최근 연구에 따르면 인간과 인간의 몸속에 서식하는 박테리아, 바이러스, 미생물은 전반적인 건강, 행동, 진화적 적응에 중요한 역할을 하는 것으로 나타났다.

인간의 몸에는 약 30조 개의 세포가 있으며, 미생물은 인간 세포와 거의 비슷한 수로 존재하는데, 10조 개 더 많거나 적을 수도 있다. 따라서 몸이 마이크로바이옴에 반응하고 그것에 작용하는 방식에 세심한 주의를 기울이는 것은 인간이 자신의 내부 구성뿐만 아니라 환경과 어떻게 관계를 맺고, 이러한 관계가 발달, 학습 및 기억에 어떤 영향을 미치는지 이해하는 데 핵심적인 요소다.

신체화된 인지의 핵심은 행동의 대부분이 중추신경계와 뇌뿐만 아니라 감각 기관, 골격계, 소화계와 같은 구조를 포함하는 계통을 통해 몸 내에서 지시되고 처리되고 발생한다고 가정한다. 행동에 대한 신체화된 관점은 몸이 인체 안팎에 존재하는 수조 개의 까다로운 박테리아와 어떻게 관련되어 있는지 살펴봐야 한다. 장(대장)에서 음식물 분해를 돕는 대장균E. coli처럼 많은 미생물은 인체와 공생 관계에 있지만, 그렇지 않은 미생물도 있다. 그리고 모든 미생물은 자신의 목적을 추구한다. 즉, 번식하고 진화 게임에서 승리하기 위해 노력한다. 이를 위해 일부는 인간의 몸과 복잡한 관계를 발전시키고 복잡한 인간 행동의 춤을 안무하기도 한다.

이러한 미생물이 행동에 어떤 역할을 하는지 한 가지 예를 들어보자. 질Jill이라는 학생이 있다. 그녀는 고등학교 2학년이다. 똑똑하고 역량이 있으며 야망이 있는 질은 좋은 학생이 되는 데 필요한 타고난 자질을 갖추고 있다. 하지만 그녀는 결손 가정 출신이다. 부모님의 잦은 다툼과 그로 인한 부모님의 이혼을 경험했고, 여기에 언어폭력과 재정적 불안정까지 더해졌다.

질은 매일 상당히 많은 스트레스를 겪으면서 만성 스트레스 반응 상태에서 자랐다. 즉, 그녀의 몸은 끊임없이 투쟁 또는 도피 행동을 할 준비가 되어 있었다. 문이 쾅 닫히고, 고성이 오가며, 질의 일상생활에서 큰 갈등이 일어날 위험이 끊임없이 존재했다. 학교에서는 고난도 AP대학 과목 선이수제; Advanced Placement 수업을 듣고 있고, 사회경제적 안정을 제공하는 재정적 지원도 받지 못한다. 질은 컨트리클럽에서 학습의 어려운 부분을 도와줄 개인 과외 선생님을 구할 수 없다. 그래서 학교 선생님들이 시험의 중요성을 강조하기 위해 수업 시간에 목소리를 높이기 시작하면 질의 계통은 과잉 작동해서 극도로 불안하거나 스트레스를 받게 된다.

21세기의 24시간 뉴스 주기에 사는 사람이라면 누구나 알 수 있듯이, 스트레스는 위험하다고 인식되는 환경 자극에 대한 인체의 진화적 반응이다. 예를 들어, 해변에서 파도를 타며 놀고 있는데 갑자기 상어의 등지느러미가 20피트 떨어진 곳에서 물살을 가른다고 가정해 보자. 빛나고 검은색인 지느러미가 파도를 뚫고 바로 당신을 향해 달려오고 있다. 당신의 내분비계가 부신을 자극하여 아드레날린과 코티솔을 혈류로 분비한다. 이러한 호르몬은 생명을 위협하는 상황에서 적절한 투쟁 또는 도피 반응을 위해 신체를 준비시킨다. 이는 물에서 빨리 빠져나와야 하므로 아주 좋은 신호다. 글루코코르티코이드 glucocorticoid(척추동물의 부신피질에서 분비되는 스테로이드 호르몬의 총칭)가 방출된다. 뇌하수체pituitary와 부신adrenal gland이 펌프질한다. 혈관이 수축하고 호흡이 가빠지기 시작하며 심박수가 치솟는다. 당신은 약에 취한 듯 미친듯이 격렬하게 미시시피 패들 보트처럼 팔을 바람개비 돌듯이 휘저으며 해안을 향해 헤엄친다.

도망가는 내내 상어가 공격적이고 끈질기게 쫓는 상황에서 당신은 간신히 빠져나온다. 당신은 해변에 누워 완전히 탈진하고 지친 채로 모든 신경과 근육이 초조하고 닳아 없어졌으며, 앞으로는 절대 수중 스포츠를 하지 않겠다고 맹세한다. 당신은 마치 고무줄이 과도하게 늘어난 것처럼 육체적으로 한계에 다다랐고, 전구가 한꺼번에 다 타 버린 것처럼 정신적으로도 지친 상태다.

인간의 몸은 이러한 상어와의 조우 시나리오에 탁월하게 적응되어 있다. 즉각적인 환경 스트레스 요인에 직면한 갑작스러운 급성 스트레스는 땀이 날 정도로 큰 문제는 아니다. 땀이 날 정도로 힘들긴 하지만, 인간은 이렇다 할 만한 뿔도 이빨도 발톱도 없는 100파운드의 작은 영장류로 수백만 년에 걸쳐 도전에 적응하도록 진화해왔다. 현대 인류의 조상들은 오랫동안 지능과 기타 적응력을 사용하여 굶주린 사자나 다른 맹수들을 피하며 살아왔다.

인간의 몸은 가학적인 교사와의 한 학기 AP 영어 수업, 다세대에 걸친 찌든 빈곤, 코스트코의 길게 늘어선 계산대 줄과 같은 상황으로 인한 장기적인 만성 스트레스에 대처하도록 진화하지는 못했다. 짧고 갑작스러운 급성 스트레스는 괜찮다. 장기적인 만성 스트레스 요인은 어떤가? 나쁘다. 장기적인 만성 스트레스는 심장 질환과 건강과 관련된 다양한 문제를 유발한다. 인류의 구석기 시대 조상들은 한 번에 몇 달씩 세금 신고 때문에 스트레스를 받을 필요가 없었다.

따라서 질의 몸은 지속적인 스트레스 반응 상태에 있다. 그렇다면 질이 받는 스트레스는 장내 세균, 장내 마이크로바이옴, 신체화된 인지, 학습과 어떤 관련이 있을까? 감정 조절, 건강, 장내 마이크로바이옴 사이의 관계는 복잡하며, 아직 드러나지 않은 질문이 엄청나게 많다. 나와 함께 이 복잡한 물속으로 함께 들어가 보자. 내가 설명할 테니 설명하는 동안 잠재적인 문제에 주의를 기울여 보라.

내장은 뇌를 만나고, 뇌는 내장을 만나라

먼저, 흔히 장-뇌 연결gut-brain connection이라고 알려진 것이 있다. 과학자들은 이 관계를 미생물-장-뇌 축microbiota-gut-brain axis이라고 부른다. 장내 마이크로바이옴이 행동과 건강에 얼마나 많은 영향을 미치는지에 대해 과학계에서 격렬한 논쟁이 벌어지고 있지만, 그 연관성은 분명해 보인다. 《네이처리뷰》Nature Review에서는 "포유류의 장내 마이크로바이옴은 뇌와 행동에 영향을 미친다"[01]라고 이 주제에 대해 개괄적으로 설명한다. 얼마나, 왜, 어떻게 영향을 미치는지는 전혀 다른 문제다. 간단히 말해, 뇌에서 일어나는 일이 장에 영향을 미치고 그 반대의 경우도 마찬가지다. 첫째 부분은 일반적으로 이해되는 부분이다. 면접을 앞두고 속이 울렁거리고, 첫 데이트 직전에 공황성 설사를 하고, 결혼식을 준비할 때 위경련이 일어나고 신경이 예민해지기도 한다. 하지만 다른 방향으로도 작용한다. 위장이 불편하면 뇌와 인지 능력에 영향을 미친다. 뇌는 신체 신호를 해석하는 데 능숙하지만, 위장이 불편한 것이 직장에서 중요한 프레젠테이션을 앞두고 있기 때문인지, 소화계가 독성 물질을 처리 중이기 때문인지, 바이러스 감염 때문인지는 개의치 않는다. 왜냐하면 이 모든 것이 뇌에게는 같은 것이기 때문이다.

미주신경이 책임이 있다. 미주신경은 뇌섬엽 다음으로 신체화된 인지 내에서 몸/마음의 연결을 이해하기에 가장 좋은 곳이다. 미주신경은 뇌와 장 사이를 연결하는 초고속도로와 같은 역할을 한다. 미주신경이 절단된 실험용 쥐(미국 시민자유연맹의 설치류 버전이라고도 불린다)에게는 행동, 면역 반응, 건강 측면에서 온갖 이상한 일이 일어난다. 간단히 설명하자면, 미주신경은 뇌와 장 사이의 주요 정보 전달 통로다.

다음으로 사이토카인cytokine은 체내 세포에 신호를 보내는 체내 단백질 그룹이다. 사이토카인에는 다양한 종류가 있지만, 한 특정 그룹은 신체 면역 반응의 일부다. 이 그룹의 사이토카인은 염증을 유발한다.

염증은 우리 몸의 다목적 면역 반응이다. 염증은 적응으로서 매우 편리하다. 염증은 신경말단nerve ending을 활성화하여 감염이나 부상 부위를 만지면 민감하게 반응하게 만들고(그래서 다친 사람이 그 부위를 혹사하지 않고 아끼고 치유되도록 하며, 무언가 잘못되었다는 것을 알 수 있도록 한다), 혈류를 증가시키고(그래서 혈액은 모든 치유 화학물질과 세포를 부상 부위에 전달할 수 있다), 주변 조직의 온도를 높이는 등의 기능을 한다. 이는 물리적 공격이나 바이러스 또는 박테리아 공격에 대한 단기적이고 일반적인 반응으로는 좋지만 장기적으로는 좋지 않다.

장내 마이크로바이옴과 행동, 건강 사이의 관계에는 여러 가지 관련 요인이 있다. 스트레스와 질병의 결과로 몸에서 일어나는 화학 반응은 (1) 매우 복잡하고 (2) 나이, 유전적 성향, 성별 등 여러 가지 요인에 따라 달라진다. 하지만 질이라는 학생의 삶에서 작용하는 그러한 요인은 널리 알려져 있다.

질은 해야 할 일이 많은 데 지원이 없다. 집에서는 어려운 환경, 학교에서는 힘든 학업, 온라인 세계의 모든 부정적인 사회적 역학 관계에 시달리고 있으며, 그 결과 지속적인 스트레스 반응 상태에 놓여 있다. 그녀의 몸은 스트레스의 신체적 증상을 유발하는 코티솔을 생성한다.

하지만 코티솔이 하는 또 다른 일이 있다. 그것은 정크푸드를 폭식하게 만드는 것이다. 그녀는 팝타르트를 주로 먹고 설탕이 많이 든 아침 시리얼을 게걸스럽게 먹는다. 이렇게 먹으면 체내 당 수치가 급격히 증가한다. 이제 코티솔이 증가하면 염증을 유발하는 사이토카인이 분비될 뿐만 아니라, 당분 수치가 증가하면 인슐린 생산이 급증하며, 이는 사이토카인을 방출한다. 그녀가 섭취하는 모든 글루텐은 정상적인 양으로는 괜찮지만 과도한 양은 몸에 지속적인 스트레스 반응을 일으키는데, 이는 좋지 않다. 이렇게 되면 장 투과성이 더욱 촉진된다. '장누수 증후군leaky gut'이라고도 하는 이것은 분자가 앞뒤로 통과할 수 있도록 하는 상피 장벽의 점막이 손상되는 것을 말한다(상피 장벽은 신체와 장내 마이크로바이옴 사이의 경계를 형성하고 공생 관계를 돕는 특수 세포로 이루어진 내벽이다). 알코올 섭취와 같은 다른 요인도 장누수 증후군을 증가시킬 수 있다. 글루텐은 또한 장내 마이크로바이옴의 특정 장내 미생물이 가장 좋아하는 음식이다.

안타깝게도 글루텐을 씹어 먹는 것을 좋아하고 많이 먹으면 증식하는 박테리아에는 병원성 박테리아(대장을 병들게 하는 불쾌한 벌레), 효모, 곰팡이가 있다. (특히 이러한 특정 장내 세균의 증가는 더 많은 염증을 유발하는 면역계 반응을 유발하기 때문에 누구도 장에 이러한 세균이 있는 것을 원하지 않는다.)

질이 스트레스를 받고 식사를 제대로 하지 못하면 장이 파괴되는 일이 생긴다. 또한 스트레스와 관련된 코티솔이 혈류를 타고 흐르게 된다. 극심한 스트레스를 받으면 인체는 도망치거나 생존을 위해 싸우기 위해 포도당을 동원하는 대단한 일을 한다. 근육은 도망치거나 싸우기 위해 혈액과 아드레날린으로 가득 차게 된다.

그러나 만성 스트레스를 받으면 몸은 다른 기능을 억제하여 투쟁 또는 도피 반응에만 집중한다. 세포 분열은 비용이 많이 들기 때문에 스트레스를 받으면 세포 분열이 멈춘다. 그래서 극심한 빈곤이나 전쟁이 끊이지 않는 지역에서 자란 아이들은 종종 건강 문제가 있고 저체중아로 태어나며, 산업화되고 안정적인 국가의 동년배 아이들만큼 잘 자라지 못하는 경우가 많다. 코티솔은 또한 면역체계를 저하한다. 결국 감기와 싸우는 것은 사자와 싸우는 것만큼 치명적이거나 급박한 것은 아니다. 현재 저하된 면역체계 일부에는 장 점액을 조절하는 소화계의 중요한 최전방 방어선인 분비성 면역글로불린 A immunoglobulin A의 생산이 포함된다. 질은 이제 그 어느 때보다 장이 더 많이 새고 있다.

질은 이제 장이 아파서 미주신경을 통해 덴마크에 무언가 썩었다는 메시지를 뇌에 보내고 있다. (덴마크인이 그녀의 결장에 살았다면 말이다. 어쨌든 요점은 알겠죠?) 여기서 신체화된 인지가 등장한다. 그녀의 몸이 그녀에게 아프다고 말하고 있다. 그리고 그녀가 아프므로 그녀의 몸은 일반적인 면역 반응인 염증을 일으킨다.

염증은 반복적이다. 즉, 저절로 계속된다. 우리 몸은 병원균, 부상, 감염에 염증으로 반응한다. 몸이 염증을 감지하면 둘째 염증을 포함한 면역 반응을 촉발한다. 이러한 사이토카인 단백질은 미토콘드리아 수준에서도 조직과 세포에 손상을 일으키지만, 다른 역할도 한다. 사이토카인은 트립토판tryptophan의 화학적 메시지를 전환하여 기분, 수면, 웰빙을 조절하는 신경전달물질인 세로토닌과 멜라토닌을 생성하도록 더 이상 신호를 보내지 않는다. 대신 트립토판은 다른 화합물을 생성하도록 신호를 보낸다. 결과는? 피로감, 수면장애, 친사회적 행동의 감소, 움직임의 감소(운동은 물론, 독감에 걸렸을 때 기분 좋은 산책을 하지 않는 것과 같은 일반적인 산책 감소), 성욕 감소가 발생한다. 마지막으로, 질은 장-뇌 축의 기능이 너무 손상되어 학습과 기억의 중심이 되는 영역과 과정이 손상된다.

미주신경을 통해 뇌와 장이 연결되는 방식 때문에 결장의 균형이 깨지면, 즉 위장관gastrointestinal tract의 항상성이 깨지면 새로운 정보를 기억하고 학습하며 처리하는 뇌의 능력에 직접적인 영향을 미친다. 이는 복잡한 방식으로 작용하지만, 본질적으로 행동과 인지 능력에 영향을 미칠 수 있는 방식은 다음과 같다.

설탕과 지방이 많은 식단은 종종 비만으로 이어진다. 이것은 새로운 이야기가 아니다. 그러나 잘 알려지지 않은 사실은 이러한 지방이 많고 단 음식을 섭취하면 장내 마이크로바이옴에 불균형이 생긴다는 것이다. 왜냐하면 장내 특정 박테리아가 이러한 식품을 선호하고 더 유익하거나 심지어 도움이 되는 박테리아 종을 능가할 수 있기 때문이다. 따라서 장내 마이크로바이옴의 개체군이 한쪽으로 치우치게 되는데, 연구자들은 이를 '장내 미생물 불균형gut dysbiosis'이라고 부른다. 이러한 장내 미생물 불균형의 장기적인 영향에는 인지 저하가 있다.

스페인의 연구자들은 장내 미생물 불균형, 비만, 인지 저하, 그리고 불안증 및 우울증 등의 정신 장애 사이의 관계를 탐구한다. 《신경과학 프론티어》Frontiers in Neuroscience에 실린 논문에서 연구진은 비만에 대해 다음과 같은 결과를 제시한다.

> 일반적인 동반 질환에는 심장대사 장애뿐만 아니라 기분 및 인지 장애도 포함된다. 비만 피험자는 정상 체중 피험자보다 기억, 학습, 실행 기능에서 결함을 보이는 경우가 많다 … 비만은 우울증과 불안증 발병 위험이 크다.[02]

장내 마이크로바이옴에 관한 연구는 장내 수조 개의 박테리아의 건강이 인지와 학습에 영향을 줄 수 있는 방식으로 식단, 환경, 행동, 건강 간의 관계를 중재하는 데 중요한 역할을 한다는 사실을 입증하고 있다. 장기적인 만성 비만이 미치는 한 가지 영향은 몸이 적절한 포도당 수준을 유지하고 심박수와 체온 및 기타 요인을 조절하는 항상성을 방해한다는 것이다. 항상성에 필요한 환경과 화학의 상호작용을 처리하는 계통에는 내분비계(가령, 글루코코르티코이드 및 에스트로겐과 같은 호르몬)와 도파민 같은 신경전달물질이 있다. 비만의 흔한 부작용인 염증은 몸이 장내 미생물 불균형을 처리하고 스스로를 조절하는 데 어려움을 겪으면서 수많은 건강 문제를 일으킬 수 있다. 비만의 문제와 건강한 장내 마이크로바이옴의 교란은 주기적으로 발생한다.

학교는 스트레스와 정크푸드 소비, 수면 부족, 디지털 중독의 문화를 통해 상황을 악화시키는 경우가 많다. 이 모두는 다양한 식습관 문제와 연관되어 있다.

이는 적절한 식단이 무엇인지에 대한 논의와는 다른 문제다. 식단과 학습의 관계만 살펴보는 것도 중요하지만, 스트레스와 트라우마, 장기적인 영향 등 다른 요인도 고려해야 한다. 그러나 교육 기관이 전체 아동을 교육하고 많은 학교가 주장하는 평생 학습의 토대를 제공하고자 한다면, 이러한 학습 일부에는 식단과 생활 방식 및 장내 마이크로바이옴이 미적분을 배우고 나라의 수도를 암기하며 학교에서 생활하는 능력에 직접적인 영향을 미칠 수 있는 방식도 이해해야 한다.

내장 따르기

현대 영화에서 가장 유명한 개그 대사 중 하나는 스타워즈 시리즈에서 반복적으로 나오는 "I've got a bad feeling about this(이거 느낌이 안 좋은데)"라는 대사다. 한 솔로, 레이아 공주, 루크 스카이워커, C-3PO, 오비완 케노비, 어린 아나킨 등 수많은 캐릭터가 이 말을 반복한다. 하지만 사람들이 특정 상황에서 '안 좋은 느낌, 나쁜 느낌bad feeling'

을 이야기할 때 정확히 무엇을 의미할까? 직감gut feeling은 학습과 어떤 관련이 있으며, 더 중요한 것은 실제 내장gut과 어떤 관련이 있을까? 신체화 이론의 렌즈를 통해, 표현의 범위를 벗어날 수 있는 느낌을 묘사하는 이러한 은유적 접근법은 직관뿐만 아니라 내장과 고유하게 연결된 내수용감각과도 밀접하게 연관되어 있다.

'직감'이라는 표현이 사용될 때 종종 언급되는 것은 개인이 무언가를 알고 있지만 어떻게 아는지는 모르는 기묘한 시나리오다. 다시 말해 직관이다. 사람, 상황, 결과 또는 환경에 대한 직감은 몸의 다양한 신체 구조와 상호 연결된다.

예를 들어, 학장이나 교장이 당신을 사무실로 불렀다고 가정해 보자. 그는 당신을 앉혀 놓고 승진을 하게 되었다고 말한다. 당신은 야호!라고 마음속으로 외친다. 당신은 이제 학과장 같은 직책이 될 것이다. 처음에는 좋은 소식으로 들리니 당연히 기분이 좋아진다. 하지만 새로운 직책에 대한 설명을 듣고 나면 이전 직책의 모든 업무를 계속 수행해야 하면서 새로운 직책의 책임도 추가된다는 사실을 깨닫게 된다. 새로운 사무실을 얻었지만 급여 인상은 없다. 멋지지 않나요?라고 교장이나 학장이 웃으며 묻는다.

아니요, 별로라고 당신은 생각한다. 이것은 진짜 짜증 나는 일이다. 이것은 **불공정하다**.

인간은 무엇이 공정한지 아닌지에 대한 감각이 고도로 발달되어 있다. "뱁새가 황새 쫓아가다keeping up with the Joneses"라는 개념 자체는 이 사실을 강조한다. 이는 사람들이 물질적 소유나 사회적 지위 측면에서 이웃이나 동료와 자신을 비교하는 사회 현상을 말한다. 대부분의 사람들은 불공정한 대우를 받는 상황에 부정적으로 반응한다. 또한 다른 사람들도 부당한 대우를 받고 있는 상황을 감지할 수 있으며, 이러한 유형의 시나리오에 대한 몇 가지 신체화된 반응이 있다. 때때로 "당신의 고통이 느껴져요"라고 말할 때 실제로 신경화학적 수준에서 다른 사람의 고통을 경험하게 된다. 이러한 공정성에 관한 생각을 심리학자들은 '사회적 형평성social equity'이라고 부른다.

질문은 다음과 같다. 예를 들어, 어떤 사람이 자신의 내수용감각 능력에 동떨어져 있는 것처럼 덜 신체화된다면 사회적 형평성에 대한 감각이 손상되는 것일까? 좀 더 간결하게 말하자면, 개인의 사회적 정의감은 부분적으로 자신의 신체화 감각에 의존하는 것일까?

안토니오 다마지오의 연구는 의사결정이 무의식적 편견unconscious bias에 묶여 있으며, 이는 합리적 의사결정에 선행한다는 점을 설득력 있게 시사한다. 다마지오는 1997년 《사이언스》Science에 실린 논문에서 이렇게 말한다. "무의식적 편견은 의식적 지식보다 행동을 먼저 안내한다. 이러한 편견의 도움 없이 명시적 지식만으로는 유리한 행동을 보장하기에 충분하지 않다."[03] 요컨대, 사람들은 종종 과거 경험에 대한 감각운동적 지각을 바탕으로 결정을 내린다. 결정을 내려야 하는 상황이나 공정성과 형평성이 관련된 시나리오에 직면했을 때, 인간은 과거에 어떤 종류의 상황이 유사했는지에 대해 세밀하게 조정된 감각을 지니고 있으며, 그러한 사건에 대한 기억에 부호화된 감각운동 정보가 선택에 영향을 미친다.

개인에게 유리한 방식으로 행동하는 것은 인간의 행동 체계에 내재되어 있다. 그러나 불교 명상가들은 연구 실험에서 '이기적인' 동기로 간주될 수 있는 것을 무시할 수 있는 능력을 갖춘 것으로 밝혀졌다. 경험이 풍부한 마음챙김 명상은 고도로 조율된 내수용감각을 가져오기 때문에 이는 당연한 결과다. 이는 인간이 모두 같은 방식으로 감정을 조절하지 않는다는 당연하지만 다소 놀라운 사실을 시사한다.

특히 아이들은 공정성에 집착하고, 항상 자신의 감정을 조절할 수 있는 능력이 부족하다. 파티에서 생일 케이크를 나눠주면서 무작위로 한 아이를 골라 프로스팅을 듬뿍 바른 커다란 케이크 조각을 가져가게 할 때 벌어지는 혼란을 지켜보라. 이러한 특정 상황이나 개인이 무시당했다고 느끼는 상황에서 불공정성의 기억에 집착하지 않고 특정 상황에서 '공정성' 규칙에 예외가 있을 수 있다는 것을 이해하는 능력은 이론적으로 증가해야 한다. 그러나 사회적 형평성에 대한 더 깊은 이해를 키우기 위해서는 공정성 문제와 관련된 기억을 떠올릴 수 있는 상황에 대한 몸의 반응에 관한 내수용 자각을 이해해야 한다.

교육의 목표 중 하나는 사회에서 호혜적 역할을 이해하는 시민을 만드는 것이다. 공정성이나 사회적 형평성 같은 가치를 함양하는 것은 적어도 부분적으로는 학생을 자신의 내수용 자각에 조율하는 문제고, 자신과 타인을 위해 내리는 결정이 신체 기억, 감정, 행동 사이의 복잡한 상호작용을 인정하고 고려하도록 하는 문제일 수 있다.

그리고 이상하게도 인간이 가진 공정성에 대한 감각이 우리가 숙주로 살고 있는 수조 개의 미생물과 관련이 있다는 증거가 점점 더 많아지고 있다. 텔아비브대학Tel Aviv에서 나온 한 가지 흥미로운 연구는 컴퓨터 모델을 통해 이타적인 행동을 촉진하는 미생물을 가진 숙주가 그렇지 않은 숙주보다 더 오래 살아남는다는 흥미로운 결과를 제시했다.[04] 이는 모든 개체가 자손을 낳을 가능성을 높이는 방식으로, 즉 세상에서 이기적으로 행동한다는 기본적인 다윈의 자연선택 이론에 정면으로 반하는 결과다. 하지만 종의 구성원이 자신의 이기적인 번식 목표를 제쳐두고 집단을 돕는 '포용적 적합성'도 존재하기 때문에 자연선택의 과학은 전혀 간단하지 않다. 번식을 하지 않는 벌집 안의 일벌을 생각해 보라. 이타주의는 자신 대신 모두의 이익을 위해 일하는 것이다. 예를 들어, 정말 훌륭한 보모는 아이 몇 명을 잘 돌본다고 해서 반드시 자신에게 번식 이득이 생기는 것은 아니다. 하지만 그는 이타적으로 아이를 돌본다. 아니면 그냥 냉장고를 털어 음식을 축내고 돈을 벌기 위한 것일 수도 있다.

한 걸음 뒤로 돌아가 보자면, 많은 미생물은 숙주의 생명을 희생시키면서 자신의 생존을 촉진하는 방식으로 숙주의 행동을 변화시킨다. 광견병 바이러스에 걸린 개를 생각해 보라. 광견병에 걸린 개는 이상하게 행동하고 거품을 물고 다른 동물을 물어뜯으면서 바이러스를 퍼뜨린다. 개미의 뇌를 감염시켜 풀줄기를 기어오르게 하는 곰팡이가 있는데, 개미는 좀비가 되어 줄기에 달라붙어 결국 이상한 눈치를 못 채는 다른 개미에게 포자를 퍼뜨린다. 자연계에는 숙주의 행동을 변화시켜 숙주에게 해를 끼치고 미생물에게는 이득을 주는 기생 미생물이 가득하다.

이 시점에서 장-뇌-미생물 축의 분야는 논쟁의 여지가 많다는 점을 언급할 필요가 있다. 장이 행동에 역할을 한다고 제안하는 많은 이론에는 당연히 비판적인 시각이 존재한다. 하지만 장내 마이크로바이옴이 어떻게 질이 다시 정상으로 돌아올 수 있게 했는지에 대한 한 가지 예를 생각해 보면 도움이 될 것이다. 질 기억나는가? 로스앤젤레스 캘리포니아대학의 한 연구진은 최근 건강한 대장의 박테리아가 장 세포가 세로토닌을 생산하도록 장려하는 방법에 대해 보고했다.[05] 세로토닌은 건강한 장벽에 필수적일 뿐만 아니라 우울증과 불안 증상을 완화하는 것으로 밝혀진 화학물질이기도 하다. 예를 들어, 프로작prozac(우울증 치료제)은 세로토닌이 체내에서 처리되는 방식을 조절한다.

장-뇌 축에 관한 많은 연구가 논쟁의 여지가 있지만, 분명한 것은 인체 마이크로바이옴의 건강과 행동 및 인지 사이에 연관성이 있다는 것이다. 그 연관성이 정확히 무엇인지, 얼마나 중요한지, 어떤 방식으로 연관성이 있는지는 전 세계의 괴짜 과학 컨퍼런스에서 늦은 시간까지 토론을 벌이는 질문이다. 하지만 섬유질이 많은 건강한 식단을 섭취하고, 운동하고, 가끔씩 물 한 잔을 마시고, 설탕이 많이 든 과자나 탄산음료를 피하는 것은 대부분의 연구자가 동의할 만한 사항일 것이다.

12

가상 인종

인간은 경험을 해석하는 주요 수단으로 시지각visual perception을 사용한다. 시각 정보에 대한 의존도는 나이가 들수록 증가한다. 청각, 촉감, 미각, 후각, 내수용감각, 고유수용감각, 균형 등 다른 감각운동 정보도 경험을 분류하는 데 활용되지만, 시각은 여전히 환경 자극을 인식하고 이해하며 상호작용하기 위한 가장 중요하고 지배적인 수단으로 자리 잡고 있다.

이처럼 경험은 다름 아닌 지각의 주관성을 통해 정의된다. 시각은 종종 객관적 현실로 오인되지만 사실은 그렇지 않다. 그리고 지각의 주관적 특성이 인종차별주의 이데올로기보다 더 냉엄하게 강조되는 곳도 없다.

노예제도와 인종적 동기에 의한 아메리카 원주민 학살은 차이를 지각하는 것에 기반을 두었다. 이러한 차이는 문화적·언어적·사회적 형태 등 다양하게 나타나지만, 인종차별주의의 가장 일관된 특징은 인종차별주의 이데올로기가 외모에 대한 주관적 해석을 혐오적인 생각의 근거로 삼는 방식이다. 인종차별주의는 또한 미국 사회의 철학적 토대와 제도화 방식 등 미국 사회의 본질적인 부분으로 존재하며, 미국 건국 문서 작성 방식에서도 확인할 수 있다.

인종차별이 미국 문화에 깊숙이 뿌리내리는 다른 방법도 있다. 짐 크로우 법Jim Crow law*과 인종 분리 정책은 20세기에 가장 눈에 띄는 인종차별의 형태며, 도시 계획을 통해 흑인 공동체를 고립시켜서 시내 쇼핑 지역에 쉽게 접근하지 못하게 하는 등 다른 교묘한 구조적 편견도 존재한다. 교육과 의료 서비스에 대한 접근성 부족으로 유색인종의 권리가 박탈당했다. 구조적 인종차별의 더 터무니없는 사례로는 흑인 여성이 통증 증상을 설명하지만, 의사가 이를 믿지 않는다는 내용을 다루는 뉴스 기사를 들 수 있다. 이는 흑인 여성이 백인 여성과 동일한 유형의 의료 서비스를 받지 못한다는 것을 시사하는 시나리오다.[01]

교사와 교수는 학교를 비롯한 교육 기관에 구조적으로 존재하는 인종차별에 맞서 싸우는 최전선에 서 있다. 하지만 교육 기관이나 직장에서 교육 내 인종차별에 대한 다양성 교육이 있을 때 종종 다양성 교육과 인종차별을 해결하기 위한 노력이 참여자들 사이에서 저항이나 갈등에 부딪힐 수 있다. 백인 참가자들은 수치심을 느끼거나 자신의 편견을 인정하는 것이 부끄럽다는 이유로 인종차별에 관한 토론에 참여하기를 꺼리기도 한다. 많은 경우, "나는 당신의 피부색은 보지 않는다"와 같은 발언은 무의식적인 미세공격microaggression**에서 드러나는 더 깊은 편견의 존재를 숨긴다. 인종차별에 관한 토론에서 지배 집단(백인, 중상류층)에 속하는 특정 개인이 자신의 견해가 도전받거나 비판받을 때 정확히 왜 그렇게 공격받는다고 느끼는지 살펴보는 것이 도움이 될 수 있다. '인종을 보지 않는다'라고 주장하는 사람들은 자신의 경험이 세상에 대한 자신의 주관적이고 감각운동 지각에 의해 형성된다는 사실을 이해하지 못한다.

세상에 대한 우리의 인식은 신체화되어 있다. 초콜릿이나 초밥을 좋아하는 사람이 다른 사람들은 그것을 좋아하지 않는다고 해도 그 말을 믿기 어려운 이유가 바로 여기에 있다. 사람마다 각자의 지각적 현실에 갇혀 있다. 세상에 대한 주관적 해석은 대부분 느낌, 감정, 행동을 한정한다. 따라서 개인은 특히 인종과 관련하여 자기 인종의 프리즘을 통해 현실을 경험한다.

예를 들어, 백인 남성은 자신의 주관적 현실을 아시아 여성과는 다르게 경험하며, 이러한 경험은 도쿄에 있는 사람과 애크런에 있는 사람에게 서로 다르듯이 상황에 따라 달라진다. 신체화된 인지 연구에서 제시하는 논리에 따르면, 이는 자신의 존재감뿐만 아니라 타인의 감각까지 포함한 자아 개념 전체가 인종이라는 주관적 경험을 통해 걸러진다는 것을 의미한다.[02]

이론적으로 인간에게는 상상력과 공감 능력이 있어서 참새가 바람을 타고 날아다니는 것이 어떤 느낌인지 상상하는 등 다른 존재의 경험을 상상할 수는 있지만, 대부분의 사람들은 날아다니는 것이 어떤 느낌인지 실제로는 알기 어렵다. 인간은 참새가 되는 것이 어떤 것인지 상상은 해 볼 수 있지만, 참새의 고유한 특성을 포함하여 참새가 되는 것(참새다움)의 본질을 완전히 이해하거나 재현할 수는 없다. 세상에 대한 주관적 지각은 개인이 경험을 내면화하고 처리하는 강력한 필터이기 때문에, 백인은 유색인종이라는 것이 어떤 것인지 이해하기란 매우 어렵다. 그리고 유색인종의 바로 그 신체화 또한 그들 자신의 주관적 경험을 필터링한다.

이는 안타까운 일이지만 상황은 점점 더 악화되고 있다. 당신이 백인이라면 누가 당신과 같은 인종에 속하는지에 따라 다른 사람의 경험을 필터링하고 공감해 주는 것으로 나타났다. 여러 연구에 따르면,

개인은 타인의 고통에 더 민감하게 반응하지만, 이는 관찰 가능한 동일한 인종에 속하는 경우에만 해당한다.[03] 이는 인간이 의식적으로나 잠재의식적으로 같은 인종의 외모를 가진 타인과 가장 친밀하게 공감한다는 것을 강력하게 시사한다. 직설적으로 말하자면, 당신이 나와 닮았다면 나는 당신에게 공감할 가능성이 더 크다.

이러한 연구결과는 여러 연구에서 반복되었으며, 이 연구는 교육 기관에서 다양성, 형평성, 포용성 교육과 업무에 어려운 장애물을 제기한다. 이 연구결과를 액면 그대로 받아들인다면 다음과 같은 유독한 개념이 확인된다. 즉, 인간은 자신과 비슷하지 않은 다른 인종을 '타자'로 보는 경향이 본능적으로 있으며, 인간을 인종에 따라 친화력 그룹으로 나누고, 공유된 인간성보다는 신체적 유사성 같은 피상적인 것에 따라 인간 본성의 더 나은 부분인 공감과 연민을 힐딩하는 신체화된 메커니즘이 있다는 것이다.

이러한 내재된 주관적 지각은 다양성, 형평성, 포용성을 다루는 대화에서 진척을 이루는 데 관심이 있고 학생들이 이러한 편견에 맞서기 위해 유용한 경험을 제공하는 데 열중하는 교사에게 어려움을 제기할 수 있다.

***짐 크로우 법**

1876년부터 1965년까지 미국 남부에서 시행된 법으로, 공공장소에서 흑인과 백인의 분리와 차별을 규정해 놓은 법이다.

**미세공격

미세공격이란 인종, 성별, 성적 지향 또는 기타 정체성의 측면에 따라 개인에게 가해지는 미묘하고 종종 의도하지 않은 차별적 행동이나 발언을 설명하는 데 사용되는 용어다. 이러한 행동이나 발언은 겉으로 보기에는 사소해 보일 수 있지만, 표적이 된 사람이나 집단에 해롭거나 불쾌감을 주거나 상처를 줄 수 있다. 예를 들어, 누군가의 배경에 대해 추측하거나 신원에 대해 사적인 질문을 하는 것은 언어적 미세공격이 될 수 있다. 미세공격은 적대적이거나 환영받지 못하는 환경을 조성하여 이를 경험하는 사람들에게 좌절감, 소외감을 유발하기 때문에 해로울 수 있다. 특히 미세공격은 가해자의 눈에 띄지 않는 경우가 많고 시간이 지남에 따라 누적되어 피해자에게 심각한 정서적, 심리적 피해를 줄 수 있으므로 더욱 교묘한 공격일 수 있다. 미세공격에 대처하기 위한 노력에는 이러한 행동에 대한 인식을 높이고, 개인에게 자신의 말과 행동이 미치는 영향에 대해 교육하며, 보다 포용적이고 존중하는 커뮤니케이션과 행동을 장려하는 것이 포함된다. 타인의 경험을 존중하고 민감하게 반응하는 문화를 조성하는 것은 미세공격의 발생을 줄이고 평등과 형평성을 증진하는 데 필수적이다.

백화점에서의 암묵적 인종 편견

여기서 과학적 논의에 들어가기 전에 중요한 용어를 정의해 보자. 암묵적 인종 편견implicit racial bias은 진부하게 들리는 단어의 나열이지만 그 안에는 유독한 의미가 담겨있다. 기본적으로 인간이 잠재의식적으로 다른 인종에게 경멸적 뉘앙스를 가진 특성을 부여한다는 것이 그 이론이다(이러한 특성 부여를 측정하기 어렵다는 점에서 이 이론은 많은 논란을 불러일으키고 있다).

이를 뒷받침하는 간단한 예가 있다. 동남아시아 출신의 학생이 있다고 가정해 보자. 구체적으로 인도 출신이다. 이 학생은 버몬트주나 와이오밍주처럼 백인이 주로 거주하는 지역의 백화점에서 근무하고 있다. 어느 날, 친절해 보이는 한 노신사가 계산대에서 일하고 있는 그녀에게 다가와 우호적으로 말을 걸었다. "출신이 어딘가요?"라고 그가 묻는다. "스몰빌Smallville이요"라고 그녀는 대답한다. 그곳은 산기슭에 자리 잡은 작은 농장 마을이다. "아니요, 진짜 출신이 어딘가요"라고 그는 다시 묻는다. 여기서 그녀는 잠시 멈칫하더니 '스몰빌'이라고 무표정한 얼굴로 대답한다.

이것은 암묵적 인종 편견이다. 즉, 당신이 백인이 많이 거주하는 주에서 산다면, 피부가 갈색인 사람은 다른 곳에서 온 사람일 것이라고 가정한다. 스페인 바르셀로나대학의 연구진은 암묵적 편견의 개념을 탐구하기 위해 우리의 신체화된 자아감을 기반으로 한 간단한 실험을 고안했다. 다시 말하지만, 인간은 자신의 인종에 대한 시지각을 통해 세상을 바라본다. 백인은 주변 환경을 바라볼 때 백인이라는 렌즈를 통해 바라본다. 그것은 이들의 주관적 현실이다. 하지만 백인이 아래를 내려다보는 데 갈색 피부가 보인다면 어떻게 될까?

연구진은 연구 참가자들에게 인종적 편견을 평가하기 위해 일련의 테스트를 실시한다. 예상대로 대부분의 사람들이 다른 인종에 대해 인종적 편견이 있는 것으로 나타난다. 그런 다음 연구진은 실험 참가자에게 가상현실 고글을 착용하게 하고, 참가자가 자신의 신체를 볼 때 백인이 아닌 검은 피부가 보이도록 장비를 조정한다. 무슨 일이 일어날까? 이 연구자들이 말하듯이, "우리는 밝은 피부의 참가자가 어두운 피부의 가상 몸에 신체화되면 어두운 피부의 사람들에 대한 암묵적 인종 편견이 현저히 줄어든다는 사실을 입증했다."[04]

마음챙김 드래곤에 들어가기

뇌는 인류가 진화하는 동안 감각에 의존해 왔다. 인류의 초기 유인원 조상이 종종걸음으로 가는 동아프리카 유인원 조상으로 살던 시절에 굶주린 사자의 악취를 맡는다면, 그 정보를 액면 그대로 받아들이고 도망치는 것이 생존에 유리하다. 가시로 뒤덮인 가시 선인장으로 판명된 식물을 손으로 집는다면, 가시를 제거하지 않고서는 입에 넣지 않는 것이 진화적으로 유리하다. 프레리도그(북미 대초원 지대에 사는 다람쥣과 동물)가 경보를 울리면 마을의 다른 프레리도그들이 경고를 듣고 피신처로 달려간다. 그렇지 않으면 매의 발톱에 매달려 날아가거나 코요테의 아가리에 들어갈 수 있다.

불신과 회의가 지적인 상황에서는 건전하지만 야생에서는 위험할 수 있다. 일반적으로 자신의 감각을 의심하는 것은 좋은 생각이 아니다. 쓴맛이 나고 역겹고 지저분한 음식을 먹으면 그 음식의 끝이 좋지 않을 가능성이 크다. 자신의 감각을 무시하는 것은 위험을 무릅쓰는 것이다.

가상현실 고글을 착용한 당신의 눈이 몸을 어두운 피부색으로 인식하면(백인인 경우), 당신의 뇌는 놀랍도록 유연하게 반응한다. 이제 당신의 뇌는 "당신은 어두운 피부색이군요"라고 말한다. 그런 다음 환경에 대한 분류와 그에 따른 의미의 조합 등 세상에 대한 모든 주관적 경험은 이제 어두운 피부색을 포함하는 자아감을 통해 걸러진다.

이 연구는 암묵적 편견을 바로잡는 방법이 가상현실 시나리오처럼 (비교적) 간단한 방법으로 접근할 수 있다는 점을 시사하는 동시에, 인간은 자신이 '속한' 집단에만 관심을 두는 경향이 있다는 점을 시사한다는 점에서 훌륭하지만 조금 슬픈 측면도 있다. 이 실험은 암묵적 편견을 지우는 것이 아니라, 암묵적 편견을 이용해 역사적으로 억압받은 피부색이 어두운 사람들에 대한 차별을 덜 하도록 뇌를 속이는 것이다.

이러한 유형의 실험 후 암묵적 인종 편견의 감소 효과는 최대 일주일까지 지속되는 것으로 나타났으며, 이는 이러한 유형의 시나리오에 반복적으로 노출되면 인종차별적 태도를 줄이는 데 효과가 있다는 것을 시사한다. 하지만 연구나 결론 측면에서 이러한 방향에 관해 확실한 것은 아직 없다. 그러나 대화를 진전시키기 위해 신체화의 다른 개념과 연결해 볼 가치가 있다.

예를 들어, 내수용감각 민감성이 높은 숙련된 불교 명상가들이 사회적 형평성이 위태로운 상황에 신중하게 참여한다면, 자신에게는 불리하지만 집단에는 유리한 선택을 하는 것으로 나타났다. 고도로 발달한 내수용감각이 암묵적 인종 편견을 완화하는 데에도 사용될 수 있지 않을까?

흔히 사용되는 심리학 연구 도구인 '최후통첩 게임The Ultimatum Game'*(청소년 소설처럼 들린다)에서 두 명의 참가자에게 일정 금액의 돈을 준다. 한 시나리오에서는 두 사람에게 동일한 금액의 돈을 주며, 두 참가자는 제안을 수락할 수 있는 옵션이 있어 둘 다 돈을 가질 수 있다. 그러나 다른 시나리오에서는 한 사람이 다른 사람보다 더 많은 돈을 받게 되어 불공평한 분배가 이루어진다. 하지만 더 적은 돈을 받는 참가자가 이 제안을 거절하면 두 참가자 모두 돈을 받지 못한다는 점이 반전이다. 종종 사람들은 돈의 불공평이 너무 불공정하다고 생각하여 내가 돈을 전혀 못 받더라도 제안자가 그 돈을 갖지 못하게 하는 심리가 작용한다. 왜 그가 나보다 더 많이 받아야 하지? "조금이 없는 것보다는 낫다"라는 오래된 격언에도 불구하고, 많은 게임 참가자들은 자신이 덜 받는 거래를 거부한다. 이러한 반응에는 의사결정 과정과 관련된 강력한 신체화된 성분이 있는 것으로 나타났다.

마음챙김 명상에 능숙한 불교 승려는 자신의 반응을 조정한다. 명상의 내수용감각 기술에 능숙한 불교 승려는 자신에게 불공평한 거래를 받아들일 가능성이 더 크다. 이는 부분적으로는 불공평에 대한 깊이 신체화된 반응 때문인데, 사람들은 불공평하다고 인식되는 상황에 대해 여러 생리적 계통을 통해 본능적으로 반응하며, 마음챙김 명상은 사람들의 내수용감각 계통에 관여하여 어느 정도 통제력을 발휘하게 한다. 몸이 누군가에게 무언가를 하라고 지시한다고 해서 그 사람이 반드시 그 말을 들어야 하는 것은 아니다.

교사들이 학생들의 내수용감각 민감성을 개발하기 위해 더 의도적으로 노력한다면, 최후통첩 게임에서 불평등한 상황에서 느끼는 모욕감과 유사한 신체화된 반응인 암묵적 편견을 줄일 수 있지 않을까? 아직 연구 초기 단계기 때문에 단언하기는 어렵다. 그러나 암묵적 편견이 적어도 부분적으로는 '자아'에 대한 주관적 지각의 신체화된 특성에 달린 것처럼 보이는 방식을 고려할 때, 내수용감각 능력을 암묵적 편견을 줄이는 수단으로 더욱 개발하는 것의 역할을 탐구하는 것은 교사가 다양성을 다루는 효과적인 교육을 설계하기 위한 수단으로서 너무 동떨어진 것은 아니다.

***최후통첩 게임**

최후통첩 게임은 행동경제학 및 사회심리학 분야에서 잘 알려진 실험 게임이다. 인간의 의사결정, 공정성, 사회적 상호작용을 연구하는 데 자주 사용된다. 게임의 일반적인 진행 방식은 다음과 같다. 일반적으로 게임에는 '제안자'와 '응답자'라고 하는 두 명의 참가자가 있다. 이 게임은 제안자에게 일정 금액(보통 고정 금액)을 지급하는 것으로 시작된다. 제안자의 임무는 이 돈을 응답자와 어떻게 나눌지 결정하는 것이다. 제안자는 응답자에게 제안하고, 돈을 어떻게 나눌지 명시한다. 예를 들어, 제안자는 돈을 50 대 50으로 나누거나 다른 방식으로 나누자고 제안할 수 있다. 응답자는 제안을 수락하거나 거부할 수 있다. 응답자가 수락하면 제안한 대로 금액이 분배된다. 응답자가 거절하면 두 참가자 모두 돈을 받지 못한다. 이 게임에서 관찰할 수 있는 주요 사항은 다음과 같다. 제안자는 응답자가 그러한 제안을 수락할 가능성이 클 것으로 예상하기 때문에 종종 공정한 제안(50대 50에 가까운 제안)을 한다. 응답자는 불공정한 제안을 거절하는 경우가 많으며, 이는 양측이 아무것도 얻지 못한다는 의미일지라도 마찬가지다. 이러한 행동은 개인이 인지된 불공정을 처벌하기 위해 잠재적인 개인적 이익을 기꺼이 희생할 의향이 있음을 시사한다. 이 게임은 경제적 의사결정에서 사회적 규범과 기대의 중요성을 강조한다. 참가자는 제안의 공정성에 대한 인식과 공정성을 집행하려는 욕구에 영향을 받는다. 최후통첩 게임에서는 분노나 불공평함 같은 감정이 의사결정에 중요한 역할을 할 수 있다. 참가자는 불공평하다고 인식되어 부정적인 감정을 유발하는 제안을 거부할 수 있다.

다양성 구현

인종 문제를 해결하기 위한 프로그램 개발의 부담이 소수인 유색인종에게 전가되는 경우가 많은 백인 위주의 기관에서는 다양성과 포용성을 증진하기 위한 노력과 프로그램인 다양성 활동이 특히 어려울 수 있다. 하지만 고등 교육에서는 적어도 다양성, 형평성, 포용성이라는 개념이 혐오스러운 것이 아니라 일반적으로 받아들여지며, 대부분의 기관에서는 이러한 개념을 중요 사항으로 인식하고 있다. 그럼에도 불구하고 많은 교육 기관에서 교수진, 직원 및 학생 단체는 인종과 차별, 다양성 및 포용성과 관련된 문제로 큰 어려움을 겪고 있다. 사람들이 박사학위를 받았다고 해서 편견이 없어지는 것은 아니다.

많은 대학에서 여러 가지 형태의 다양성 지향 교육을 실시하고 있으며, 어떤 교육은 전문가와 컨설턴트가 진행하고, 또 어떤 교육은 사내 직원이 직접 진행한다. 그러나 이러한 모든 노력과 비용에도 불구하고 전국 캠퍼스에서 인종차별 사건이 정기적으로 발생하고 있다. 지난 몇 년 동안 미국 캠퍼스 곳곳에 백인 우월주의 이데올로기를 조장하는 포스터가 등장했다. 많은 포스트는 2017년 버지니아주 샬러츠빌에서 열린 백인 민족주의자 집회* 이후 등장한 것이다.

문제는 다양성 교육이 인종차별에 맞서 싸우는 가장 효과적인 도구가 아니라는 점이다. 버클리대학의 알렉산드라 칼레브Alexandra Kalev, 미네소타대학의 에린 켈리Erin Kelley, 하버드대학의 프랭크 더빈Frank Dubbin이라는 세 명의 연구자는 수십 년 동안 수백 개의 기업에서 실시한 다양성 교육을 조사했다.[05] 연구 결과, 다양성 교육이 직장 내 고정관념을 없애고 소수집단의 발전을 촉진하는 데 효과가 없는 것으로 나타났다. '다양성 교육 세션', '다양성 성과 평가' 및 이와 유사한 프로그램은 직장 내 다양성과 포용성을 증진하는 데 긍정적인 결과를 가져오지 못한 것으로 보인다. 이 문제의 한 가지 측면은 백인 남성이다. 이 연구에 따르면 "실험실 실험과 현장 연구는 교육으로 고정관념을 없애기란 어렵고, 백인 남성이 종종 교육에 부정적으로 반응한다는 것을 보여준다."[06] 이 연구자들은 이러한 유형의 교육이 그저 '효과가 없었다'라고 말한다.[07]

그렇다면 무엇이 효과가 있을까? 이 연구는 다양성 측면에서 조직 분위기를 개선할 수 있는 두 가지 명확한 방법을 제시한다. 소수집단과 여성에게 개방된 관리자급 직책에 다양한 사람을 채용하는 것과 멘토링 프로그램을 구축하는 것이 그 두 가지 방법이다.

첫째는 명백하고 간단한 해결책이다. 일정한 권한을 가진 직책에 소수집단과 여성을 채용하는 것은 직장 내 다양성과 포용성 문제에 맞서고 해결하는 데 즉각적인 효과를 가져온다. 이러한 문제에 관심이 있는 기관의 경우, 이는 '말만 하지 말고 행동으로 보여주고' 실질적이고 입증 가능한 변화를 창출하는 사례다.

둘째 아이디어인 멘토링 프로그램 역시 긍정적인 결과를 낳는 것으로 나타났다. 이 역시 조금만 생각해 보면 놀라운 일이 아니다. 실제로 분열의 개념을 강화할 수 있는 꾸짖거나 훈계하는 방식의 다양성 교육으로는 고정관념을 없애기 어렵고, 다른 사람들과의 적극적인 대인관계는 종종 사람들을 광범위한 범주나 고정관념의 구성원이 아닌 개인으로 볼 수 있게 해 준다. 이는 다양성 활동과 프로그램을 방해하는 '타자'라는 개념 자체를 무너뜨린다.

공식적인 다양성 교육의 또 다른 문제 중 하나는 교육이 설계되는 방식이 우리가 신체화에 대해 알고 있는 것과 정면으로 상충된다는 점이다. 우리가 학습하는 것은 학습을 수행하는 장소 및 조건과 밀접하게 연관되어 있다. 학습의 맥락은 나중에 학습한 내용을 기억하는 능력에 직접적인 영향을 미친다.

맥락 의존적 기억은 인지적 인출의 신체화된 형태다. 이는 매우 간단한 개념이다. 정보를 학습한 환경적 맥락이 해당 학습과 연결되어 있으므로, 나중에 정보를 회상하는 경우에 우리가 학습의 원래 맥락에 있을 때 그 정보를 더 쉽게 회상할 수 있다. 예를 들어, 나팔바지와 디스코가 대세를 이루던 1970년대에 두 명의 연구자인 D. R. 고든D. R. Godden과 A. D. 베들리A. D. Baddeley는 육지와 수중이라는 두 가지 환경에서 한 그룹의 사람들에게 단어 목록을 가르친다. 연구 참가자들은 수중에서 스쿠버 장비를 착용한다. 연구 결과, "수중에서 학습한 목록은 물속에서 가장 잘 기억되고, 그 반대의 경우도 마찬가지다"라는 사실이 밝혀진다.[08] (이는 또한 1970년대에 수행된 연구가 기발하고 이상하다는 것을 보여준다.)

맥락 의존적 기억의 기본 전제를 지지하기도 하고 반박하기도 하는 이 현상에 관한 수많은 연구가 존재한다는 점에 유의해야 한다. 그러나 맥락 의존적 기억은 어떤 경우에는 검증 가능한 특성이며, 연구자들이 스쿠버 연구에서 언급하듯이 "맥락 의존적 기억 현상은 존재할 뿐만 아니라 실험실을 벗어난 보통의 행동과 수행에 영향을 미칠 만큼 강력하다"라고 한다.[09]

마르셀 프루스트Marcel Proust; 1871~1922도 동의했을 것이다. 소설《잃어버린 시간을 찾아서》의 유명한 시작 부분에서 마들렌 쿠키를 한 입 베어 물었을 때 그는 시간을 거슬러 올라가 젊은 시절을 회상하게 된다. 이는 과거의 사건을 회상할 수 있게 해 주는 감각운동 경험(이 경우에는 스펀지 같은 작은 껍질 모양의 쿠키의 모양, 맛, 냄새, 촉감)이다.

프루스트와 스쿠버 다이버에게서 얻은 많은 교훈을 직장에 바로 적용할 수 있다. 차별하는 행동이 인간 발달 과정에서, 즉 개인이 어린 시절에서 청소년기를 거쳐 성인으로 성장하는 혼란스러운 삶의 순간에서 학습되는 것이라면, 즉 이것이 고정관념이 학습되고 편견이 굳어지는 환경이라면, 그리고 회의실이나 세미나와 같이 앉아서 듣기만

하는 단조로운 제도적 환경에서 개인을 교육하려고 시도한다면, 이러한 시나리오는 환경과의 신체화된 관계가 학습 과정을 견고하고 깊게 통합하거나 내재화하는 방식을 무시하는 것이나 마찬가지다. 다양성 교육에 참여하는 것이 도움이 될 수 있지만, 그러한 교육을 받은 사람들이 교실이나 사무실로 돌아가서 그 학습을 의미 있는 방식으로 활용할 것 같지는 않다.

교육에서 벌어지는 인종차별을 해결할 수 있는 특효약은 없다. 이는 역사적으로 성문화된 구조적인 인종차별주의 이데올로기부터 개인의 주관적 편견에 내포된 개인적 신념에 이르기까지 매우 복잡한 문제다. 하지만 이 문제에 대해 생각하는 한 가지 방법은 신체화된 관점에서 접근하는 것이다. 세 가지 개념이 앞으로 나아가는 데 도움이 될 수 있다.

1. 인종에 대한 주관적 경험은 다른 인종에 대한 공감을 제한하지만, 백인 피부의 개인이 자신을 어두운 피부로 지각할 수 있다면 이러한 제한은 완화될 수 있다.
2. 학습한 정보를 기억하는 능력은 학습이 이루어진 환경과 연결되어 있다.
3. 인지, 정보 회상, 인종에 대한 인식은 모두 신체화되어 있다. 이는 이러한 과정이 상호 연결된 감각운동계의 망을 통해 수집되고 필터링되고 평가된다는 것을 의미한다.

다음 부분을 위해 한 가지 시나리오를 상상해 보자. 당신은 집에 새 바닥 타일, 싱크대, 변기, 샤워기 등 욕실을 새롭게 리모델링하고 있다. 주요 배관을 교체하는 방법을 이해하기 위해 당신은 교체 방법을 보여주는 유튜브 동영상을 시청한다. 유튜브에는 화장실 설치부터 벽 타일 시공, 배관 교체에 이르기까지 모든 작업을 위한 사용 지침서를 제공하는 수많은 사용법 동영상이 올라와 있다. 하지만 동영상을 열심히 시청했음에도 불구하고 실제로 욕실 제품을 교체하고 타일을 시공하려고 하면, 변기에서 물이 새고 배관이 잘못 설치되었으며, 타일이 부서지고 갈라지는 것을 발견하게 된다. 무슨 일이 일어난 것일까?

당신은 시카고대학의 연구자들이 연구에서 입증한 시나리오의 희생양이 된 것이다.[10] 집수리, 집짓기, 심지어 다트 던지기를 가르치는 유튜브 동영상을 시청하는 것은 그 후에 작업을 수행하는 능력에 전혀 영향을 미치지 않는 것으로 밝혀졌다. 이 연구의 저자인 에드 오브라이언과 마이클 카다스Ed O'Brian & Michael Kardas는 동영상을 시청하면 자신감이 높아진다고 주장한다. 변기 설치에 관한 유튜브 동영상을 보고 나면 자신이 무엇을 하고 있는지 잘 알고 있다는 확신이 들게 된다.

하지만 많은 직관과 경험이 특정 상황에서 중요한 역할을 한다. 노련한 배관공이라면 눈에 보이지 않는 오류도 바로잡았을 것이다. 이 연구에서 다트를 던지고 과녁을 맞히는 장면을 본 사람은 자신이 다트를 잘할 것이라고 믿지만, 동영상을 보지 않은 참가자보다 실력이 떨어지는 것으로 나타났다. 하지만 여기서 흥미로운 점이 있다. 참가자에게 해당 과제에 참여할 수 있는 신체화된 방법을 제공하면 근거 없는 자신감이 사라진다.

예를 들어, 연구에 참여한 사람들은 볼링핀을 저글링 하는 방법 동영상을 시청한 후 자신도 어느 정도 성공할 수 있을 것으로 생각한다. 그러나 저글링을 시도하기 전에 동영상을 시청한 후 실제로 볼링핀 하나를 잠깐 붙잡아보면 성공에 대한 기대치가 더 현실적으로 되고 자신의 능력을 더 정확하게 평가할 수 있게 된다. 즉, 볼링핀과 물리적으로 상호작용하면서 저글링이 얼마나 어려운 작업인지 깨닫게 된다. 우리의 몸은 뇌보다 우리의 한계를 더 잘 이해한다. 이 경우에는 이상한 모양의 볼링핀이라는 세계에 대한 신체화된 촉각 본질은 여러 개의 물체를 공중에서 회전시키면서 떨어뜨리지 않아야 하는 다루기 어려운 물리학을 떠올리게 한다. 우리의 뇌가 작동하기 훨씬 전에 우리 몸은 이미 성공 확률을 인지하고 평가하며 계산한다.

논의가 다소 우회적인 경로로 진행되었지만 이제 다양성 교육이라는 주제로 돌아가 보자. 교육이 교실과 교직원 휴게실에서 인종 불평등을 해결하고자 한다면, 다양성 교육에 참석하는 것만으로는 충분하지 않다. 이러한 교육은 유튜브 사용법 동영상을 시청하는 것과 마찬가지로 학습의 신체화된 현실이나 맥락에 따른 기억을 고려하지 않는다.

다양성과 포용성에 대한 실제적인 현장 경험이 도움이 될 것 같다. 피부색을 어둡게 표현한 가상현실 고글을 착용하면 피부색이 어두운 사람에 대한 공감이 높아지는 것처럼, 백인 참가자에게 유색인종의 경험을 신체화하도록 하는 다양성 교육이 더 효과적일 수 있다. 인종차별은 추상적이고 이성적이며 합리적인 신념이 아니라 우리가 '다르다'고 분류하는 사람에 대한 신체화된 반응이다. 진정으로 착하고 선의가 있으며 교육 수준이 높은 백인 중 몇몇은 항상 미묘한 형태의 차별이나 편견인 미세공격에 가담한다. 이들은 다양성 교육을 여러 번 받았고 심지어 다양성, 형평성, 포용성 노력에 부합하는 직책에서 전문적인 역량을 발휘하는 사람들이다. 다양한 인종이 섞인 교실에서 수업을 해 본 백인 교사라면 누구나 인종, 민족, 종교, 성별과 관련하여 의도하지 않은 실수를 많이 했을 것이다.

하지만 유색인종 학생들이 인종차별적 반이민 정책으로 인해 상처를 받고 적대감을 느끼거나, 적법한 절차 없이 성범죄 피의자를 대법관으로 지명하여 여학생들이 짓눌려 정서적 충격을 받거나, 트랜스젠더 학생이 군대에 입대할 권리가 눈앞에서 사라지는 것을 지켜봐야 하는 등 실제 경험의 순간에, 특권을 누리는 배경을 가진 백인이자 남성인 개인은 자신의 주관적 경험이 바로 세상에 대한 개인화된 지각된 현실이라는 것을 깨달아야 한다. 이러한 문제 중 어느 것도 백인 이성애자 중산층 미국 남성이 하루를 살아가는 데 영향을 미치지 않는다. 단 한 명도. 이처럼 다양한 집단이 세상을 경험하는 방식에 차이가 있는 것이다.

따라서 백인 다수에 속하는 교사는 자신의 경험과 권리를 박탈당한 소수집단의 경험을 동일시하거나 비교하려고 해서는 안 된다(백인들이 공감하려고 시도하는 방법 중 하나는 백인 이민자 조상의 경험을 비교하는 것으로서, 조부모가 가난한 우크라이나 메노나이트교도Ukranian Mennonite였다면 억압을 이해한다고 믿는 것이다. 그러나 이는 사과와 오렌지처럼 전혀 다른 두 가지를 비교하는 잘못된 비유다). 오히려 백인들은 어떤 식으로든 자신의 현실을 적극적으로 신체화함으로써 다른 사람들의 경험에 공감하려고 노력해야 한다. 물론 말처럼 쉬운 일은 아니다.

공식적인 다양성 교육은 좋은 생각이다. 이런 교육은 조직이 직면한 문제에 대한 체계적인 인식을 나타낸다. 또한 비용이 들기 때문에 학교와 대학은 교실과 직장에서 일어나는 차별에 직접적으로 맞서는 일에 투자해야 한다. 그러나 연구 결과에 따르면 그것만으로는 충분하지 않다. 백인들이 자신의 편견이라는 미끄러운 경사면에서 벗어나려면 유색인종의 생생한 현실에 몸소 참여할 기회를 만들어야 한다.

1968년 아이오와주의 한 교실에서 제인 엘리엇Jane Elliot; 1933~이라는 용기 있는 교사가 바로 그 일을 해낸 것으로 유명하다. 마틴 루터 킹 주니어 박사의 총격 사건 이후 엘리엇은 3학년 학생들에게 인종차별에 대해 가르치기 위한 활동을 기획한다. 그녀는 반 아이들을 파란 눈을 가진 아이들과 갈색 또는 녹색 눈을 가진 아이들로 나눈다. 그런 다음 갈색 눈을 가진 아이들에게 건설용 종이 완장을 차게 하고, 그 아이들에게 갈색 눈과 녹색 눈을 가진 아이들이 파란 눈을 가진 아이들보다 더 똑똑하고 더 깨끗하다고 말해주었다. 실험은 며칠 동안 진행되었고, 중간에 역할이 바뀌면서 파란 눈을 가진 아이들이 지배적이고 똑똑한 아이들이 되었고, 갈색과 초록색 아이들은 덜 똑똑하고 덜 깨끗한 아이가 되었다.

엘리엇은 아이오와주 라이스빌의 작은 마을에서 조니 카슨Johnny Carson 쇼에 출연하게 된다. 그녀의 수업 활동이 전국적인 관심과 칭찬, 조롱을 받은 것이다. 일부에서는 엘리엇이 아이들에게 잔인한 경험을 시켰다고 비난한다. 어떤 이들은 그녀가 시민권의 선구자라고 말한다. 엘리엇은 눈 색깔 수업 활동 덕분에 20세기 가장 영향력 있는 교사 중 한 명으로 자주 언급된다.

이 수업은 전 세계에서 다양한 모습으로 재구성되어 재교육되고 있지만, 신체화된 관점에서 보면 의미가 있다. 아이들이 서로를 적대시하게 만드는 잔인한 방식에 대해 뭐라고 말해도 좋지만(물론 놀이터나 중학생들의 점심 식탁에서 몇 분만 시간을 보내면 생각의 틀이 바뀔 수 있다), 인종차별을 가르치는 이 신체화된 과정이 강력한 방법론이라는 것은 의심할 여지가 없다. 이러한 과정이 참가자의 생생하고 감각운동 경험이 필요하기 때문이다. 파워포인트는 그렇게 할 수 없다.

***백인 민족주의자 집회**

2017년 8월 11일, 12일에 백인 우월주의자, 백인 민족주의자, 신나치주의자 등 다양한 극우 단체가 주최한 집회로, 유나이트 더 라이트Unite the Right 집회라고도 부른다. 이 집회는 샬러츠빌의 한 공원에서 남부연합 장군 로버트 E. 리의 동상이 철거된 것에 항의하기 위한 것이었다. 이 집회는 백인 우월주의 시위대와 반대 시위대 사이에 발생한 폭력적인 충돌로 인해 전국적인 주목을 받았고 광범위한 비난을 불러일으켰다. 긴장이 고조되면서 물리적 충돌로 이어졌고, 한 대의 차량이 반대 시위대 군중을 향해 돌진해 반대 시위자 헤더 헤이어Heather Heyer가 사망하고 많은 사람들이 다치는 등 사태는 절정에 달했다. 샬러츠빌 사건은 인종, 역사, 정체성 문제를 둘러싼 미국의 깊은 분열과 긴장을 부각했다. 또한 증오 단체의 부상과 미국 내 인종적 긴장과 극단주의에 대처해야 할 필요성에 대한 논의를 촉발했다. 이 집회의 여파로 남부연합과 관련된 역사적 인물을 추모하는 적절한 방법과 증오 단체 및 이념에 대응하는 방법에 대한 논쟁이 촉발되었다.

백인의 신체화

러디어드 키플링Rudyard Kipling; 1865~1936의 악명 높은 시 〈백인의 짐〉은 세계의 다른 인종, 즉 갈색이나 검은색 피부를 가진 사람을 문명화하고 교화하는 것이 백인(여기서는 서유럽과 미국 남성)의 역할이라고 주장하는 인종차별적 시다. 키플링은 백인이 아닌 세계 사람들을 '음침한 민족/반은 악마, 반은 아이'라고 부른다. 물론 이러한 식민주의적 관점은 전 세계 대학의 교수들에 의해 전 세계 수많은 사람들을 정복한 끔찍한 제국주의의 한 가지 예로 지탄받았다.

하지만 여전히 많은 대학에서 인종차별이 널리 퍼져 있는 환경이 존재한다. 인종차별은 일반적으로 미세공격과 주로 백인 직원 채용, 토크니즘tokenism*과 경멸condescension** 등 다양한 형태로 나타난다. 하지만 키플링이 옳았던 한 가지 사실은, 그 짐이 백인의 몫이라는 것이다.

연구를 통해 아주 분명해지듯이, 인간은 피부색에 따라 자신과 같은 집단의 사람들과 어울리고 그런 사람들과 공감하는 경향이 있다. 인종에 따른 '내집단화in-crowding'의 영향을 완화할 수 있는 유일한 방법은 신체화에 의해 다른 피부색을 가진 사람들과 공감하는 것이다. 학교를 포함한 백인 기관은 다른 인종의 구성원에게 공감과 포용의 제스처를 제공하기 위해서는 백인 개인이 다른 인종을 신체화해야 한다는 점에 주의를 기울여야 한다. 이를 실현하는 방법은 까다롭다. 그러나 다양성, 형평성, 포용성 노력이 진정으로 확고히 자리를 잡으려면, 백인 기관(미국의 대부분 기관은 서유럽의 가치관, 규칙, 문화적 형식, 이념을 고수한다는 의미에서 '백인'이다)은 '흰색'이라는 개념과 바로 그 신체화된 개념이 어떻게 신체화된 관점에서 백인 개인이 다른 인종을 인식하는 능력을 방해하는지를 다루어야 한다.

신체화된 구성물로서의 흰색은 고인이 된 작가 데이비드 포스터 월리스David Foster Wallace; 1962~2008가 케니언대학Kenyon College 졸업식 연설에서 인용해 유명해진 고전적인 물고기의 비유로 요약할 수 있다.

> 물고기 두 마리가 제 갈 길을 가며 헤엄치고 있다. 나이 든 물고기 한 마리가 반대 방향으로 헤엄쳐 오면서 "물은 어때?"라고 말한다. 두 물고기는 계속 헤엄치다가 잠시 후 한 마리가 다른 물고기에게 "도대체 물이 뭐야?"라고 말한다.[11]

우스갯소리로 우리는 항상 우리 주변에 있는 모든 것을 볼 수 있는 것은 아니며, 가장 명백한 현실이 때때로 가장 지각하기 어렵다는 말이 있다. 대부분의 백인에게 흰색이 그런 존재다. 인식은 흰색에 대한 개인적 경험에 매우 주관적으로 기반하기 때문에 흰색이 아닌 다른 렌즈를 통해 인종을 보는 것은 매우 어렵다.

바로 이 지점에서 신체화가 작동한다. '같은' 집단으로 인식되는 다른 개인의 고통에 대한 신체화된 반응인 공감을 통해서만 학교와 교육이 백인 우월주의를 극복할 수 있는 길을 만들 수 있다. 유색인종은 너무 오랫동안 인종에 대해 교육해야 하는 부담을 안고 살아왔다. 이제 백인이 그 짐을 짊어져야 할 때다.

***토크니즘**

토크니즘은 소외되거나 대표되지 않는 배경을 가진 개인이나 그룹을 피상적이거나 상징적인 방식으로 포함하거나 대표하여 다양성이나 포용성이 있는 것처럼 보이지만 실제로는 이들의 존재가 의미 있거나 실질적인 변화를 가져오지 않는 상황을 말한다. 토크니즘에서는 소외된 그룹의 개인이 조직, 팀 또는 프로젝트에 토큰으로 추가될 수 있으며, 이는 종종 그들의 기여나 관점을 진정으로 평가하지 않고 비판을 회피하거나 다양성 할당량을 충족하기 위한 것이다. 이는 명목상의 인종차별 폐지라고도 부른다.

****경멸**

경멸은 자신이 다른 사람보다 지적 또는 사회적으로 우월하다고 믿는 사람이 보이는 잘난 체하는 태도나 행동을 말한다. 여기에는 다른 사람을 낮추어 말하거나 무례하게 대하는 것이 포함되며, 종종 상대방이 말하는 사람이나 그룹보다 자신이 더 지식이 많거나 능력이 있거나 중요하다는 것을 암시하는 방식으로 이루어진다.

13

남학생이 할 수 있는 것은 무엇이든

대부분의 교육자와 교사는 적어도 표면적으로는 남학생과 여학생을 동등하게 대우하기 위해 노력한다. 섹슈얼리티(성성향)와 젠더 문제에 대한 관용과 교육이 확대되면서 많은 학교에서 젠더플루이드gender fluid나 젠더논바이너리gender nonbinary 또는 트랜스젠더transgender인 학생이 증가하고 있으며, 이러한 학생을 존중하고 적절한 방식으로 대하기 위한 지역 및 국가적 노력도 늘고 있다. 그렇다고 성별 다양성을 인정받기 위한 싸움이 완전히 승리했다고 말할 수는 없지만 지난 30년 동안 비약적인 발전은 있었다.

그러나 맥락적 현실을 고려하지 않고 학생들을 동일하게 대하는 것은 주관적 경험의 신체화된 본질을 무시하는 것이다. 학생들에게 자아감을 제공하는 것은 바로 이러한 주관적인 감각운동 현실이며, 이는 그 자체로 성별과 매우 밀접하게 연관되어 있다. 학생들을 '똑같이' 대하고 다른 특성 중에서 인종과 성별을 명백히 무시하는 것이 항상 특별히 도움이 되는 접근 방식은 아니다. 예를 들어, 시스젠더cisgender(생물학적 성과 성 정체성이 일치하는 사람) 여성은 늦은 밤 어두운 거리를 걸어서 집으로 돌아갈 때 앞에서 마주보고 걸어오는 200파운드(90kg)의 백인 남성과는 다른 경험을 한다. 실제 감각운동 경험이 너무 다르면 그

두 경험을 동일시할 수 없다. 성별을 동등하게 대하는 동시에 개인의 정체성을 존중하는 것은 까다로운 일이며, 성별 차이에 대한 공동의 노력과 교육이 필요하다.

우선, 암묵적 편견에서와 마찬가지로 대부분의 사람들이 증거에 근거하든 그렇지 않든 남성과 여성에 대한 선입견이나 고정관념을 갖고 있다는 사실을 인정하는 것이 도움이 된다. 이는 여러 면에서 언어가 은유를 통해 신체화된다고 주장하는 조지 레이코프와 마크 존슨의 선구적인 연구를 반영한다.[01] 예를 들어, 한 연구에 참여한 사람들은 특정한 이슈를 읽을 때 들고 있는 클립보드가 무거울수록 그 이슈를 더 중요하다고 판단했다. 감각운동 지각인 무게는 진지함과 같게 된다.

또 다른 예로, 바닥에 오래된 라면 부스러기로 지저분해진 기숙사 방과 라벤더 양초를 켜놓은 깨끗하게 정리된 기숙사 방을 방문하면 깨끗한 방의 주인을 도덕적으로 더 순수하다고 판단할 것이다. 사람들은 맥락과 느낌을 연관시킨다. 감각운동 지각의 대상은 인지적으로 말해 그 대상을 분류하는 방식을 변화시킨다. 따라서 한 사람은 시스젠더 남성이고 다른 한 사람은 시스젠더 여성인 두 사람을 마주할 때, 맥락적이고 지각된 단서는 우리의 사고방식에 영향을 미친다.

푹신한 공!

미국 문화에서 오랫동안 여성은 부드러움과 연상되고, 남성은 강인함과 연상된다. 터프츠대학의 연구진은 이 점을 다시 한번 강조하기 위해 참가자들에게 성별이 모호한 디지털로 변형된 여러 얼굴을 보게 한다. 이 얼굴들은 정확히 남성과 여성의 중간에 위치하도록 컴퓨터로 설계되었다.[02] 연구에 참여한 사람들은 사진을 볼 때 딱딱하고 거친 공을 들고 있을 때 그 사람을 남성으로 대부분 판단한다. 부드럽고 푹신한 공은? 그때는 대부분 여성 얼굴로 식별된다. 연구자에 따르면 이는 성평등에 대한 우리의 추상적인 시도에도 불구하고 성별에 관한 생각이 신체화되어 있음을 시사한다. 연구자들은 "사회적 범주 지식이 적어도 부분적으로는 신체화되어 있다"라고 말한다.[03]

이 연구는 사람들이 다른 성별과 교류할 때 그 차이에 따라 성별에 관한 생각을 신체화했을 가능성이 크다는 것을 시사한다. 그들은 모든 사람을 똑같이 대하지 않는다. 이는 다소 뻔한 말처럼 보이지만 실제로는 꽤나 위험한 상황이다. 교사가 여학생을 남학생보다 덜 강인하다고 인식하면, 학교에서 남학생만큼 여학생에게 더 많은 도전을 주겠는가? 스포츠에서는 어떨까? 교직원이 특정 여성을 논생이 살벌하게 벌어지는 회의에 초대하지 않는 이유는 그 여성이 해당 문제를 다룰 만큼 충분히 '강인하지' 않다는 잠재의식적 믿음 때문일 수도 있다.

강인함은 감정적 특성일 뿐만 아니라 지적 특성일 수도 있다. 고등교육 기관의 교수이든 유치원 교사이든 간에 교육자는 여학생이 어려운 지적 과제를 감당할 능력이 없다고 생각하면서 본질적으로 여학생에게 더 적은 것을 요구하는가? 교육 환경에서는 일반적으로 남성이 더 많은 관심을 받아왔지만 이 또한 변화하고 있다. 예를 들어, 백인 남성 대학원 지원자는 여성이나 유색인종보다 지도교수와의 면담이 성사될 가능성이 더 크다.[04] 다시 말하지만, 이것은 내수용감각 능력을 암시하는 상황을 강력하게 시사한다. 여성이 '연약하다'라는 믿음이 신체화되어 있다면, 그러한 신체화된 편견에 대응하는 합리적인 접근 방식은 내수용감각 상태를 더 잘 파악할 수 있는 능력을 개발하는 것이다.

교육계 종사자 대부분은 여성이 '강인'하지 않다는 편견이 부당하다는 것을 암묵적으로 이해하고 있다고 말하지만, 어느 정도는 남성과 여성의 감정적 삶에 차이가 있다고 느낄 수 있다. 세레나 윌리엄스Serena Williams; 1981~*의 테니스 경기를 보거나 루스 베이더 긴즈버그Ruth Bader Ginsburg; 1933~2020**의 경력을 살펴보면 여성이 강인한 것은 의심의 여지가 없지만, 모든 학생을 똑같이 대하는 것은 개인적이고 개별화된 주관적 경험과 행동과의 그 관계를 고려하는 미묘한 접근 방식이 아닌 것 같다. 남성과 여성이 학습, 즉 읽기 이해에 직접적인 영향을 미치는 방식으로 몇 가지 차이가 있는 것으로 보인다.

이런 상황이 있다. 숙제와 부엌 청소가 끝났다. 한 남매가 칩스아호이!Chips Ahoy! 상자를 열고 소파에 누워 빈둥거리며 영화볼 준비를 한다. 넷플릭스와 아마존에서 끝없는 스크롤이 시작된다. 무엇을 볼까? 여동생의 선택은 아무래도 감정적으로 깊거나 생각을 자극하는 영화인 독립 드라마다. 그녀는 《토르: 라그나로크》Thor: Ragnarok와 《가디언즈 오브 갤럭시 2》Guardians of the Galaxy II 같은 인기 블록버스터 영화 대신 짝사랑, 가족 불화, 우울한 풍경을 주제로 한 영화처럼 강한 감정을 불러일으키는 영화를 선택한다. 이런 영화는 기본적으로 슬픈 내용이다. 이런 영화는 존 윅John Wick이 출현하는 액션 영화를 보고 싶어도 오빠가 포기해서 결국 남매가 보게 되는 영화다.

레이코프와 존슨은 언어, 특히 은유가 신체화된다고 지적하는데,[05] 일단 이를 먼저 기억하라. 넓게 해석하면 언어 이해도 마찬가지다. 독자는 텍스트에 묘사된 경험과 감정을 정신적으로 시뮬레이션한다. 감정, 행동 또는 감각에 대해 읽을 때 우리의 뇌는 이러한 경험을 내부적으로 시뮬레이션하여 마치 실제로 경험하는 것처럼 비슷한 감정과 반응을 불러일으킨다. 애리조나주립대학교의 아서 글렌버그Arthur Glenberg는 이를 다음과 같이 설명한다. "언어는 지각, 행동, 감정에 사용되는 신경계를 호출하는 시뮬레이션 과정을 통해 이해된다. 따라서 언어를 시뮬레이션하면 실제 상황에 처한 것과 거의 동일한 효과를 얻을 수 있다."[06]

간단히 말해, "그녀가 발가락에 큰 돌을 떨어뜨려 발가락이 바스러지고 발톱이 빠졌다"라고 쓰면 실제로 발가락이 부러졌을 때 반응하는 뇌와 신경계 부위가 반응한다. 우리는 생각보다 더 본능적으로 책에 등장하는 인물의 삶을 경험한다. 스티븐 킹Stephen King, 1947~의 《미저리》Misery에서 광적인 팬인 애니 윌크스가 폴 셸던의 발을 자르고 토치로 피가 흐르는 다리를 지지는 장면이 읽기에 소름 끼치는 이유도 바로 이 때문이다. 생각만 해도 소름 돋는다.

성별과 읽기 이해의 영향을 조명하기 위해 글렌버그의 연구를 길게 인용할 것이다. 글렌버그와 동료 연구자들은 이 연구를 바탕으로 다섯 가지 예측을 제시한다.

1. 문장 내용과 일치하는 감정 상태에 있으면 문장 이해가 촉진된다.
2. 여성은 슬픈 사건에 더 민감하게 반응하고 남성은 화난 사건에 더 민감하게 반응하기 때문에, 여성은 슬픈 사건이 담긴 문장을 더 잘 이해하고 남성은 화난 사건이 담긴 문장을 더 잘 이해한다.
3. 한 감정에서 다른 감정으로 전환하는 데 시간이 걸리기 때문에, 슬픈 내용의 문장을 읽으면 여성은 행복한 내용의 문장을 읽는 속도가 느려지는 반면, 화난 내용의 문장을 읽으면 남성은 행복한 내용

의 문장을 읽는 속도가 느려진다.

4. 슬픈 상태는 동조적 행동을 유발하고 화난 상태는 공격적 행동을 유발하기 때문에, 성별과 문장의 감정적 내용은 반응 모드와 상호작용한다.
5. 감정 시뮬레이션에는 특정 행동 체계가 필요하므로 이러한 행동 체계를 조정하면 조정된 행동 체계와 일치하는 감정적 내용이 포함된 문장의 이해에 영향을 미친다. 이러한 결과는 언어, 감정, 성별 차이에 관한 연구에 영향을 미친다.[07]

이것은 꽤 심오한 내용이다. 약간 이상한 듯한데 말이 되기도 한다. 만약 당신이 슬프고 슬픈 글을 읽으면, 진지함이나 심각함을 모를 정도로 태평스러운 누군가와는 달리 당신은 그 내용을 깊이 이해하고 공감한다. 여기에는 분명히 재귀적 특성이 있다. 화난 사람은 화난 내용의 글을 추구한다. 화난 내용의 글이 자신에게 공감을 불러일으키고 분노를 더 자극하기 때문이다. 이는 알렉스 존스Alex Jones의 《인포워즈》Infowars, 러쉬 림보Rush Limbaugh의 라디오 쇼 《마이클 새비지》Michael Savage 등 분노와 증오를 조장하는 쇼의 매력을 쉽게 이해하게 해준다. 이런 쇼는 모두 특정 혐오 수사법을 사용하며, 이러한 분노 기반 세계관을 공유하는 청취자는 이를 쉽게 이해할 수 있다. 읽기와 일치하는 감정 상태에 있을 때 감정을 더 쉽게 이해할 수 있는 이러한 능력은 몸짓언어를 포함한 신체화된 이해의 다양한 국면으로 확장된다.

시나리오는 다음과 같다. 한 교사가 남학생과 여학생으로 구성된 혼합 그룹을 대상으로 수업을 진행하고 있다. (더 진행하기 전에 일부 학생은 젠드논바이너리이므로 다음 장면에서 설명되지 않는다는 것에 주목하는 것이 중요하다.) 교사는 수업을 진행하면서 최근 연구 결과가 얼마나 멋진지 신나게 설명하거나 예멘의 인권 침해에 대해 약간 화를 내며 흥분하는 등 다양한 감정의 단계를 거친다. 질문은, 남학생과 여학생 모두 이해력 면에서 동등한 위치에 있는가? 하는 것이다.

글렌버그와 동료들에 따르면, 이해력 수준은 읽는 텍스트에 따라 분명히 다르다.[08] 여성은 슬픈 정보를 더 명확하게 이해하고 남성은 분노를 기반으로 한 텍스트를 더 잘 이해한다.

또한 읽는 사람의 기분에 따라 읽는 내용을 이해하는 능력도 달라진다. 그날 아침에 커피를 사는 것을 깜빡하고 연체료 고지서를 받아 기분이 좋지 않은 상태에서 러시아의 2016년 대선 개입에 독설을 퍼붓는 기사를 읽었다면, 당신은 하루 종일 분개하고 담배를 뻐끔뻐끔 피우며, 그 기사에서 직접 인용한 말을 뱉어 낼 것이다. 반대로 잠을 푹 자고 파트너와 커피와 맛있는 베이글 샌드위치를 먹은 후 실수로 청구서를 과다 지불하여 예상치 못한 환급금이 계좌로 입급되었다면, 러시아 선거 개입 기사의 의미를 완전히 같은 방식으로 해석하지는 않을 것이다.

교사는 수업을 계속 진행하고 있고, 학생들은 성별과 기분에 따라 서로 다른 속도와 정확도로 정보를 흡수한다. 뿐만 아니라 (한정된 수의 집중 시간을 두고 경쟁하는 많은 교육자처럼) 교수나 교사는 수업내용을 전달하기 위해 강의실을 이리저리 왔다갔다 한다. 이들은 온몸을 던져 수업을 진행하고 있다. 여기서도 신체화가 중요한 역할을 한다. 꽤 파격적이거나 도발적인 독일 연구에 따르면, 학생의 성별이 몸짓언어를 읽는 능력에도 영향을 미친다고 한다.[09]

해당 연구에서는 몸짓언어를 해석하는 남성과 여성의 능력 차이를 측정한다. 남성은 행복한 몸짓언어를 인식하는 데 있어 여성을 능가하고, 여성은 화난 몸짓언어를 식별하는 데 있어 남성을 능가하는 것으로 밝혀진다. 또한 여성은 중립적인 신체 행동을 포착하는 데 훨씬 더 능숙했다.

튀빙겐 에버하르트 칼스대학Eberhard Karls University of Tübingen 출신의 이 연구자들은 이 연구가 가져올 수 있는 몇 가지 흥미로운 파급효과에 대해 다음과 같이 설명한다.

이 연구에 따르면, 남성은 여성보다 행복한 얼굴에서 미묘한 차이를 감지하는 데 더 능숙하다. 이는 성별 차이와 감정을 읽는 능력에 대한 널리 알려진 믿음과 정면으로 상충하는 결과다. 일반적으로 여성은 감정을 더 예민하게 인식하는 것으로 알려져 있으며, 그 이유는 어머니와 돌보는 사람으로서의 그들 역할 때문인 경우가 많다. 복잡한 사회적 상호작용과 복잡한 감정은 일반적으로 여성의 영역으로 간주되는 반면, 남성의 사회적 인지는 미묘한 감정 분석보다는 상황에 대한 적극적 반응에 더 많이 관여한다. 그러나 이 연구에 따르면, 남성은 여성보다 행복을 감지하는 데 더 능숙하고, 여성은 감정적 중립을 감지하는 데 더 능숙하다고 한다. 이는 기존의 통념을 완전히 뒤집는 것은 아니지만 확실히 다른 결과다.

남성과 여성의 뇌는 행복한 얼굴에 서로 다르게 반응한다. 기능적 자기공명영상fMRI을 촬영한 결과, 남성과 여성의 편도체는 행복한 얼굴 사진에 다르게 반응하는 것으로 나타났다. 이는 편도체가 포함된 신경 구조망인 '사회적 뇌social brain'가 성별에 따라 다르다는 것을 시사한다. 남성에게 두려운 얼굴과 공격적인 얼굴을 보여주면 남성의 편도체 반응도 달라진다. 이러한 상황 의존적 반응은 테스토스테론testosterone(남성 생식 기관의 발달과 기능에 중요한 역할을 하는 호르몬) 수치와 밀접하게 연관되어 있으므로 이는 당연한 결과다.

성별에 따라 몸짓언어를 읽는 방식에 신경학적 근거가 있는지는 아직 밝혀지지 않았다. 남성과 여성을 fMRI 기계 안에 가두고 그들이 이미지를 보는 동안 뇌를 스캔하는 연구는 많이 있지만, 몸짓언어에 관해서는 많은 연구가 없었다. 여기에는 또 다른 사회문화적 층도 있다. 맥락이 중요하며, 우리가 처한 환경과 문화적 역사에 따라 사회적 행동을 학습한 방식은 시나리오를 바꿀 수 있다.

땀을 뻘뻘 흘리며 저임금에 시달리는 교사가 아이들이 휴대폰으로 스냅챗Snapchat(소셜 미디어 앱)을 확인하지 못하도록 하면서 수업내용을 전달하기 위해 고군분투하고 있는 교실로 돌아가 보자. 어느 정도 확실하게 말할 수 있는 것은 바로 다음이다. 경험은 주관적이고, 주관적 경험은 감각운동계에 신체화되어 있으며, 이 계통은 내분비계를 포함한 몸의 다른 많은 계통과 상호 연결되어 있으므로 남성과 여성이 감정적으로나 인지적으로 수업을 다르게 경험한다는 것은 비교적 신뢰할 수 있는 사실이다. 어느 정도는 그렇다.

***세레나 윌리엄스**

미국의 프로 테니스 여자 선수로, 오픈 시대 이후 남녀 통산 그랜드슬램 최다승의 위업을 달성한 인물이다.

****루스 베이더 긴즈버그**

진보의 아이콘으로 불린 미국 전 연방대법관으로, 27년간 미국 연방대법원을 지키며 양성평등과 소수자를 위한 판결을 이끌었다.

몸이 중요하다

이 말은 그다지 획기적인 것은 아니다. 수많은 수식어와 뉘앙스로 인해 획기적이거나 중요해 보이지 않는다. 그러나 교사들이 읽기 이해와 같은 현대 교육 시스템 내에서 학습의 기본 구조에 대해 생각하기 시작하면 남성과 여성의 신체화된 경험이 다를 수 있다는 것을 알 수 있다. 그렇다면 교사는 서로 다른 성별이 학교에서 동일한 경험을 하고 동일한 기준으로 동일한 방식으로 평가받기를 합리적으로 기대할 수 있을까? 성적은 오랫동안 실제 능력이나 역량에 대한 잘못된 지표로 여겨져 왔으며, 성별이라는 맥락적 요소가 평가에 추가되면 더욱 잘못된 지표가 된다. 가능한 한 교실에서 성별이 하는 역할을 인정하고 이해하는 것이 중요하다.

남성과 여성, 그리고 그 문제에 관해 젠드논바이너리, 트랜스젠더 또는 전통적인 성별 구분과 일치하지 않는 개인이 교육을 경험하는 방식은 현저하게 다를 수 있다. 몸이 중요하다.

다행히도 신체화된 신경학적 관점에서 남녀의 차이를 살펴보기 위해 개발된 연구는 풍부하다.[10] 이런 연구는 다음과 같은 까다로운 질문에 답하는 데 도움이 될 수 있다. 학습에 있어서 남성과 여성은 어떤 면에서 다를까? 남성과 여성이 인지적으로 동일한 능력을 갖추고 있다는 것은 널리 알려진 사실이다. 과학이든 문학이든 예술이든, 남녀 모두 기적적인 발명의 위업을 이룰 수 있다. 그러나 특히 뇌 구조가 인류 조상의 진화와 관련되는 방식에서 교육과 관련 있는 차이가 있다. 뇌의 여러 부위의 구조적 차이를 포함한 다른 차이점도 학습의 다양한 측면과 관련이 있다.

래리 카힐Larry Cahill은 《네이처》Nature에 발표된 뇌의 성별 차이에 관한 최신 연구를 검토하면서 남성과 여성의 뇌에 존재하는 몇 가지 차이점과 남녀가 학습을 다르게 신체화할 수 있는 방식을 유용하게 분류한다.[11]

지난 500만 년 동안 오스트랄로피테쿠스 아파렌시스Australopithecus afarensis 같은 조상에서부터 조지 워싱턴George Washington, 헤디 라머Hedy Lamarr, 카니예 웨스트Kanye West, 제니퍼 로렌스Jennifer Lawrence까지 이어지는 인류 조상 계통의 남성과 여성은 많은 선택적 압력에 직면한 삶을 살았다. 뇌의 작동 방식과 학습 방식 같은 진화적 적응을 이끄는 요인을 뜻하는 이러한 선택적 압력은 남녀 모두에게 동일하게 적용되기도 하고 다르게 적용되기도 했다.

예를 들어, 연구자 토미자와 카즈히토Kazuhito Tomizawa는 수유(젖 생산)를 조절하고 출산 시 자궁 수축을 촉진하는 등 다양한 생식 기능에 관여하는 것으로 알려진 옥시토신oxytocin 호르몬이 공간 인지, 특히 기억력을 증가시킨다고 보고한다.[12] 돌봐야 할 자녀가 여러 명일 때 엄마가 다양한 물건이나 장소의 위치를 잘 기억하는 것이 매우 유용하기 때문에 이는 당연한 결과다. 엄마가 아이들을 보살필 때 아이들이 갈 수 있는 작고 숨겨져 있거나 잘 보이지 않는 구석진 곳이나 물건이 보관된 곳을 모두 알고 기억하는 것은 인간의 진화 과정에서 보존되고 유지된 적응이다.

다행히도 우리에게는 비디오 게임 회사인 닌텐도의 매력적이고 몰입감 넘치는 특성인 자기 트랙터 빔이 있다. 또한 앞서 몸짓언어와 관련하여 원시 인류 계통의 암컷이 사회적 전략을 극대화한 미묘한 방식이 미묘한 사회적 신호를 읽는 능력에 직접적인 영향을 미친다는 주장도 있다. 이 두 가지 시나리오는 모두 뇌의 다양한 부위와 관련이 있는데, 이런 부위들은 실제로 남녀 간에 구조적 차이를 보인다. (다른 기능 중에서도) 특히 기억을 담당하는 해마와 감정 및 감정 처리와 관련된 편도체가 그런 부위다. 이는 연구에서도 드러나는데, 일반적으로 여성은 남성보다 세밀한 기억력이 더 뛰어나다.

풍부한 정보가 존재하는데, 그중에서 어떤 정보는 서로 모순되고, 모든 정보는 복잡하다. 성별과 성이라는 프레임을 통해 학습의 신체화된 본질을 살펴볼 때 쉬운 답은 없다.

이 모든 것에서 얻을 수 있는 기본적인 결론은 다음과 같다. 최소한 신경과학의 렌즈를 통해 보면 남성과 여성의 뇌뿐만 아니라 그에 따른 인지 능력에도 측정 가능한 차이가 있다. 신체화된 인지에 대해 알려진 바에 따르면, 주관적 경험을 느끼는 프리즘은 바로 몸이며, 따라서 세계에 대한 지각이 신체화된 감각에 의해 수집된다는 의미에서 주관적 경험은 '성별화'된다. 가장 쉽게 생각하는 방법은 여성과 남성은 생물학적 성별에 따라 그리고 우리 사회에서 성별을 정의하는 방식에 따라 세상을 경험한다고 생각하면 된다. 그러나 두 경우 모두 몸은 내수용감각이나 세계와의 감각운동적 상호작용을 통해 정보를 받아들이고 처리하며, 이러한 정보는 신체화된 의미 형성의 일부다.

여성을 열등한 존재로 취급하는 역사는 심각한 문제가 있으며 광범위한 부정적인 결과를 초래했다. 안타깝게도 이러한 일은 가장 진보적인 기관에서도 여전히 벌어지고 있다. 또 다른 예로, 남성과 여성 정치 후보자 간의 텔레비전 토론을 보면 여성이 불공평하게 무시되는 방식을 볼 수 있다. 성별에 따라 다르게 가르치는 교사는 없다. 우리는 여성이 바느질하고 남성이 철학을 공부하던 시대로 돌아가고 싶지는 않다. 하지만 남학생과 여학생이 각각 텍스트와 상황, 그리고 자신을 해석하는 방식에 대해 미묘한 차이를 인정해야 한다.

14

황금 노장

늙는다는 것의 모든 불명예 중에서 몸이 느끼기 시작하는 방식만큼 끔찍한 것은 없을 것이다. 노화되는 몸의 외적인 모습은 쉽지는 않겠지만 그래도 결국은 받아들여진다. 결국 우리는 인생의 다양한 단계에 있는 사람들에게 둘러싸여 있으므로, 우리의 몸이 쇠퇴하기 시작한다는 사실은 같이 살아가는 다양한 사람들을 통해 매일 입증된다. 나이가 들면 종종 혜택, 재정적 안정, 지혜, 사회 집단에서 중요한 역할, 조직 내 지위, 레스토랑의 모닝 서비스 등을 받을 수 있지만, 몸이 노화되면 좋은 기분이 감소한다는 것은 의심할 여지가 없다. 관절은 뻣뻣해지고 통증이 시작된다. 근육은 퇴화하고, 시력, 청력, 심지어 미각도 둔해진다. 때에 따라 성욕도 줄어든다. 노인들은 몸이나 정신의 특정 측면이 예전만큼 원활하거나 효과적으로 작동하지 않을 것이다.

노인들이 푹신한 안락의자에서 몸을 일으키려고 애쓰는 모습을 보면 서글픈 생각이 든다. 몸은 망가질 수밖에 없는 운명이고, 노화로 인한 신체적 한계와 동시에 신체화된 삶에 온전히 참여할 수 없게 되는 것은 인생의 노후에 치르는 대가다. 시간이 지남에 따라 몸은 삐걱거린다.

하지만 꼭 그래야 할까?

새로운 과학과 개인의 주관적 경험을 통해 이 질문에 답할 수 있다. 신체화된 인지 관점에서 볼 때, 몸이 노화되어 더 이상 유년기 발달 단계만큼 세포 수준에서 활력을 되찾지 못한다면 마음 역시 쇠퇴하게 된다. 그러나 여기서 다시 한번 강조하지만, 신체화된 인지의 핵심 주장이 사실이라면 몸과 마음(또는 신체화된 마음)이 쇠퇴하고 있다는 점에 유의해야 한다. 나이는 모든 것을 모조리 둔화시키고 악화시킨다.

사람들은 나이가 들수록 건망증을 더 많이 경험한다. 이 지구에서 40년 이상 살아온 사람이라면 자동차 열쇠를 잃어버렸을 때의 고통이나 계단을 올라갔다가 왜 올라갔는지 전혀 기억이 나지 않는 당혹감을 알고 있을 것이다. 여기에 인터넷과 스마트폰의 주의력 분산 효과까지 더하면, 반세기 가까이 산 사람들이 지갑과 같은 잃어버린 소지품을 끝없이 찾아 헤매며 혼란스러운 상태로 돌아다니지 않는 것만으로도 행운이라고 생각해야 한다.

인지 능력, 신체 능력, 감정 등 신체화된 마음은 표면상으로 보기엔 한꺼번에 나락으로 떨어질 것 같다. 앞서 언급했듯이 나이가 들면서 얻을 수 있는 이론적 이점 중 하나는 지혜다. 신체적 자아와 간헐적으로 접촉을 잃으면서 속도가 느려지고, 삐걱거리며, 허리 통증을 호소하고, 지면과 바짝 붙어있는 스포츠 세단에서 나오면서 끙끙 앓는 소리를 내기 시작함에 따라, 지혜가 증가하고 유동적 지능의 양이 증가할 것이다.

유동적 지능fluid intelligence*은 20세기 후반 레이몬드 카텔Raymond Cattell; 1905~1998이 문제해결, 관계 절충 능력, 추상적 추론을 설명하기 위해 개발한 개념이다.[01] 이러한 유형의 사고는 유동적인 상황에서 사용되며, 명확한 증거 없이도 결론을 도출하거나 정확한 추측을 하기 위해 현재 상황뿐만 아니라 역사적 이해를 활용한다는 점에서 차별화된다.

요컨대, 이는 전통적인 인지과학자들이 말하는 가장 미묘하고 복잡한 형태의 사고방식이다.

매튜 코스텔로Matthew Costello는 하트포드대학의 실험심리학자다. 코스텔로의 몇몇 연구는 시간이 지남에 따라 사람들이 덜 신체화될 수 있는 방식을 다룬다.[02] 내가 전화로 연락을 했을 때 코스텔로는 노화가 신체화에 미칠 수 있는 예상치 못한 영향에 대해 아낌없이 설명해 주었다.

노화가 신체화에 미치는 영향을 평가하는 데 있어 핵심 요소 중 하나는 다중감각 입력multisensory input; MSI**이다. 인간은 하루 종일 시각, 청각, 촉각, 후각뿐만 아니라 고유수용감각과 내수용감각과 같이 잘 알려지지 않은 감각과 심지어 전정계vestibular system를 통해 감지되는 균형 감각에 이르기까지 다양한 감각 입력을 받는다. MSI는 인간이 이렇게 들어오는 모든 자극을 세상과 그 안에서 우리의 위치에 대한 그림 속에 통합하는 방식이다. 매튜 코스텔로는 시간이 지남에 따라 노년층이 다른 감각보다 시지각을 점점 더 선호한다는 사실을 발견했다. 환경으로부터 정보를 수집하는 여러 가지 수단에서 벗어나는 이러한 변화는 신체화에도 변화를 가져온다.

매튜 코스텔로는 "지식과 시각 사이에는 연관성이 있다"라고 지적한다. 그는 노년층이 시지각에 의지하는 방식에 관한 최신 연구뿐만 아니라, "냄새를 맡는 것은 믿는 것이다"가 아니라 "보는 것은 믿는 것이다"라는 말처럼 시각적 이해를 인지 과정과 동일시하는 철학의 오랜 역사도 언급했다. 그러나 "냄새를 맡는 것은 믿는 것이다"라는 말은 자녀가 사춘기에 접어드는 부모들에게 사회적 규칙이 된다. 즉, 자녀가 사춘기를 겪으면서 체취 또는 위생의 변화와 관련하여 부모가 특정 냄새에 대해 더 많이 인식하거나 우려할 수 있다는 것이다.

기본적으로 매튜 코스텔로는 노년층에서 환경에 대한 정보를 수집하는 주요 수단으로 시지각이 널리 보급됨에 따라 신체화가 감소하는 것에 주목했다. 본질적으로 몸은 주변 환경에 덜 민감하게 된다. 그러나 왜 이러한 변화가 일어나는지는 명확하지 않다. 약 50세에서 80세 사이의 중년과 노년층이 신체화의 감각을 잃는 것은 단순히 노화 때문일까? 아니면 노년층이 신체화된 자아의 미세 조정을 억제하는 라이프스타일을 채택하기 때문일까? 코스텔로는 "심리적 관점에서 보면 어느 수준에서 노년층은 신체화에서 멀어지는 것일 수도 있다"라고 말했다.

나이가 드는 것은 세상에서 가장 자연스러운 일이지만, 노화에는 우리가 잘 이해하지 못하는 부분이 있다. 매튜 코스텔로에 따르면, 노화는 "정상적인 과정이지만 피할 수 없는 것은 아니다"라고 한다. 그는 노년층에서 노화가 나타나는 방식을 설명하면서 이 점을 지적했다. 물론 우리는 나이를 먹도록 설계되어 있으므로 이것은 직관에 반하는 것처럼 보인다. 하지만 코스텔로가 나에게 설명한 "닭이 먼저냐 달걀이 먼저냐"의 시나리오가 작동하고 있었다. 나이를 먹기 때문에 신체화가 떨어지는 것일까, 아니면 신체화가 떨어지기 때문에 나이를 먹는 것일까?

답을 찾기 위해, 즉 그저 질문을 더 잘 이해하기 위해 **신체화된 인지**가 환경과의 상호작용을 형성하는 방식의 측면에서 무엇을 의미하는지 정의하고 맥락을 파악하는 것이 도움이 될 수 있다. 마시밀리아노 카푸치오Massimiliano Cappuccio라는 연구자는 《현상학과 인지과학》Phenomenology and the Cognitive Sciences 저널에서 다음과 같이 설명한다.

> 감각운동 대응sensorimotor correspondence***의 정교한 패턴을 한정하는 것은 다름 아닌 몸, 환경, 사회적 맥락 간의 반복적인 상호작용의 역사며, 이는

실행 가능한 행동 기회와 이러한 기회를 활용할 준비가 된 상호 연관된 신체화된 '자아'의 세속적 지평을 한 번에 한정한다.[03]

인지적으로 행동하는 인간의 능력은 신체적 행동의 역사에 기반한다. 사람들이 과거에 신체적으로 했던 경험은 자아를 형성하고 의사결정과 추상적 사고 및 감정에 영향을 미친다. 따라서 마시밀리아노 카푸치오가 제안한 '상호작용'이 감소하면 과거 경험으로부터 인지적 혜택을 얻는 능력도 감소할 것이다.

시나리오 하나를 가정해 보자. 디지털이 지배하는 문화가 등장했음에도 불구하고 어린 시절에는 학교에서 반 친구들과 어울리고, 쉬는 시간에 놀고, 나무에 오르고, 모험을 하고, 형제자매와 다투는 등 꽤 많은 신체적 활동을 하면서 활기차게 움직였다. 더 어렸을 때는 신체적으로나 정서적으로나 사회적으로 더 많이 움직이면서 밖에 더 많이 있었다. 대학에 진학하거나 직장을 구하고 가정을 꾸리게 되면 20대와 30대의 삶은 '세상의 지평'을 넓힐 수 있는 다양한 경험으로 채워질 수 있다.

젊었을 때 사람들이 갖는 많은 직업은 신체화된 관점에서 볼 때 실제로 이음새가 터질 듯이 많다. 초창기 직업으로는 과수원 일, 식당 설거지, 조경 등이 있다. 많은 사람들은 갭Gap 의류 소매점에서 카키색 바지 한 벌을 접는 것일지라도 테이블을 서빙하거나 소매점에서 일하는 등 어느 정도 신체화된 동작이 수반되는 직업을 가지고 있다. 어린 시절의 삶은 감각운동 경험의 불협화음으로 가득 차 있다. 즉, 젊은 시절에는 다양한 감각운동 경험을 한다.

하지만 결국에는 안정적인 직업을 찾게 된다. 더 이상 삽질이나 청소, 이리저리 돌아다니는 일은 멀리한다. 그때는 사무실로 출근하여 앉아 있는 상태로 일하게 된다. 중간 관리자가 된다. 자녀가 성장하면 더 이상 여기저기 쫓아다니며 아이들을 돌볼 필요가 없고, 점점 더 앉아서 생활하게 된다. 운동(및 사회적으로 제재를 덜 받는 다른 신체 활동)을 통해 자신을 표현하는 것이 자연스러웠던 청년기에 비해 스포츠를 하는 사람은 거의 없다. 젊은 시절의 감각 입력의 소용돌이를 줄이려고 의식적으로 노력하고, 초창기의 다중감각 입력과 대조적으로 주로 시지각에 의존하게 된다. 신체화된 젊음에서 탈신체화된 노년으로의 전환이 본격화되고 있다. 조만간 미끄럼 방지를 위해 욕조 바닥에 접착식 스티커를 붙여야 할 것이다(아직 붙이지 않았다면 말이다).

활동적이고 신체화된 젊은 시절에서 앉아 있는 성향이 강한 탈신체화된 중년으로 라이프스타일이 바뀌면 노년층의 신체화가 떨어지는지 혹은 아닌지는 불분명하다. 더욱 쉽게 증명할 수 있는 것은 우리의 신체화 감각이 유연하고 가변적이며 변화할 수 있다는 것이다

"노년층은 다중감각 입력으로부터 이익을 얻을 것이다"라고 매튜 코스텔로는 말한다. 노년층을 위한 감각 입력 요법이 노화의 전형적인 증상 중 일부를 늦추거나 되돌릴 수 있다는 생각이 반드시 터무니없는 것은 아니다. 십자말풀이 등이 노년층의 정신과 기억력 유지에 도움이 된다는 여러 논문이 있다. 그러나 마음이 신체화된다면, 십자말풀이만으로는 다중감각적 경험과 동일한 이점을 제공하지 못한다. 다양한 감각 조건에 참여하는 노년층은 종종 인지 향상과도 상관관계가 있다. 코스텔로는 "몸이 더 많이 향상됨에 따라 인지 능력에 약간의 변화를 기대할 수 있다"라고 제안했다.

*유동적 지능

유동적 지능이란 이전에 습득한 지식이나 경험에 의존하지 않고 새로운 상황에서 논리적으로 사고하고 문제를 해결하는 능력을 말한다. 유동적 지능은 논리적 추론과 문제해결 기술을 적용하여 새로운 상황에 적응할 수 있는 능력을 포함한다. 이를 통해 개인은 익숙하지 않은 문제를 빠르게 학습하고 대응할 수 있다. 유동적 지능은 추상적 사고, 논리적 추론, 다양한 요소 간의 패턴과 관계를 파악하는 능력과 밀접한 관련이 있다. 습득한 지식과 과거 경험에 의존하는 결정화된 지능crystallized intelligence과 달리 유동적 지능은 비언어적 문제해결 능력을 강조한다. 이를 통해 개인은 인지적 유연성과 혁신적인 사고를 사용하여 복잡한 문제와 과제를 해결할 수 있다. 유동적 지능은 젊은 성인기에 최고조에 달하고 나이가 들면서 점차 감소하는 경향이 있다. 이러한 감소는 특히 처리 속도 및 작업기억과 관련된 영역에서 뇌 구조와 기능의 변화로 인해 발생한다. 유동적 지능은 특히 역동적이고 빠르게 변화하는 환경에서 새로운 정보와 기술을 학습하는 데 중요한 역할을 한다. 유동성 지능은 개인이 변화하는 상황에 적응하고 불완전하거나 모호한 정보를 바탕으로 효과적인 결정을 내리는 데 도움이 된다.

**다중감각 입력

다중감각 입력은 개인이 여러 감각 채널을 통해 동시에 받는 자극 또는 정보를 말한다. 즉, 두 가지 이상의 감각 양식에서 나오는 감각 정보를 통합하는 것이다. 인간은 시각, 청각, 촉각, 미각, 후각 등 여러 가지 기본 감각을 지니고 있으며, 다중감각 입력은 이러한 감각 양식 중 두 가지 이상의 감각 양식에서 동시에 정보를 수집할 때 발생한다.

***감각운동 대응

감각운동 대응이란 개인의 인지 과정과 신체 과정에서 감각 지각과 운동 행동 사이의 관계 또는 연결을 말한다. 시각, 청각, 촉각, 미각, 후각 등 감각 기관을 통해 감지하는 것과 신체적 움직임을 통해 이러한 감각 입력에 반응하거나 행동하는 방식이 일치하는 것을 말한다.

평생학습과 신체화된 자아

'평생학습'이라는 개념은 교육에 인상적인 수준으로 스며들어 있다. 예일대학은 신학교에 평생학습처를 두고 졸업생들이 교육을 계속할 수 있도록 다양한 프로그램을 제공하고 있다. 프린스턴대학 성인 학교는 "배움은 끝이 없다Learning Never Ends"라는 모토를 내걸고, 스탠포드대학 부총장실은 '평생학습 기회'를 보장하기 위해 최선을 다하고 있다. 미국 교육부도 평생학습을 '성공으로 가는 길'이라고 지칭하며 평생학습에 동참하고 있다.

이론적으로 성인은 나이가 들어도 학습할 수 있다. 2017년 《네이처》에 실린 〈나이는 장벽이 아니다: 고령 학습자의 학업 성공 예측인자〉Age Is No Barrier: Predictors of Academic Success in Older Learners라는 제목의 논문은 이를 잘 보여준다.[04] 그러나 인간이 얼마나 많은 것을 배울 수 있는지 그리고 실제로 학습하는지의 여부는 여러 가지 요인과 관련이 있다.

아픈 아이 돌보기, 장보기, 집수리, 사무실에서 장시간 근무, 훌루Hulu 프로그램 스트리밍 등의 생활이 단순히 시간을 너무 많이 잡아먹어서 성인들이 학습을 중단하는 것일까, 아니면 학습을 더 어렵게 만드는 어떤 신경학적 메커니즘이 있는 것일까? 또는 환경적, 상황적, 또는 어떤 독특한 성격적 특성 때문에 일부 사람들은 인생의 후반부에 지적 발달에 목말라하는 것일까? 《네이처》 논문은 한 가지 분명한 사실을 밝혀냈다. 즉, 성인은 배울 수 있다는 것이다. 이 논문에서 말하듯이, "노화는 학업 성취를 방해하지 않으며, … 개별적인 인지 능력과 인지적으로 자극적인 활동에 평생 참여하는 것은 노년층의 학업 성공을 촉진할 수 있다."[05]

윌리스 오버턴Willis Overton은 신체화와 경험의 본질에 대해 다음과 같이 주장한다.

> 신체화란 지각, 사고, 느낌, 욕망, 즉 우리가 행동하고 세상을 경험하고 살아가는 방식이 우리가 소유하고 있는 특정한 종류의 몸을 가진 능동적 주체가 됨으로써 맥락화된다는 주장이다. 다시 말해, 우리가 가진 몸의 종류는 우리의 행동, 경험, 의미를 갖기 위한 필수 전제조건이다.[06]

'우리가 소유하고 있는 특정한 종류의 몸'이라는 표현을 고려해 보라. 이는 특히 나이가 들수록 몸과의 관계가 경험이 인지 및 발달과 연결되는 방식에 직접적인 영향을 미친다는 것을 암시한다. 따라서 교육 기관이 '평생 학습자'를 양성한다는 생각을 장려하려면 초기 발달 단계 내내 학습에 대한 신체화된 접근법을 실행하고 육성하는 데 주의를 기울이는 것이 타당해 보인다.

인간이 환경과 자극에 반응하는 방식은 점진적이지만 불가피하게 감소한다. 초기 발달 상태의 아이들이 환경에 감각운동적으로 참여하는 것을 볼 수 있다. 특히 유아는 항상 주변 세상을 맛보고 물건을 만지고 다양한 물건을 집어 들면서 감각운동을 통해 세상을 탐색한다. 하지만 사춘기에 접어들면서 아이들은 순수한 인지적 과제를 선호하면서 촉각적 경험은 배제되는 주로 감각이 살균된 '교실'이라는 환경으로 옮겨가게 된다.

하지만 미각, 시각, 촉각, 후각, 청각 등 감각운동계가 신경학 및 행동과 상호작용하는 방식은 갑자기 변하지 않았다. 다른 모든 감각보다 시각이 우선시되고, 신체화된 과정보다 추상적인 인지 기능이 우선시된다. 성인이 사무실 업무와 데이터 분석 업무로 작업 환경이 바꿈에 따라 세상에 대한 온몸의 감각운동적 인식과 그에 따른 신경 경로의 증가는 위축된다.

교육자들이 서로에게 그리고 자신에게 또는 평생 동안 학습과 성장, 탐구에 대한 애정을 유지하는 데 관심이 있는 모든 사람에게 던져야 할 질문은 어떻게 하면 평생 동안 감각운동계를 온전히 활용하는 학습의 삶을 키울 수 있을까 하는 것이다. 그 해답은 일상생활, 즉 몸이 환경과 상호작용하는 기적적인 방식에 있다. 신체와 세상의 상호 관계를 마음속으로 인식함으로써 사람들은 환경에 더 잘 적응하고, 학습과 기억을 지원하는 뇌의 신경망을 구축할 수 있다. 숲속에서 하이킹하거나 교외 개발 지역의 빗물 저수지 옆을 탐험해 보라. 세상을 온전히 감각적으로 인식하도록 장려하는 모든 탐험은 이러한 계통을 참여시키고, 이런 계통은 학습을 위한 실행 가능한 경로로 유지된다.

다른 길은 그다지 매력적이지 않다. 인지적 힘은 서서히 감소하고, 인지적 기술은 위축되며, 신체 능력과 감각은 쇠퇴한다. 2018년 《뉴욕타임스》New York Times 잡지에서 대서양을 횡단하는 폴란드 카약 선수 알렉산더 도바Aleksander Doba; 1946~2021를 소개한 기사에서 이 모험가는 왜 또래의 사람이 외로움, 부상, 죽음의 위험을 무릅쓰고 몇 주, 심지어 몇 달이 걸리는 위험한 여정에서 부서지기 쉬운 카약을 타고 대서양을 (여러 번!) 건너는지 묻자 잘 알려진 폴란드 속담을 인용한다. 도바는 "나는 백발이 성성한 사람이 되고 싶지 않아요"라고 말한다.[07] 세계 신기록을 여러 개 보유한 아흔두 살의 호주 스피드 워커 헤더 리Heather Lee도 같은 생각을 하고 있다. 《뉴욕타임스》의 또 다른 기사에서 걷다가 죽고 싶냐는 질문에 그는 "그렇게만 된다면 정말 멋지지 않을까요?"라고 대답한다.[08]

물론 이는 극단적인 예시다. 하지만 분명히 알렉산더 도바와 헤더리가 계획하는 것의 정신은 평생교육에 활용될 수 있는 정신이다. 움직임과 감각의 지속적인 참여는 중요한 신경망을 좋은 상태로 유지하는 한 가지 방법이다.

학생들이 아동기에서 청소년기로, 청년기에서 중년기로 넘어가면서 움직임과 탐험의 중요성은 더욱 커진다. 애니메이션 영화 《업》Up에 등장하는 작은 노인이 나이 든 주인공으로서 행동에 나서고 스스로가 도전에 대한 가치가 있다는 것을 알게 되는 것이 좋은 예다. 학습이라는 개념이 움직임과 동의어가 되고, 감각운동의 참여와 동의어가 된다면, 아울러 평생학습이 많은 사람들에게 받아들여진다면, 평생학습의 장기적인 효과는 얼마나 어마어마할지 새삼 궁금해진다. 많은 성인 학습자 그리고 그 문제에 관해 많은 어른들은 폴란드 카약 선수 도바의 두려움을 공유하고 있다. 교사와 학생에게 이러한 두려움을 극복할 수 있는 유일한 방법은 진정한 학습의 길이 온몸으로 세상에 참여하는 것이라는 생각을 끊임없이 강화하는 것이다.

15

디오니소스적 신체화

그는 항상 말썽꾸러기다. 그는 자유분방하고 거침없이 행동한다는 점에서 야생적이고, 권위자가 쉽게 통제하거나 제지하지 못하며, 행동을 쉽게 예측할 수도 없다. 즉, 힘이 엄청 강하지만 경박함과 노래와 춤, 향락에 그 힘을 낭비한다는 점에서 그는 알기 어려운 복잡한 존재다. 그가 사는 집 마당은 무성하게 자란 잡초와 새싹으로 얽히고 설켜 있다. 그의 친구들은 반짐승이다. 여기서 말하는 그는 디오니소스Dionysus로서, 그는 혼란과 복잡성의 상징인 혼돈의 화신이다.

고대 그리스인들에게는 아폴로Apollo가 더 적합한 신이었다. 특히 플라톤Plato과 소크라테스Socrates는 아폴로의 팬이다. 아폴로는 질서, 대칭, 분할, 구획의 신으로서, 조직과 이성의 상징이자 지나치게 꼼꼼한 중간 관리자의 상징이다. 독일의 철학자 프리드리히 니체Friedrich Nietzsche; 1844~1900는 디오니소스와 아폴로에 대한 분석과 이 두 신이 그리스 비극을 정의하는 방식을 사용하여 질서 대 무질서, 이성 대 혼돈, 정의된 관념의 세계 대 미지의 심연이라는 개념을 탐구함으로써 이 대조적인 이중성에 대해 글을 썼다.

예술, 의학, 정부, 철학, 경제 등 많은 문화적 개념과 제도는 고대 그리스에서 그 기원을 찾을 수 있다. 질서와 무질서 같은 개념적 틀도 고

전적 전통에 뿌리를 두고 있다. 특히 그리스 전통에 가장 뚜렷하게 뿌리를 둔 제도 중 하나는 교육이다. 그리스인들로부터 물려받은 교육뿐만 아니라 고대부터 발전해 온 많은 고유한 구조에서도 아폴로 통치의 요소인 엄격함, 질서, 경계설정, 구획화가 강조되고 있다.

더욱 디오니소스적인 관점, 즉 몸이 발달과 인지에서 역할을 하는 복잡하고 상호 연결되며 상호주관적인 방식을 통해 학습을 바라보는 관점은 인간 교육의 프로젝트에 더 풍부하고 궁극적으로 더 보람 있는 접근 방식을 제공한다. 그러한 관점은 확실히 깔끔하게 정리되거나 잘 포장되어 있지는 않다. 이 책이 시사하는 것은 행동, 인지, 기억, 감정, 뇌, 감각, 몸 사이의 관계가 엄청나게 복잡하다는 것이다. 그러나 몸을 고려의 대상에서 제외하는 것은 교육과 학습의 프로젝트에 접근하는 불충분한 방법이다. 디오니소스는 야생적이고 뒤엉키고 예측할 수 없을지 모르지만(디오니소스를 보면 관습에 얽매이지 않는 동료의 머리카락이 떠오른다), 디오니소스와 연상되는 특징과 원리에서 영향을 받는 학습의 삶은 세상에 대한 감각운동적 지각을 포함한 경험의 모든 측면을 고려하는 삶이다.

신체화된 관점에서 배우는 것이 궁극적으로 더 영향력 있고 더 의미 있고 더 오래 지속된다.

아폴로와 디오니소스는 인간 사고방식의 복잡한 매듭을 푸는 데 도움이 되는 우화적 캐릭터이기도 하다. 이 두 상징적인 캐릭터를 발판 삼아 교육과 관련된 중요한 질문을 던질 수 있다. 마음이란 무엇인가? 의식이란 무엇인가? 그리고 인간은 어떻게 자기를 인식하고, 다른 세계를 상상하며, 지성을 사용하여 도구를 휘두르고, 의사소통하며, 복잡한 사회를 구축할 수 있을까? 그리고 더 중요한 것은, 실내에서 디지털 화면 기반 활동에 점점 더 많이 몰입하는 급변하는 세상에서 학생들이 배우고 생각하는 방식과 관련하여 교육 내에서 좋은 방향으로든 나쁜 방향으로든 변화하고 있는 것은 무엇일까?

사색과 경이의 틈새를 되찾다

현대화, 디지털화, 산업화된 세상에서 사람들은 점점 더 육체적 현실과의 직접적인 관계에서 확실히 멀어지고 있다. 과거에는 세상을 탐색하기 위해 감각운동 입력, 기억, 감정, 신경화학이 복잡하게 결합된 복잡한 시공간 능력에 의존했다면, 이제 사람들은 구글 지도에 의존해 장소를 찾는다. 시계는 더 이상 태엽을 감을 필요가 없고, 자동차는 자율주행이다. 지금은 자동화의 시대다. 미국 언론인이자 작가인 니콜라스 카Nicholas Carr; 1959~는 《유리 감옥》The Glass Cage에서 이러한 변화를 멋지게 입증한다. 중개하는 디지털 영향력의 쓰나미가 이미 우리를 휩쓸고 있다.

길을 걷다가 고압 전선 아래 지름길로 빠져나가던 순간, 꼭 인용하고 싶었던 명언을 찾기 위해 책을 찾던 순간, 웹 이전에 자란 사람이라면 누구나 기억하는 길고 지루하고 체계적이지 않은 시절의 목적 없는 방황처럼, 인간이 몸에 집중하던 틈새 순간은 이제 빛나는 디지털 포털로 가득 차 있다. 우리는 모두 휴대전화를 손에 들고 스크롤 하며 걷는다. 보다 심하게는 소셜 미디어 피드의 예상적 렌즈를 통해 주변 환경을 들여다보기도 한다. 즉, 사람들은 단순히 경험 자체를 위해 주변 환경을 관찰하는 것이 아니라, 관찰한 내용이 소셜 미디어 게시물의 콘텐츠로 어떻게 변형될 수 있을지 예상한다. 무엇이 좋은 게시물이 될까? (나 자신도 재미를 느끼는 엉뚱한 트윗의 형태로 문장을 작성하고 있다.)

어렸을 때 나는 마블 만화책에 푹 빠져서 잔디를 깎아 번 돈으로 《엑스맨》 만화책을 사곤 했다. 나는 서커스단의 곡예사 출신에 순간 이동 능력을 갖춘 어두운 피부의 나이트크롤러Nightcrawler 캐릭터가 정말 마음에 들었다. 보통 사람의 손처럼 손가락과 엄지손가락이 4 대 1이 아닌 손가락 두 개와 엄지손가락만 있는 돌연변이 영웅에 대한 애정을 표현하기 위해 나는 검지와 중지를 테이프로 붙이고 새끼손가락과 약지도 같은 방법으로 붙여서 나이트크롤러인 척 뛰어다니며 순간이동을 알리는 '밤프!BAMF!' 소리까지 내곤 했다. 미국의 유명 모터사이클 스턴트맨인 에벨 키니벨Evel Knievel; 1938~2007의 무모한 영웅성을 사랑한 나는 오래된 난로용 나무와 널빤지로 차도에 점프대를 만들어 BMX 자전거로 그의 멋진 묘기를 재현해 보곤 했다.

하지만 비디오 게임이 훨씬 더 자극적인 초현실성을 제공하고, 청소년의 뇌에 중독성 있는 도파민을 공급하도록 완벽하게 설계된 지금, 어린 시절 영웅 숭배를 신체화하는 이러한 방법이 무슨 소용이 있을까? 손가락에 스카치테이프를 붙이고 뛰어다니는 열한 살짜리 아이는 이제 과거의 유물처럼 보인다. 매끄러운 디지털 경험의 진미는 감탄하지 않을 수 없다. 이것은 새삼스러운 일이 아니다. 디지털의 손짓에 우리는 기꺼이 순종한다.

교육 분야도 그 뒤를 이어 지저분하고 진부한 체험을 가끔씩 미술실, 운동장, 드라마 클럽에서나 할 수 있는 일로 전락시킨다. 최근 종종 전국의 방과 후 예술 및 음악 활동에 자금을 지원하던 국립예술재단National Endowment for the Arts, 국립인문재단National Endowment for the Humanities, 국가 및 지역사회 서비스 공간Corporation for National and Community Service과 같은 단체에 대한 정부 지원금이 삭감된 것은 신체화된 학습에 대한 현대인의 무관심을 강조하는 대목이다.

대신에 선호되는 것은 정보와 기술을 엄격하고 체계적으로 축적하고 미래 직업 전망을 알고리즘에 기반해 개선하는 것이다. 즉, 체계적이고 구조화된 지식과 기술 수집에 초점을 맞추고, 축적된 기술과 정보를 바탕으로 직업 선택을 안내하기 위해 알고리즘에 의존하는 것을 선호한다는 것이다. 도서관은 단순히 책을 소장하고 제공하는 데 초점을 맞추기보다는 사람들에게 정보에 접근하고 이해하는 방법을 가르치는 데 우선순위를 둔다는 점에서 '정보 활용 능력'의 '허브' 역할을 하는 데 더 관심을 기울이게 된다. 몬테소리Montessori 학교나 코네티컷주 그리니치의 휘트비Whitby 같은 사립학교(둘 다 수업료를 받으면서 부유층에게만 교육을 제공하고 불평등한 사회를 조장한다)처럼 학습에 대한 신체화된 접근 방식을 유지하기 위해 싸우는 사람들도 여전히 학교가 파하면 학생들을 와이파이가 있고 게임에 몰입할 수 있는 디지털 옵션이 무한히 제공되는 가정으로 보낸다.

여기 뉴잉글랜드에서는 내 수업에 들어가면 핀이 떨어지는 소리가 들릴 정도로 조용하다. 학생들은 모두 노트북과 휴대폰만 들여다보면서 침묵하고, 함께 앉아 있지만 실은 고립된 채로 있다. 동료애를 갈망하고 간절히 바라는 몸은 전혀 없는 것처럼 보인다. 몸은 만화경처럼 쏟아지는 감각 정보를 뇌로 보내지만, 페이스북 회장인 마크 저커버그Mark Zuckerberg; 1984~와 애플 사社의 창업자인 스티브 잡스Steve Jobs; 1955~2011의 유령이 산만함으로 무장한 채 그 길을 막고 있다. 즉, 몸이 뇌로 보내는 풍부한 감각 정보에도 불구하고 디지털 기술의 영향으로 인해 연결이 방해받고 있고, 소셜 미디어(마크 저커버그)와 기술 혁신(스티브 잡스)이 개인과 즉각적인 물리적 환경 사이의 이러한 장벽에 기여한다는 것이다.

학습에 대한 신체화된 접근법을 인정하고 받아들이기가 어려운 것은 그것이 성가시고 검증하고 측정하기가 극도로 어렵기 때문이다. 신체화된 접근법은 디오니소스적이다. 어떻게 하면 학생의 감각적 참여도를 정확하게 평가할 수 있을까? 감각적 경험과 그 경험을 논리가 잘 정리된 행동이나 연민에 기반한 행동으로 전환하는 능력을 평가할 수 있을까? 그리고 우리는 정말로 그런 것을 측정하고 싶을까?

인지가 신체화된다는 사실을 받아들일 수 있다면 교육은 감정적·신체적·행동적·감각적 삶 등 인간 경험의 전체 스펙트럼에 참여하는 것이 되며, 우리는 학습의 의미와 학습 방법을 근본적으로 다시 쓰게 된다.

이는 불필요한 우려를 자아내는 것처럼 들릴 수 있다. 이 점도 충분히 이해된다. 그러나 우리가 몸의 직접적인 경험에서 점점 더 멀어지고 단절되고 탈신체화된 문화로 나아가고 있을 가능성은 매우 커 보인다. 우리 몸은 성가시고 불완전하며 복잡하다. 우리가 자신의 경험에 대한 정보를 수집하고, 이를 행동과 '나'라는 감각으로 변환하는 방식은 선형적이거나 단일 트랙으로 구성되지 않는다. 그보다는 뿌리와 가지 그리고 성장과 부패가 서로 얽히고설켜 있으며, 표면 위에서만큼이나 아래에서도 많은 일들이 일어나고 있는 숲의 생태계를 더욱 닮았다.

우리는 모두 몸을 가지고 있을 뿐만 아니라 우리는 우리의 몸이다. 우리의 '자아'는 에테르 속에 떠다니는 홀로그램 이미지가 아니라 우리의 육체적 형태가 경험을 감지하고 수집하며 해석하고, 그 정보를 사용하여 우리의 행동을 안내하는 방식이다. 물론 우리는 모두 근육과 조직,

뼈로 이루어져 있지만, 이는 얼마나 영광스러운 현실인가?

아폴로는 질서고, 디오니소스는 혼돈이다. 이와 같은 아폴로-디오니소스 이분법이 학습에 관한 생각을 정리하는 데 도움이 된다는 것은 인정하지만, 근본적으로 이 프레임은 지나치게 단순화된 것이다. 사실 학습은 질서나 혼돈이라는 엄격한 경계 안에 완전히 담아낼 수 없는 다면적인 과정이다. 아폴로는 질서의 신이었을지 모르지만, 델포이Delphi에 있는 그의 신전은 땅속에서 김이 솟구치는 화산 균열 위에 세워졌다. 이런 점에서 질서는 내부의 혼돈을 가리고 있다. 즉, 질서의 겉모습 아래에는 혼돈이라는 요소가 있는 것이다. 디오니소스는 무질서의 화신이었을지 모르지만, 와인과 향락의 신은 음악과 조화, 수양을 그의 속성으로 꼽는데, 이 모든 것은 사실 어떤 형태의 질서에 의존한다.

그러나 고대 그리스인들이 두 신의 다성적 복잡성을 높이 평가했을 것이고, 확실히 각각의 숭배가 이 신들의 상징적 중요성에 대한 강력하고 다양한 이해를 암시하지만, 오늘날 이 두 신이 교육 기관에 영향을 미치는 방식은 훨씬 더 이분법적이다. 질서 및 조직과 관련된 아폴로의 영향력이 교육 영역에서 오랫동안 지배적이었으며, 데카르트가 마음과 몸을 분리하는 것은 오늘날까지 울림이 있다. 이제는 인지과학의 발전과 신체화된 인지가 가져온 새로운 이해에 비추어 디오니소스의 야생적 교육 방법을 재고하고 통합할 때다. 여기서 야생적 교육 방법이란 학습에 대한 보다 길들지 않은, 경험적이고 총체적인 접근 방식을 말한다.

16

점프하는 내 아들

우리 집 근처에 브리스톨 폭포Bristol Falls라는 물놀이하기에 적절한 자연 수역이 있다. 그곳은 차가운 산악 강물이 흘러 들어가는 깊은 협곡이고, 길고 긴 황금빛 녹색 웅덩이의 한쪽 끝에 폭포가 있는 형용할 수 없을 정도로 멋진 장소다. 양쪽에는 멋진 난간과 바위 블록이 있어 물속으로 뛰어들기에 완벽하다. 매끄러운 난간은 폭포로까지 이어진다. 용감한 사람이라면 폭포 뒤편으로 올라가서 떨어지는 물줄기에 가려진 넓게 벌린 동굴 입으로 들어가 폭포 속으로 바로 뛰어들 수 있다. 여름이 한창인 날이면 하루에도 수십 명이 찾아와 바위 위에서 일광욕을 즐기고, 얕은 물가에서 물놀이를 하며, 바위를 쌓아 작은 웅덩이를 만들고, 웅덩이의 깊은 곳의 절벽에서 뛰어내리기도 한다.

내 좁은 세계에서는 이곳이 지구상에서 가장 아름다운 곳이라는 생각이 든다. 그곳에는 분명 깊고 오래된 마법이 있다.

나는 매년 여름마다 작은 야외 모험 캠프를 준비하는데, 우리 가족은 브리스톨 폭포에 자주 간다. 브리스톨 폭포에 도착하면 아이들은 미국의 유명 가수이자 작곡가인 케이티 페리Katy Perry의 노래를 따라 부르는 등 시끄럽고 소란스럽게 행동하던 10대 청소년에서 주변 세상과 조화를 이루는 모습으로 변한다. 아이들은 바위를 기어오르고, 물웅

덩이 위로 튀어나온 거대한 암반 위로 올라간다. 매끄러운 소프트볼 크기의 암석으로 작은 댐을 만들기도 한다. 아이들은 물속 얕은 곳에서 작은 생명체를 찾는다. 굴러 떨어진 바위를 두 손과 두 발로 긁어대고, 몸을 구부렸다가 납작하게 펴서 차가운 계곡 물줄기를 건너며, 숲속 생명체들의 단음적 리듬에 맞춰 움직이는 모습이 마치 풍경의 일부처럼 보인다. 허겁지겁 걷다가 잠시 멈추고, 다시 허겁지겁 걷고 뭔가를 찾기 위해 바위를 뒤집는다. 이 모습은 마치 먹이를 찾는 동물처럼 보인다.

아이들은 차가운 물에서 수영을 마친 후 뜨거운 바위 위에서 몸을 말리기 위해 누워서 몸을 쭉 편다. 발가락은 미끄러운 강바닥을 움켜쥐고, 몸은 피라미처럼 맑은 물속을 미끄러지듯 헤엄치면서, 아이들이 주변 환경과 자신의 감각에 온전히 주의를 기울이며 경험에 완전히 몰입하여 현시점에 집중하는 순간이 있다.

특히 점프 지점이 하나 있다. 폭포 꼭대기 바로 옆에 튀어나온 곳이다. 바위의 뾰족한 부분이 마치 활주로처럼 뻗어 있어, 수영을 즐기던 사람들이 추진력을 높여 18피트 상공에서 뛰어내려 폭포 바로 밑의 어둡고 소용돌이치는 물속으로 떨어질 수 있다. 지난여름, 내 아들 핀Finn이 용기를 내어 도전했다. 핀은 마을 수영장에서 높은 다이빙을 정복하는 등 다양한 표석과 바위에서 뛰어내린 적이 있다. 하지만 이것은 큰 점프다.

나는 아들과 함께 서서 모기를 잡고 있었다. 아들 핀의 얼굴은 흥분으로 빛나고, 아들은 나에게 "아플까요?" "얼마나 멀리 점프해야 하나요?" "충분히 깊은가요?" 등의 질문을 쏟아낸다. 그는 권투 선수처럼 몸을 흔들며 내내 미소를 짓는다. 나는 최선을 다해 대답해 주지만 아들은 내 말을 전혀 듣지 않고 있다. 질문, 즐거운 두려움, 긴장감, 이 모든 것은 의식의 일부다.

아들은 그 순간을 온전히 즐기고 있고, 그의 몸은 에너지로 빛나고 있다.

아들은 가장자리 너머를 바라본다. 얼굴에는 점프에 대한 즐거운 기대감이 가득하다. 온몸이 물개처럼 촉촉하고 매끈하게 젖어 활력을 발산하고 있다. "아빠, 확인 좀 해 주세요"라고 아들이 말했고, 나는 그렇게 했다. 아래에는 수영하는 사람이 없다. "이제 뛰어내려도 돼"라고 내가 말했다. 아들은 두 번 생각하지 않는다. 팔을 힘차게 젓고, 다리는 땅에 거의 닿지 않을 정도로 가볍게 건너뛰며 발사 지점을 향해 돌진하고, 로켓처럼 치솟아 몸을 던진다. 점프하는 아들의 모습에는 감탄스러울 정도로 원숭이 같은 무언가가 있다. 아들은 나무 꼭대기 사이로 민첩하게 오고가는 긴팔원숭이를 닮았다. 아들의 몸 전체가 평온하고 억제되지 않은 젊음을 구현하는 곡선이나 움직임에 관여하고 있고, 이러한 자세와 움직임은 현재 순간에 정확하고 생생하게 새겨져 있으며, 다리를 넓게 벌려서 점프가 역동적이고 넓게 펼쳐지는 느낌이 들고, 몸은 마치 현악기를 뜯은 것처럼 퉁기고 있다. 그는 그 순간에 자기 몸속에 있다. 그는 자신의 몸이다.

순식간에 그는 공중에 뜨고, 큰소리로 탄성을 지르면서 유연하고 우아하게 곡선을 그린다. 그리고는 아래 물속으로 뛰어들고 있다.

신체화된 교육을 위한 실용 가이드

▷ 스크린 타임을 최소화하라.

일반적으로 교실에서 교육용 기술 제품의 사용을 중단하고 스크린 타임*을 줄이면 소셜 미디어 제품을 모델로 한 소프트웨어 플랫폼에 내장된 중독성 있는 피드백 루프를 방해할 수 있으며, 학생들은 더 안정적이고 더 잘 집중할 수 있다. 온라인 채점 및 피드백 대신 대면 상호작용이 더 지속적인 인상을 남길 수 있다. 그리고 긍정적인 대인관계에는 신체화된 이점이 무수히 많다.

***스크린 타임**

스크린 타임은 컴퓨터, 스마트폰, 태블릿, 텔레비전, 기타 전자 기기 등의 스크린을 보는 시간을 의미한다. 이는 특히 TV 시청, 컴퓨터 사용, 비디오 게임, 모바일 디바이스 사용과 같은 활동에서 장시간 스크린에 노출될 경우 발생할 수 있는 부정적인 영향에 대한 우려의 맥락에서 일반적으로 사용되는 용어다.

▷ 밖으로 나가라.

구조화되지 않은 환경(숲, 들판, 공터, 도시공원)에서 하는 야외 활동은 학생들의 전역 선행성에 긍정적인 영향을 미치고, 기억력을 향상시키며, 건강한 운동의 기회를 제공하고, 신체화된 인지 능력을 강화하여 다른 학습 경험에도 도움이 될 수 있다. 게다가 학생들은 야외에서 시간을 보낼 기회에 감사할 것이며, 당신이 학생에게 배푸는 약간의 호의는 학생들에게 지속적으로 긍정적인 영향을 미칠 수 있다.

▷ 매일의 수업 계획에 움직임을 포함하라.

태극권, 요가, 무용, 곡예, 힙합 무용 등 모든 형태의 신체화된 육체적 참여는 학생들의 학습, 기억, 감정, 건강에 광범위한 영향을 미친다. 특히 내수용감각, 고유수용감각, 육체수용감각 능력을 연마하는 활동 등 장시간의 신체화된 활동을 포함하는 수업과 일정을 만들면 학생의 학업 성취도와 행복감이 향상된다. 행복하고 건강한 학생은 불안에 휩싸여 탈신체화된 학생보다 가르치기가 훨씬 더 쉽다.

▷ 마음챙김 명상 연습을 포함하라.

오늘날 학생들이 직면하고 있는 대표적인 정신건강 문제 두 가지인 불안증과 우울증은 마음챙김 명상과 같은 신체화된 수행에 적극적으로 참여하면 줄일 수 있다. 디폴트 모드 네트워크가 불안증과 우울증 성향이 있는 개인에게 영향을 미치는 방식은 정신건강 문제를 악화시키는 스트레스 유형으로 이어질 수 있다. 이러한 질환의 고통을 개선할 수 있는 한 가지 가능한 방법은 신체화된 수행을 학교 수업 시간에 부가적인 경험이 아니라 학습의 필수 부분으로 제공하는 것이다.

▷ 학생들과 함께 소리 내어 읽으라.

학생들과 함께 소리 내어 읽는 것은 역동적인 양방향 경험이다. 유아 그룹이든 숙취에 시달리는 대학생이든 소리 내어 읽기를 통해 책에 생동감을 불어넣으면, 기억력이 향상되고 보유력이 높아지며 이해력이 향상된다. 학생들이 장면을 연기하고(심지어 대학에서도!) 책에 나오는 개념을 육체적으로 표현하게 하면 이해력이 향상되고 텍스트에 대한 신체화된 참여가 촉진된다.

화면 대신 실제 책을 사용하라. 전자책이 아닌 실제 책은 학생들이 주변 세계와 자연스럽게 촉각으로 상호작용하는 방식을 강화한다. 책을 읽고, 페이지를 넘기고, 읽은 페이지의 쐐기가 남은 페이지보다 커지기 시작함에 따라 진도를 표시하는 것 등은 모두 지식과 내러티브에 대한 물리적이고 신체화된 참여다. 전자책을 읽는 것은 비행기를 타고 바다 위를 비행하는 것과 비슷하다. 공간감이나 거리감이 없다는 것이다.

학생들에게 펜이나 연필을 손에 쥐고 필기하게 하라. 손으로 필기하는 것은 정보를 종합하고 기억하며 기록하고 해석하며 간결하게 표현하고 분석하는 데 도움이 된다. 이는 모두가 동의하는 현대 교육의 목표다. 또한 학생들에게 손으로 글씨를 쓰게 하면 어떤 결과가 나올지 우리는 알고 있다. 탄탄한 글자 인식 능력, 높은 독해력, 향상된 촉각 운동 조절 능력이 그런 결과다. 타이핑이 신체화, 인지, 학습에 장기적으로 어떤 영향을 미칠지는 아직 알 수 없다.

▷ 학생과 교사가 비평으로 인한 스트레스를 덜 받을 수 있도록 비평적 거리를 늘리는 명상 연습을 만들어 보라.

피드백으로 인해 스트레스를 받는 학생은 학업으로부터 어느 정도 거리를 두고 새로운 관점을 갖는 것이 도움이 될 수 있다. 이를 위한 가장 좋은 방법은 명상이든 합기도든 마음챙김 연습을 통해 비판적인 피드백을 흡수하고 처리하며 이에 대응할 수 있는 '중심성'의 신체화된 감각을 키우는 것이다. 교직원 회의로 인해 소진을 겪는 교사에게도 마음챙김은 나쁜 생각이 아니다.

▷ 학생들의 긍정적인 행동을 장려하기 위해 마음챙김 연습을 포함하라.

감정 조절은 내수용 자각과 직접적으로 연관되어 있다. 발끈하거나 부적절하게 반응하거나 사회적 신호를 적절하게 읽는 데 어려움을 겪는 학생(이 책에서 다루지 않는 주제인 신경다양성을 고려하지 않음)은 마음챙김 연습을 통해 도움을 받을 수 있다. 마음챙김 명상 및 이와 유사한 운동은 아이들이 신체 주파수에 '조율하여' 자신의 감정에 대한 인식을 개발하는 데 도움이 된다. 그리고 아이들이 느끼는 방식은 행동하는 방식과 연결된다.

좋은 식습관을 교육하고 홍보하고 모범을 보여라(설탕이 든 시리얼인 후룻루프 한 상자를 통째로 먹지 말고 집에 돌아올 때까지 기다려라). 학생들이 먹는 음식은 체력뿐만 아니라 불안증과 우울증 같은 정신건강 문제와 인지 능력에까지 영향을 미칠 수 있다. 미국 전역의 주에서는 저소득층 학생들에게 무료 또는 할인 급식을 제공한다. 이는 공교육이 이룩한 가장 큰 개혁 중 하나다. 교사에게는 식단이 학생의 학업 성취와 능력을 변화시킬 수 있다는 점을 염두에 두는 것이 중요하다. 우리는 모두 벤앤제리Ben and Jerry의 슬러피Slurpee 같은 간식을 좋아하지만, 우리 몸에 들어가는 음식에 대해 의도적으로 생각하고 학생들에게 식단에 대해 교육하는 것은 우리 모두의 느낌, 행동, 학습 방식과 직접으로 연관된다.

▷ 백인이 소수집단의 경험을 신체화할 수 있는 방법을 찾아야 한다.

다양성 활동은 학생과 교사 모두를 위해 신체화된 방식으로 수행되어야 한다. 이러한 기획은 당연히 위험이 따른다. 이는 진지하게 받아들이고 의도적으로 수행해야 한다. 그러나 다양성, 형평성, 포용성 문제에서 진정한 진전을 이루기 위해서는 백인 교사와 학생들이 유색인종 학생과 교사가 느끼는 차별을 신체화할 수 있는 활동에 참여해야 한다. 젠더 및 성 소수자 문제도 마찬가지다. 적극적인 신체화 활동을 통해서만 백인은 편견의 영향을 느끼고 내면화하며 신체화할 수 있다.

▷ 모든 사람이 텍스트를 똑같이 해석한다고 가정하지 말고, 이것이 학업 능력과는 아무런 관련이 없다는 점을 기억하라.

생물학적 성별에 따라 남성과 여성은 텍스트에 따라 읽기 이해 수준이 다르다. 또한 남성과 여성은 몸짓언어를 다르게 경험한다. 따라서 두 성별의 경험에 따라 등급을 매기거나 평가하는 것은 잘못된 접근 방식이다. 학습과 기억에 있어서는 맥락이 중요하며 생물학적 개성도 중요하다.

▷ 가능한 모든 학습 경험에 움직임을 통합하라.

'평생 학습자'를 만들려면 학생들에게 진정한 혜택을 주기 위해 신체화 활동을 통합해야 한다. 일반적으로 인간은 나이가 들어감에 따라 신체화 능력이 떨어지고 감각운동 지각에 잘 적응하지 못하게 된다. 이는 학습에 부정적인 영향을 미칠 수 있다. '평생 학습자'의 개발을 약속하거나 성인 교육 프로그램을 제공하는 모든 교육 기관은 움직임, 마음챙김, 운동과 같은 신체화 원칙에 직접 참여하는 프로그램을 개발하는 것을 고려해야 한다.

▷ 자신의 신체화 감각과 접촉하라.

학생들은 또래의 모범을 따르고, 정도는 덜하기는 하지만 교사의 모범을 따르기도 한다. 교사는 어떻게 신체화된 자각 원칙을 모델링할 수 있을까? 교사는 어떻게 자신의 몸 안에 있는 것이 개인 개발과 학습 프로젝트에 필수적인 성분이고 중심적이라는 것을 보여줄 수 있을까? 모든 사람이 요가 수도자나 울트라 러너가 될 수는 없지만, 몸에 대한 인식과 참여를 모형화하는 것은 학생들에게 "네 몸과 그 느낌이 중요하다"라는 메시지를 전달한다. 그리고 이는 우리가 어느 정도 통제할 수 있는 부분이다.

| 미주

제1장

01 Lawrence A. Shapiro, *The Routledge Handbook of Embodied Cognition* (New York: Routledge, Taylor & Francis Group, 2017).

02 Andrew D. Wilson and Sabrina Golonka, "Embodied Cognition Is Not What You Think It Is." *Frontiers in Psychology*, vol. 4 (Feb. 12, 2013).

03 Joshua Wolf Shenk, *Powers of Two: Finding the Essence of Innovation in Creative Pairs* (London: John Murray, 2015).

04 Shenk, *Powers of Two*, 35.

05 https:llwww.youtube.com/watch?v=4dIhCdIK4Fc

05 Thomas DeFrantz, "The Black Beat Made Visible."

07 Jane Perlez. "Romanian 'Orphans': Prisoners of Their Cribs." N*ew York Times* (Mar. 25, 1996).

08 Frans de Waal, *Mama's Last Hug: Animal Emotions and What They Tell Us about Ourselves* (New York: W. W. Norton, 2019).

08 John Dewey, *Democracy and Education* (Radford, VA: SMK Books, 2018).

10 Andrew Wilson and Sabrina Golunka, "Embodied Cognition Is Not What You Think It Is," *Frontiers in Psychology*, vol. 4 (Feb. 12, 2013).

11 Wilson and Golunka, "Embodied Cognition Is Not What You Think It Is."

12 Olivier Gapeene, "The Co-Constitution of the Self and the World: Action and Proprioceptive Coupling." *Frontiers in Psychology* (June 12, 2014).

13 Aaron Stutz, "Embodied Niche Construction in the Hominin Lineage: Semiotic Structure and Sustained Attention in Human Embodied

Cognition." *Frontiers in Psychology* (Aug. 1, 2014).

14 Guy Claxton, *Intelligence in the Flesh* (New Haven, CT: Yale University Press, 2016).

15 Claxton, *Intelligence in the Flesh*, 9.

16 Maxine Sheets-Johnstone, *The Primacy of Movement* (Amsterdam/Philadelphia: John Benjamins, 1999).

17 Johnson, *The Meaning of the Body*, 177.

18 George Lakoff and Mark Johnson, *Philosophy in the Flesh: the Embodied Mind and Its Challenge to Western Thought* (New York: Basic Books, 1999), 4.

19 Lakoff and Johnson, *Philosophy in the Flesh*.

20 "Touch Can Produce Detailed, Lasting Memories." *Neuroscience News* (Nov. 27, 2018).

21 Arthur M. Glenberg, et al. "Use-Induced Motor Plasticity Affects the Processing of Abstract and Concrete Language." *Current Biology* vol. 18, no. 7 (2008).

제2장

01 Richard Prum, *The Evolution of Beauty: How Darwin's Forgotten Theory of Mate Choice Shapes the Animal World — and Us* (New York: Anchor Books, 2018).

02 Prum, *The Evolution of Beauty*, 5.

03 Prum, *The Evolution of Beauty*, 5.

04 René Descartes, *Principles of Philosophy*, Part I, Article 7.

05 David Abram, *The Spell of the Sensuous* (New York: Vintage, 1996), 32.

06 Emmanuel Kant and Allen W. Wood, *Basic Writings of Kant* (New York: Penguin Random House/Modem Library, 2001).

07 Edmund Husserl and William P. Alston. *The Idea of Phenomenology*

(Dordrecht, Netherlands: Kluwer Academic, 2010).

08 Abram, *The Spell of the Sensuous*, 42.

09 Abram, *The Spell of the Sensuous*, 42.

제3장

01 Nadine Gogolla, "The Insular Cortex." *Current Neurology and Neuroscience Reports* (June 19, 2017), www.ncbi.nlm.nih.gov/pubmed/28633023.

02 Antonio Damasio, "The Somatic Marker Hypothesis and the Possible Functions of the Prefrontal Cortex." *The Prefrontal Cortex Executive and Cognitive Functions* (Apr. 1998), 36–50, doi:10.1093/acprof:oso/9780198524410.003.0004.

03 Walter Isaacson, *Einstein: His Life and Universe* (New York: Simon & Schuster, 2008).

04 Robert Sapolsky, *Behave: The Biology of Humans at Our Best and Worst* (New York: Vintage, 2018).

제5장

01 Thich Nhat Hanh, *You Are Here* (Boulder, CO: Shambhala Publications, 2009).

02 Sarah Marsh, "Xanax Misuse: Doctors Warn of 'Emerging Crisis' as UK Sales Rise." *Guardian* (Feb. 5, 2018), https://www.theguardian.com/society/2018/feb/05/xanax-misuse-uk-dark-web-sales-health.

03 Julia Shmalz, "Facing Anxiety," *Chronicle of Higher Education* (Dec. 11, 2017), https://www.chronicle.com/article/Facing-Anxiety/241968.

04 Alberto Inuggi, et al. "Brain Functional Connectivity Changes in Children That Differ in Impulsivity Temperamental Trait." *Advances in Pediatrics*, U.S. National Library of Medicine (2014), https://www.ncbi.nlm.nih.gov/pmc/articles/PMC4018550/.

05 J. Paul Hamilton, et al. "Depressive Rumination, the Default-Mode Network, and the Dark Matter of Clinical Neuroscience." *Biological Psychiatry*, U.S. National Library of Medicine (Aug. 15, 2015), https://www.ncbi.nlm.nih.gov/pubmed/25861700.

제6장

01 Jon Kabat-Zinn, *Full Catastrophe Living: Using the Wisdom of Your Body and Mind to Face Stress, Pain, and Illness* (New York: Bantam, 2013); Jon Kabat-Zinn, *Wherever You Go, There You Are: Mindfulness Meditation in Everyday Life* (New York: Hyperion, 2005); Jon Kabat–Zinn, *Coming to Our Senses: Healing Ourselves and the World through Mindfulness* (New York: Hyperion, 2005).

02 Jon Kabat-Zinn, *Mindfulness for Beginners: Reclaiming the Present Moment and Your Life* (Sounds True, 2012), CD.

03 Sandra A. Wilson, et al. "Stress Management with Law Enforcement Personnel: A Controlled Outcome Study of EMDR Versus a Traditional Stress Management Program." (New York: Kluwer Academic Publishers-Plenum Publishers, July 2001), https://link.springer.com/artic1e/10.1023/A:1011366408693, 179–80.

04 Francine Shapiro, "The Role of Eye Movement Desensitization and Reprocessing (EMDR) Therapy in Medicine: Addressing the Psychological and Physical Symptoms Stemming from Adverse Life Experiences," *The Permanente Journal* (2014), https://www.ncbi.nlm.nih.gov/pmc/articles/PMC3951033/.

05 Shapiro, "The Role of Eye Movement Desensitization and Reprocessing (EMDR) Therapy in Medicine."

06 Shapiro, "The Role of Eye Movement Desensitization and Reprocessing (EMDR) Therapy in Medicine."

07 Shapiro, "The Role of Eye Movement Desensitization and Reprocessing (EMDR) Therapy in Medicine."

08 Antonio Damasio, "The Somatic Marker Hypothesis and the

Possible Functions of the Prefrontal Cortex." *The Prefrontal Cortex Executive and Cognitive Functions* (Apr. 1998), doi:10.1093/acprof:oso/9780198524410.003.0004, pp. 36–50.

제7장

01 Anne Mangen, Jean-Luc Velay. "Digitizing Literacy: Reflections on the Haptics of Writing." *IntechOpen* (Apr. I, 2010), https://www.intechopen.com/books/advancesin-haptics/digitizing-literacy-reflections-on-the-haptics-of-writing.

02 Michiel van Elk, "Embodied Language Comprehension Requires an Enactivist Paradigm of Cognition." *Frontiers in Psychology* (Dec. 27, 2010), https://www.ncbi.nlm.nih.gov/pmc/articles/PMC3153838/.

03 George Lakoff and Mark Johnson, *Philosophy in the Flesh: The Embodied Mind and Its Challenge to Western Thought* (New York: Basic, 1999).

04 Susan Cleaver and Munro Richardson, *Read with Me: Engaging Your Child in Active Reading* (Lanham, MD: Rowman & Littlefield, 2019), xvii.

05 R. Benjamin and Paula Schwanenflugel, "Text Complexity and Oral Reading Prosody in Young Readers." *Reading Research Quarterly*, 45(4) (2010), 388–404.

06 Colin MacLeod, Nigel Gopie, Kathleen Hourihan, Karen Neary, and Jason Ozubko, "The Production Effect: Delineation of a Phenomenon," *Journal of Experimental Psychology: Learning, Memonj, and Cognition* (May 2010). Available at: https://www.ncbi.nlm.nih.gov/pubmed/20438265.

제8장

01 Zadie Smith, "Dance Lessons for Writers," *Guardian*, October 29, 2016. Retrieved from https://www.theguardian.com!books/2016/

oct/29/zadie-smith-what-beyoncetaught-me.

02 Stephen King, *On Writing: A Memoir of the Craft* (New York: Scribner, 2000).

03 Elizabeth Gilbert, *Big Magic: Creative Living beyond Fear* (New York: Riverhead, 2015).

04 Frank Wilson, *The Hand: How Its Use Shapes the Brain, Language, and Human Culture* (New York: Pantheon, 1998).

05 Gunther Kress, *Literacy in the New Media Age* (New York: Routledge, 2010), 1.

06 Anne Mangen and Jean Luc-Velay, "Digitizing Literacy: Reflections on the Haptics of Writing." *Advances in Haptics* (Jan. 2010). doi:10.5772/8710.

07 Kress, *Literacy in the New Media Age.*

08 Kress, *Literacy in the New Media Age.*

09 Pam A. Mueller, and Daniel M. Oppenheimer. "The Pen Is Mightier Than the Keyboard." *Psychological Science*, vol. 25, no. 6 (2014), 1159–68. doi:10.1177/0956797614524581.

10 Mueller and Oppenheimer, "The Pen Is Mightier Than the Keyboard," 2.

제9장

01 Caleb Crain, "Toil and Trouble," a review of *The Pleasures and Sorrows of Work*, by Alain de Botton, *New York Times*, June 24,2009, Sunday Book Review, https://www.nytimes.com/2009/06/28/books/review/Crain−t.html.

02 Caleb Crain's blog, with de Botton's post: http://www.steamthing.com/2009/06/review-of-alain-de-bottons-pleasures-and-sorrows-of-work.html; here is de Botton's Twitter message, where he first held ground: https://twitter.com/alaindebotton.

03 "Donald Trump Posts Video of Him 'Beating' CNN in Wrestling,"

BBC News, July 2, 2017, https://www.bbc.com/news/world-us-canada-40474118.

04 Bret Anthony Johnston, "Don't Write What You Know." *The Atlantic* (Feb. 19, 2014), https://www.theatlantic.com/magazine/archive/2011/08/dont-write-what-youknow/308576/.

제10장

01 Daniel Goldhagen, *Hitler's Willing Executioners: Ordinary Germans and the Holocaust* (New York: Knopf, 1996).

02 Oliver Genschow, et al. "Mimicking and Anticipating Others' Actions Is Linked to Social Information Processing." *Plos One*, vol. 13, no. 3 (2018). doi:10.1371/journal.pone.0193743.

03 Carole Hooven and Cynthia J. Price, "Interoceptive Awareness Skills for Emotion Regulation: Theory and Approach of Mindful Awareness in Body-Oriented Therapy (MABT)," *Frontiers in Psychology* vol. 9 (2018). doi:10.3389/fpsyg.2018.00798.

제11장

01 Katerina V. Johnson, and Kevin R. Foster. "Why Does the Microbiome Affect Behaviour?" *Nature Reviews Microbiology*, vol. 16, no. 10 (2018), 647–55. doi:10.1038/s41579-018-0014-3.

02 Ana Agusti, et al. "Interplay Between the Gut-Brain Axis, Obesity and Cognitive Function." *Frontiers* (Feb. 26, 2018). https://www.frontiersin.org/articies/10.3389/fnins.2018.00155/full.

03 Antoine Bechara, et al. "Deciding Advantageously before Knowing the Advantageous Strategy." *Science* (Feb. 28, 1997). https://science.sciencemag.org/content/275/5304/1293.abstract.

04 Elizabeth Svoboda. "Can Microbes Encourage Altruism?" *Quanta Magazine* (June 29, 2017). https://www.quantamagazine.org/can-microbes-encourage-altruism-20170629/

05 Thomas C. Fung, et al. "Intestinal Serotonin and Fluoxetine Exposure Modulate Bacterial Colonization in the Gut." *Nature Microbiology* (Feb. 2019). doi:10.1038/s41564-019-0540-4.

제12장

01 Sandhya Somashekhar, "The Disturbing Reason Some African American Patients May be Undertreated for Pain," *Washington Post*, April 4, 2016. Retrieved from https://www.washingtonpost.com/news/to-your-health/wp/2016/04/04/do-blacks-feelless-pain—than-whites-their-doctors-may-think-so/.

02 Albert Newen, "The Embodied Self, the Pattern Theory of Self, and the Predictive Mind." *Frontiers in Psychology* (Nov. 23, 2018). https://www.ncbi.nlm.nih.gov/pmc/articies/PMC6265368/.

03 Matteo Forgiarini, et al. "Racism and the Empathy for Pain on Our Skin." *Frontiers in Psychology* (May 23, 2011). https://www.ncbi.nlm.nih.gov/pmc/articies/PMC3108582/.

04 Tabitha Peck, et al. "Putting Yourself in the Skin of a Black Avatar Reduces Implicit Racial Bias." *Consciousness and Cognition* (Sept. 2013). https://www.ncbLnlm.nih.gov/pubmed/23727712.

05 Alexandra Kalev, Erin Kelley, and Frank Dubbin, "Diversity Management in Corporate America" *Contexts*, vol. 6, no. 4 (2007), 21–27.

06 Kalen, Kelly, and Dubbin, "Diversity Management in Corporate America," 25.

07 Kalen, Kelly, and Dubbin, "Diversity Management in Corporate America," 22.

08 D. R. Godden, and A. D. Baddeley. "Context—Dependent Memory in Two Natural Environments: On Land and Underwater." *British Journal of Psychology*, vol. 66, no. 3 (1975), pp. 326. doi:10.1111/j.2044-8295.1975.tb01468.x.

09 Godden and Baddeley, "Context-Dependent Memory in Two Natural Environments: On Land and Underwater," 326.

10 "Watching Others Makes People Overconfident in Their Own Abilities." *Association for Psychological Science* (APS). https://www.psychologicalscience.org/news/releases/watching-others-makes-people-overconfident-in-their-own-abilities.html.

11 David Foster Wallace, "This Is Water," Kenyon College Commencement Speech, May 21, 2005. Retrieved from https://fs.blog/2012/04/david-foster-wallacethis-is-water/.

제13장

01 George Lakoff and Mark Johnson. *Philosophy in the Flesh: The Embodied Mind and Its Challenge to Western Thought.* New York: Basic, 1999.

02 Michael L. Slepian, et al. "Tough and Tender." *Psychological Science* vol. 22, no. 1 (2010), 26–28. doi:10.1177/0956797610390388.

03 Slepian, "Tough and Tender," 26.

04 Mary Romero, "Reflections on 'The Department Is Very Male, Very White, Very Old, and Very Conservative': The Functioning of the Hidden Curriculum in Graduate Sociology Departments." *OUP Academic* (Apr. 8, 2017). https://acadernic.oup.com/socpro/article/64/2/212/3231922.

05 Lakoff and Johnson, *Philosophy in the Flesh.*

06 Arthur M. Glenberg et al., "Gender, Emotion, and the Embodiment of Language Comprehension," *Emotion Review* 1, no. 2 (2009): 151–61. doi:10.1177/1754073908100440.

07 Glenberg et al., "Gender, Emotion," 151.

08 Glenberg et al., "Gender, Emotion."

09 Arseny A. Sokolov, et al. "Gender Affects Body Language Reading." *Frontiers in Psychology*, vol. 2 (Feb. 2, 2011).

doi:10.3389!fpsyg.2011.00016.

10 Larry Cahill, "Why Sex Matters for Neuroscience," *Nature News* (May 10, 2006). www.nature.com/articles/nm1909.

11 Cahill, "Why Sex Matters for Neuroscience."

12 Kazuhito Tornizawa, et al. "Oxytocin Improves Long-Lasting Spatial Memory during Motherhood through MAP Kinase Cascade." *Nature Neuroscience*, vol. 6, no. 4 (2003), 384–90. doi:10.1038/nn1023.

제14장

01 Richard E. Brown, "Hebb and Cattell: The Genesis of the Theory of Fluid and Crystallized Intelligence." *Frontiers in Human Neuroscience*, vol. 10 (2016). doi:10.33891/fnhum.2016.00606.

02 Matthew Costello, personal interview.

03 Massimiliano L. Cappuccio, "Introduction: When Embodied Cognition and Sport Psychology Team-Up." *Phenomenology and the Cognitive Sciences*, vol. 14, no. 2 (2015), 213–225. doi:10.1007/s11097-015-9415-1.

04 Abbie—Rose Imlach, et al., "Age Is No Barrier: Predictors of Academic Success in Older Learners," *Nature News* (Nov. 15, 2017). www.nature.com/articles/s41539-017-0014-5.

05 Imlach, et al. "Age Is No Barrier."

06 Willis Overton, et al. "Developmental Perspectives on Embodiment and Consciousness," *Psychology* (2013), 18.

07 Elizabeth Weil, "Why He Kayaked across the Atlantic at 70 (for the Third Time)," *New York Times* (March 22, 2018). www.nytimes.com/interactive/2018/03/22/magazine/voyages-kayaking—across-ocean-at-70.htrnl.

08 Bari Weiss, "Try to Keep Up with Australia's Fastest 92—Year—Old Woman," *New York Times* (Jan. 4, 2019). www.nytimes.com/2019/01/04/opinion/australia-racewalking-aging-healthy.html.

제15장

01 Nicholas Carr, *The Glass Cage: Automation and Us* (New York: W. W. Norton, 2014).

| 참고문헌

Abram, David. *The Spell of the Sensuous: Perception and Language in a More-than-Human World.* New York: Vintage, 1996.

Adam, Hajo, and Adam D. Galinsky. "Enclothed Cognition." *Journal of Experimental Social Psychology* 48, no. 4 (2012): 918–25, doi:10.1016/j.jesp.2012.02.008.

Adam, Hajo, and Adam D. Galinsky. "Adopted Romanian Orphans 'Still Suffering in Adulthood.'" *BBC News,* BBC, February 23, 2017. www.bbc.com/news/health-39055704.

Agusti, Ana, et al. "Interplay Between the Gut-Brain Axis, Obesity and Cognitive Function." *Frontiers,* Feb. 26, 2018. https://www.frontiersin.org/articles/10.3389/fnins.2018.00155/full.

Anderson, Steven W., et al. "The Earliest Behavioral Expression of Focal Damage to Human Prefrontal Cortex." *Egyptian Journal of Medical Human Genetics* March 6, 2008. www.sciencedirect.com/science/article/pii/S0010945208705082.

Avenanti, Alessio, et al. "Racial Bias Reduces Empathic Sensorimotor Resonance with Other-Race Pain." *Current Biology.* 20, no. 11 (2010): 1018–22. doi:10.1016/j.cub.2010.03.071.

Banakou, Domna, et al. "Virtual Embodiment of White People in a Black Virtual Body Leads to a Sustained Reduction in Their Implicit Racial Bias." *Frontiers in Human Neuroscience,* Nov. 29, 2016.

Bechara, Antoine, et al. "Deciding Advantageously before Knowing the Advantageous Strategy." *Science,* Feb. 28, 1997. science.sciencemag.org/content/275/5304/1293.full.

Benjamin, R. and Schwanenflugel, P. 2010. Text Complexity and Oral Reading Prosody in Young Readers. *Reading Research Quarterly,* 45(4),

388–404.

Bergen, Benjamin K. *Louder than Words: the New Science of How the Mind Makes Meaning*. Basic Books, 2012.

Berwid, Olga G., and Jeffrey M. Halperin. "Emerging Support for a Role of Exercise in Attention-Deficit/Hyperactivity Disorder Intervention Planning." *Current Psychiatry Reports*, Oct. 2012. www.ncbi.nlm.nih.gov/pmc/articles/PMC3724411/.

Bloom, Stephen G. "Lesson of a Lifetime." *Smithsonian.com*, Sep. 1, 2005. www.smithsonianmag.com/science-nature/lesson-of-a-lifetime-72754306/.

Bregman, Peter. "Diversity Training Doesn't Work." *Psychology Today*, March 12, 2012. www.psychologytoday.com/us/blog/how-we-work/201203/diversity-trainingdoesnt-work.

Brown, Richard E. "Hebb and Cattell: The Genesis of the Theory of Fluid and Crystallized Intelligence." *Frontiers in Human Neuroscience*, vol. 10 (2016), doi:10.3389/fnhum.2016.00606.

Buckner, Randy L., et al. "Opportunities and Limitations of Intrinsic Functional Connectivity MRI." *Nature News*, June 25, 2013. www.nature.com/articles/nn.3423.

Cahill, Larry. "Why Sex Matters for Neuroscience." *Nature News*, May 10, 2006. www.nature.com/articles/nrn1909.

Calvino, Italo. *If on a Winter's Night a Traveler*. Translated by William Weaver. New York: Harcourt Brace & Company, 1999.

ClassicSoulRadio. YouTube, Feb. 1, 2012. https://www.youtube.com/watch?v=lODBVM802H8.

Claxton, Guy. Intelligence *in the Flesh*. New Haven, CT: Yale University Press, 2016.

Cleaver, Samantha, and Munro Richardson. *Read with Me: Engaging Your Young Child in Active Reading*. Rowman & Littlefield, 2019.

Cleaver, Samantha, and Munro Richardson. "College Students' Mental

Health Is a Growing Concern, Study Finds." *Monitor on Psychology*, June 2013. www.apa.org/monitor/2013/06/college-students.aspx.

Coryell, William, et al. "Subgenual Prefrontal Cortex Volumes in Major Depressive Disorder and Schizophrenia: Diagnostic Specificity and Prognostic Implications." *American Journal of Psychiatry* (September 2005). ajp.psychiatryonline.org/doi/pdf/10.1176/appi.ajp.162.9.1706.

Cunningham, Anne E., and Keith E. Stanovich. "Early Spelling Acquisition: Writing Beats the Computer." *Journal of Educational Psychology* 82, no. 1 (1990): 159–62. doi:10.1037//0022-0663.82.1.159.

Damasio, Antonio R. *Descartes' Error: Emotion, Reason and the Human Brain.* New York: Vintage, 2006.

Damasio, Antonio R. Looking for Spinoza: *Joy, Sorrow, and the Feeling Brain.* New York: Vintage, 2004.

Damasio, Antonio R. "The Somatic Marker Hypothesis and the Possible Functions of the Prefrontal Cortex." The *Prefrontal CortexExecutive and Cognitive Functions*, Apr. 1998. doi:10.1093/acprof:oso/9780198524410.003.0004, pp. 36–50.

Derntl, B., et al. "General and Specific Responsiveness of the Amygdala during Explicit Emotion Recognition in Females and Males." *BMC Neuroscience* (Aug. 4, 2009).

Descartes, René. *A Discourse on Method; Meditations on the First Philosophy; Principles of Philosophy.* London, UK: Forgotten Books, 2015.

Dewey, John. *Democracy and Education.* SMK Books, 2018.

Dunn, B. D., et al. "Listening to Your Heart. How Interoception Shapes Emotion Experience and Intuitive Decision Making." *Current Neurology and Neuroscience Reports* (Dec. 2010). www.ncbi.nlm.nih.gov/pubmed/21106893.

Dunn, Barnaby D., et al. "Gut Feelings and the Reaction to Perceived Inequity: The Interplay between Bodily Responses, Regulation, and Perception Shapes the Rejection of Unfair Offers on the Ultimatum

Game." *Cognitive, Affective, and Behavioral Neuroscience*, (May 23, 2012). link.springer.com/article/10.3758/s13415-012-0092-z.

Farb, Norman, et al. "Interoception, Contemplative Practice, and Health." *Frontiers* (May 22, 2015). www.frontiersin.org/articles/10.3389/fpsyg.2015.00763/full.

Forgiarini, Matteo, et al. "Racism and the Empathy for Pain on Our Skin." *Frontiers in Psychology*, May 23, 2011, https://www.ncbi.nlm.nih.gov/pmc/articles/PMC3108582.

Fung, Thomas C., et al. "Intestinal Serotonin and Fluoxetine Exposure Modulate Bacterial Colonization in the Gut." *Nature Microbiology*, Feb. 2019, doi:10.1038/s41564-019-0540-4.

Gapenne, Olivier. "The Co-Constitution of the Self and the World: Action and Proprioceptive Coupling." *Frontiers in Psychology*, June 12, 2014, https://www.ncbi.nlm.nih.gov/pmc/articles/PMC4054590/.

Genschow, Oliver, et al. "Mimicking and Anticipating Others' Actions Is Linked to Social Information Processing." *Plos One*, vol. 13, no. 3 (2018). doi:10.1371/journal.pone.0193743.

Gilbert, Elizabeth. *Big Magic: Creative Living beyond Fear*. New York: Riverhead, 2015.

Glenberg, Arthur M., et al. "Gender, Emotion, and the Embodiment of Language Comprehension," *Emotion Review*. 1, no. 2 (2009): 151–61. doi:10.1177/1754073908100440.

Glenberg, Arthur M., et al. "Use-Induced Motor Plasticity Affects the Processing of Abstract and Concrete Language." *Current Biology*, vol. 18, no. 7 (2008). doi:10.1016/j.cub.2008.02.036.

Godden, D. R., and A. D. Baddeley. "Context-Dependent Memory in Two Natural Environments: On Land and Underwater." *British Journal of Psychology*, vol. 66, no. 3 (1975), pp. 325–331, doi:10.1111/j.2044-8295.1975.tb01468.x.

Gogolla, Nadine. "The Insular Cortex." *Current Neurology and Neuroscience Reports* (June 19, 2017). www.ncbi.nlm.nih.gov/pubmed/28633023.

Hamilton, J. Paul, et al. "Depressive Rumination, the Default-Mode Network, and the Dark Matter of Clinical Neuroscience." *Biological Psychiatry*, Aug. 15, 2015. https://www.ncbi.nlm.nih.gov/pubmed/25861700.

Hanh, Thich Nhat. *You Are Here*. Boulder, CO: Shambhala Publications, 2009.

Husserl, Edmund, and William P. Alston. *The Idea of Phenomenology*. Dordrecht, Netherlands: Kluwer Academic, 2010.

Husserl, Edmund. *Ideas: General Introduction to Pure Phenomenology*. New York: Routledge, 2015.

Imlach, Abbie-Rose, et al. "Age Is No Barrier: Predictors of Academic Success in Older Learners." *Nature News* (Nov. 15, 2017). www.nature.com/articles/s41539-017-0014-5.

Inuggi, Alberto, et al. "Brain Functional Connectivity Changes in Children That Differ in Impulsivity Temperamental Trait." *Advances in Pediatrics* (2014). www.ncbi.nlm.nih.gov/pmc/articles/PMC4018550/.

Isaacson, Walter. *Einstein: His Life and Universe*. New York: Simon & Schuster, 2008.

James, Karin H., and Isabel Gauthier. "Letter Processing Automatically Recruits a Sensory–Motor Brain Network." Neuropsychologia 44, no. 14 (2006): 2937–49. doi:10.1016/j.neuropsychologia.2006.06.026.

Jenkins, Tiara, and Jessica Yarmosky. "Dr. Seuss Books Can Be Racist, But Students Keep Reading Them." *NPR*, Feb. 26, 2019, https://www.npr.org/sections/codeswitch/2019/02/26/693966537/classic-books-are-full-of-problems-why-cant-we-putthem-down.

Johnson, Brad. *Learning on Your Feet: Incorporating Physical Activity into the K–8 Classroom*. New York: Routledge, Taylor and Francis, 2016.

Johnson, Katerina V. A., and Kevin R. Foster. "Why Does the Microbiome Affect Behaviour?" *Nature Reviews Microbiology* 16, no. 10 (2018): 647–55. doi:10.1038/s41579-018-0014-3.

Johnson, Mark. *The Meaning of the Body: Aesthetics of Human*

Understanding. Chicago: University of Chicago Press, 2012.

Johnston, Bret Anthony. "Don't Write What You Know." *Atlantic*, Feb. 19, 2014, https://www.theatlantic.com/magazine/archive/2011/08/dont-write-what-you-know/308576/.

Kabat-Zinn, Jon. *Coming to Our Senses: Healing Ourselves and the World through Mindfulness*. New York: Hyperion, 2005.

Kabat-Zinn, Jon. *Full Catastrophe Living: Using the Wisdom of Your Body and Mind to Face Stress, Pain, and Illness*. New York: Bantam. 2013.

Kabat-Zinn, Jon. *Wherever You Go, There You Are: Mindfulness Meditation in Everyday Life*. New York: Hyperion, 2005.

Kalanthroff, E., et al. "Spatial Processing in Adults with Attention Deficit Hyperactivity Disorder." *Neuropsychology* (September 2013). www.ncbi.nlm.nih.gov/pubmed/23937479.

Kalev, A., Kelley, E., and F. Dubbin. "Diversity Management in Corporate America" Contexts, vol. 6, no. 4, 21–27.

Kant, Immanuel, and Allen W. Wood. *Basic Writings of Kant*. New York: Modern Library Classics, 2001.

King, Stephen. *On Writing: A Memoir of the Craft*. New York: Scribner, 2000.

Kress, Gunther R. *Literacy in the New Media Age*. New York: Routledge, 2010.

Lakoff, George, and Mark Johnson. *Philosophy in the Flesh: The Embodied Mind and Its Challenge to Western Thought*. New York: Basic, 1999.

Lengel, Traci, and Mike Kuczala. *The Kinesthetic Classroom: Teaching and Learning through Movement*. Thousand Oaks, CA: Corwin, 2010.

Lepecki Andre☒. *Of the Presence of the Body: Essays on Dance and Performance Theory*. Middletown, CT: Wesleyan University Press, 2006.

Li, Hongjie. "Diet, Gut Microbiota and Obesity." *Journal of Nutritional Health & Food Science* 3, no. 4 (2015): 1–6. doi:10.15226/jnhfs.2015.00150.

Longcamp, Marieke, et al. "Remembering the Orientation of Newly Learned Characters Depends on the Associated Writing Knowledge: A Comparison between Handwriting and Typing." *Human Movement Science* 25, no. 4–5 (2006): 646–56. doi:10.1016/j.humov.2006.07.007.

Longcamp, Marieke, et al. "Visual Presentation of Single Letters Activates a Premotor Area Involved in Writing." *NeuroImage* 19, no. 4 (2003): 1492–500. doi:10.1016/s1053-8119(03)00088-0.

MacLeod, C. M. "The production effect: delineation of a phenomenon." *National Center for Biotechnology Information* (2019). www.ncbi.nlm.nih.gov/pubmed/20438265.

Mangen, Anne, Jean-Luc Velay. "Digitizing Literacy: Reflections on the Haptics of Writing." *IntechOpen* (Apr. 1, 2010), https://www.intechopen.com/books/advancesin-haptics/digitizing-literacy-reflections-on-the-haptics-of-writing.

Mantis, N. J., et al. "Secretory IgA's Complex Roles in Immunity and Mucosal Homeostasis in the Gut." *Nature News* (Oct. 5, 2011). www.nature.com/articles/mi201141.

Marasco, Paul D. "Using Proprioception to Get a Better Grasp on Embodiment." *Journal of Physiology* (Jan. 15, 2018). www.ncbi.nlm.nih.gov/pubmed/29194626.

Marjan, Laal, and Peyman Salamati. "Lifelong Learning: Why Do We Need It?" *NeuroImage* (Jan. 13, 2012). www.sciencedirect.com/science/article/pii/S1877042811030023.

Marsh, Sarah. "Xanax Misuse: Doctors Warn of 'Emerging Crisis' as UK Sales Rise." *Guardian* (Feb. 5, 2018), https://www.theguardian.com/society/2018/feb/05/xanaxmisuse-uk-dark-web-sales-health.

Meyer, Robinson. "Were Our Ancestors Sleeping in Trees 3 Million Years Ago?" *Atlantic* (July 6, 2018). www.theatlantic.com/science/archive/2018/07/australopithecusfoot/564422/.

Mueller, Pam M., and Daniel M. Oppenheimer. "The Pen Is Mightier Than the Keyboard: Advantages of Longhand Over Laptop Note Taking."

Psychological Research (April 23, 2014). journals.sagepub.com/doi/abs/10.1177/0956797614524581?journal-Code=pssa.

Newen, Albert. "The Embodied Self, the Pattern Theory of Self, and the Predictive Mind." *Frontiers in Psychology* (Nov. 23, 2018), www.ncbi.nlm.nih.gov/pmc/articles/PMC6265368/.

Okumura, Ryu, and Kiyoshi Takeda. "Roles of Intestinal Epithelial Cells in the Maintenance of Gut Homeostasis." *Experimental & Molecular Medicine* (May 26, 2017). www.ncbi.nlm.nih.gov/pmc/articles/PMC5454438/.

Overton, Willis F., et al. "Developmental Perspectives on Embodiment and Consciousness." *Psychology*, 2013.

Pagis, Michael. "Embodied Self-Reflexivity." *Social Psychology Quarterly* (September 2009).

Paulus, Martin P. "Decision-Making Dysfunctions in Psychiatry-Altered Homeostatic Processing?" *Science* (Oct. 26, 2007). science.sciencemag.org/content/318/5850/602.

Peck, Tabitha C., et al. "Putting Yourself in the Skin of a Black Avatar Reduces Implicit Racial Bias." *Consciousness and Cognition* 22, no. 3 (2013): 779–87. doi:10.1016/j.concog.2013.04.016.

Perlez, Jane. "Romanian 'Orphans': Prisoners of Their Cribs." N*ew York Times* (Mar. 25, 1996). https://www.nytimes.com/1996/03/25/world/romanian-orphans-prisoners-oftheir-cribs.html.

Pomerantz, J. R. "Global and Local Precedence: Selective Attention in Form and Motion Perception." *Journal of Experimental Psychology* (Dec. 1983). www.ncbi.nlm.nih.gov/pubmed/6229597.

Pontzer, Herman. "Overview of Hominin Evolution." *Nature News* (2012). www.nature.com/scitable/knowledge/library/overview-of-hominin-evolution-89010983.

Praechter, Carrie. "Power, Knowledge and Embodiment in Communities of Sex/Gender Practice." *NeuroImage*(Nov. 21, 2005). www.sciencedirect.com/science/article/abs/pii/S0277539505000890.

Price, Cynthia J., and Carole Hooven. "Interoceptive Awareness Skills for Emotion Regulation: Theory and Approach of Mindful Awareness in Body-Oriented Therapy (MABT)." *Frontiers in Psychology*, vol. 9 (2018). doi:10.3389/fpsyg.2018.00798.

Proctor, Cicely, et al. "Diet, Gut Microbiota and Cognition." *Metabolic Brain Disease* (February 2017). www.ncbi.nlm.nih.gov/pubmed/27709426.

Prum, Richard O. *The Evolution of Beauty: How Darwin's Forgotten Theory of Mate Choice Shapes the Animal World—and Us.* New York: Anchor Books, 2018.

Prum, Richard O. "Race and Empathy Matter on Neural Level." *ScienceDaily*, (Apr. 27, 2010). www.sciencedaily.com/releases/2010/04/100426182002.htm.

Romero, and Mary. "Reflections on 'The Department Is Very Male, Very White, Very Old, and Very Conservative': The Functioning of the Hidden Curriculum in Graduate Sociology Departments." *OUP Academic* (Apr. 8, 2017). https://academic.oup.com/socpro/article/64/2/212/3231922.

Salzberg, Sharon. *Real Happiness: Learn the Power of Meditation: A 28-Day Program.* New York: Workman, 2010.

Salzberg, Sharon. *Real Happiness at Work: Meditations for Accomplishment, Achievement, and Peace.* New York: Workman, 2015.

Salzberg, Sharon. *Real Love: The Art of Mindful Connection.* New York: Flatiron Books, 2017.

Sapolsky, Robert. *Behave: The Biology of Humans at Our Best and Worst.* New York: Vintage, 2018.

Schmalz, Julia. "Facing Anxiety: Students share how they cope and how campuses can help," *Chronicle of Higher Education* (Dec. 11, 2017). www.chronicle.com/article/Facing-Anxiety/241968.

Seidler, Guenter H., and Frank E. Wagner. "Comparing the Efficacy of EMDR and Trauma-Focused Cognitive-Behavioral Therapy in the Treatment of PTSD: A Meta-Analytic Study." *Psychological Medicine* 36, no. 11 (Nov. 2006): 1515–522. www.cambridge.org/core/journals/

psychological-medicine/article/comparing-theefficacy-of-emdr-and-traumafocused-cognitivebehavioral-therapy-in-the-treatment-of-ptsd-a-metaanalytic-study/F4CD874AE857F3D08AA2EF1181F0098B.

Servaas, Michelle Nadine, et al. "The Effect of Criticism on Functional Brain Connectivity and Associations with Neuroticism." *British Journal of Educational Psychology* (Oct. 12, 2017). www.rug.nl/research/portal/en/publications/the-effect-of-criticismon-functional-brain-connectivity-and-associations-with-neuroticism(62013cbb-6a05-416c-839c-8640f052b7b9).html.

Shapiro, Francine. "The Role of Eye Movement Desensitization and Reprocessing (EMDR) Therapy in Medicine: Addressing the Psychological and Physical Symptoms Stemming from Adverse Life Experiences." *Permanente Journal* (2014). https://www.ncbi.nlm.nih.gov/pmc/articles/PMC3951033/.

Shapiro, Lawrence A. Embodied Cognition. New York: Routledge, 2011.

Sheets-Johnstone, Maxine. *The Primacy of Movement.* Amsterdam: John Benjamins, 1999.

Shenk, Joshua Wolf. *Powers of Two: Finding the Essence of Innovation in Creative Pairs.* London: John Murray, 2015.

Shoecraft, Stacey. *Teaching through Movement: Setting Up Your Kinesthetic Classroom.* CreateSpace Independent Publishing Platform, 2015.

Silver, Steven M., et al. "EMDR Therapy Following the 9/11 Terrorist Attacks: A Community-Based Intervention Project in New York City." *International Journal of Stress Management* (2005).

Singer, Tania, et al. "A Common Role of Insula in Feelings, Empathy and Uncertainty." *NeuroImage* (July 28, 2009). www.sciencedirect.com/science/article/pii/S1364661309001351.

Slepian, Michael L., et al. "Tough and Tender." *Psychological Science* 22, no. 1 (2010): 26–28. doi:10.1177/0956797610390388.

Smith, Peter Andrey. "The Tantalizing Links between Gut Microbes and the Brain." *Nature News* (Oct. 14, 2015). www.nature.com/news/thetantalizing-links-betweengut-microbes-and-the-brain-1.18557.

Smith, Zadie. "Dance Lessons for Writers." *Guardian*, Oct. 29, 2016. Retrieved from https://www.theguardian.com/books/2016/oct/29/zadie-smith-what-beyoncetaught-me.

Sokolov, Arseny A., et al. "Gender Affects Body Language Reading." *Frontiers in Psychology*, vol. 2 (Feb. 2, 2011). doi:10.3389/fpsyg.2011.00016.

Spielberg, Jeffrey M., et al. "Prefrontal Cortex, Emotion, and Approach/Withdrawal Motivation." *Advances in Pediatrics* (Jan. 1, 2008). www.ncbi.nlm.nih.gov/pmc/articles/PMC2889703/.

Spunt, Robert P, and Matthew D Lieberman. "An Integrative Model of the Neural Systems Supporting the Comprehension of Observed Emotional Behavior." *NeuroImage* (Oct. 13, 2011). www.sciencedirect.com/science/article/pii/S1053811911011669.

Stutz, Aaron J. "Embodied Niche Construction in the Hominin Lineage: Semiotic Structure and Sustained Attention in Human Embodied Cognition." *Frontiers in Psychology* (Aug. 1, 2014). https://www.ncbi.nlm.nih.gov/pmc/articles/PMC4117988/

Svoboda, Elizabeth. "Can Microbes Encourage Altruism?" *Quanta Magazine* (June 29, 2017). www.quantamagazine.org/can-microbes-encourage-altruism-20170629/.

Tomizawa, Kazuhito, et al. "Oxytocin Improves Long-Lasting Spatial Memory during Motherhood through MAP Kinase Cascade." *Nature Neuroscience*, vol. 6, no. 4 (2003), pp. 384–90. doi:10.1038/nn1023.

Tomizawa, Kazuhito, et al. "Touch Can Produce Detailed, Lasting Memories." *Neuroscience News* (Nov. 27, 2018), https://neurosciencenews.com/touch-memory-10262/.

Tussyadiah, Iis P., et al. "Embodiment of Wearable Augmented Reality Technology in Tourism Experiences." *Journal of Travel Research* (2017). journals.sagepub.com/doi/abs/10.1177/0047287517709090.

van Elk, Michiel, et al. "Embodied Language Comprehension Requires an

Enactivist Paradigm of Cognition." *Frontiers in Psychology*, Dec. 27, 2010. https://www.ncbi.nlm.nih.gov/pmc/articles/PMC3153838/.

Waal, Frans de. *Mama's Last Hug: Animal Emotions and What They Tell Us about Ourselves*. New York: W. W. Norton, 2019.

"Watching Others Makes People Overconfident in Their Own Abilities." *Association for Psychological Science* (APS). https://www.psychologicalscience.org/news/releases/watching-others-makes-people-overconfident-in-their-own-abilities.html.

Vaughn, Sharon, et al. "Early Spelling Acquisition: Does Writing Really Beat the Computer?" *Learning Disability Quarterly* 15, no. 3 (1992): 223–28. doi:10.2307/1510245.

Wehrenberg, Margaret. "Rumination: A Problem in Anxiety and Depression." *Psychology Today* (April 20, 2016). www.psychologytoday.com/us/blog/depression-management-techniques/201604/rumination-problem-in-anxiety-and-depression.

Weil, Elizabeth. "Why He Kayaked across the Atlantic at 70 (for the Third Time)." *New York Times*, March 22, 2018. www.nytimes.com/interactive/2018/03/22/magazine/voyages-kayaking-across-ocean-at-70.html.

Weiss, Bari. "Try to Keep Up with Australia's Fastest 92-Year-Old Woman." *New York Times*, Jan. 4, 2019. www.nytimes.com/2019/01/04/opinion/australia-racewalkingaging-healthy.html.

Wilson, Andrew D., and Sabrina Golonka. "Embodied Cognition Is Not What You Think It Is." *Frontiers in Psychology*, vol. 4, Feb. 12, 2013. doi:10.3389/fpsyg.2013.00058.

Wilson, Frank. *The Hand: How Its Use Shapes the Brain, Language, and Human Culture*. New York: Pantheon, 1998.

Wilson, Sandra A., et al. "Stress Management with Law Enforcement Personnel: A Controlled Outcome Study of EMDR Versus a Traditional Stress Management Program." New York: Kluwer Academic-Plenum Publishers, July 2001. https://link.springer.com/article/10.1023/

A:1011366408693.

Zahavi, Dan. *Self and Other: Exploring Subjectivity, Empathy, and Shame.* New York: Oxford University Press, 2016.

몸의 지혜

- 신체화된 마음과 교육

지은이 에릭 숀스트롬
옮긴이 유용석, 김동환
펴낸이 양오봉
펴낸곳 전북대학교출판문화원

초판 1쇄 인쇄 2024. 12. 15.
초판 1쇄 발행 2024. 12. 20.

전북대학교출판문화원 전북특별자치도 전주시 완산구 어진길 32 (풍남동2가)
전화 (063) 219-5319~5322
FAX (063) 219-5323
출판등록 2012년 8월 20일 제465-2012-000021호

값 22,000원

ISBN 979-11-6372-244-1 93180